興亡の世界史

# 人類はどこへ行くのか

福井憲彦　杉山正明　大塚柳太郎
応地利明　森本公誠　松田素二　朝尾直弘
青柳正規　陣内秀信　ロナルド・トビ



講談社学術文庫

# 目次

ロシア連邦
フィンランド
エストニア
ラトビア
リトアニア
ベラルーシ
ジョージア
アルメニア
アゼルバイジャン
ウクライナ
カザフスタン
チェチェン紛争
コソボ紛争
グルジア紛争
モンゴル
ウズベキスタン
キルギス
ウイグル族独立運動
朝鮮民主主義人民共和国
朝鮮半島問題
中華人民共和国
トルクメニスタン
タジキスタン
シリア内戦
クルド独立運動
カシミール紛争
キプロス紛争
IS問題
アフガニスタン紛争
大韓民国
日本
イラン
アフガニスタン
チベット独立運動
パレスチナ問題
パキスタン
ネパール
ヨルダン
クウェート
サウジアラビア
リビア
エジプト
バーレーン
カタール
中国・台湾問題
アラブ首長国連邦
オマーン
インド
ミャンマー
バングラデシュ
ベトナム
タイ
フィリピン
太平洋
エリトリア
エリトリア・エチオピア国境紛争
チャド
スーダン
イエメン内戦
カンボジア
ロヒンギャ問題
マーシャル諸島
ダルフール紛争
モルディブ
南沙諸島問題
南スーダン
エチオピア
ソマリア
パラオ
ミクロネシア連邦
中央アフリカ
ソマリア内戦
スリランカ
ブルネイ
マレーシア
キリバス
赤道
コンゴ
民主共和国
ウガンダ
ケニア
ナウル
シンガポール
ブルンジ内戦
ブルンジ
セイシェル
インドネシア
パプアニューギニア
ツバル
タンザニア
東ティモール独立紛争
ソロモン諸島
東ティモール
コモロ
マラウイ
ザンビア
インド洋
バヌアツ
モザンビーク
マダガスカル
ジンバブエ
モーリシャス
フィジー諸島
ボツワナ
オーストラリア
エスワティニ
レソト
南アフリカ
ニュージーランド
オランダ
ドイツ
ポーランド
ベルギー
ルクセンブルク
チェコ
リヒテンシュタイン
ウクライナ
スロバキア
モルドバ
フランス
スイス
オーストリア
ハンガリー
ルーマニア
スロベニア
クロアチア
サンマリノ
ボスニア・ヘルツェゴビナ
セルビア
コソボ紛争
モナコ
イタリア
モンテネグロ
ブルガリア
アンドラ
バチカン
アルバニア
ギリシャ
地中海
トルコ
アルジェリア
チュニジア

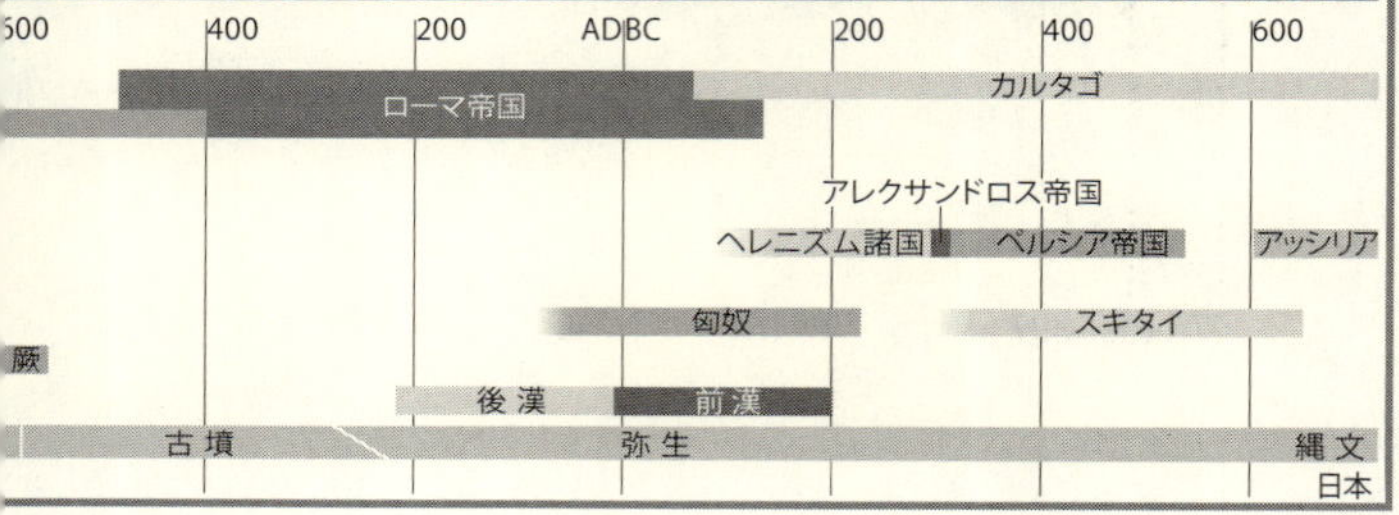
400
200
AD BC
200
400
600
ローマ帝国
カルタゴ
アレクサンドロス帝国
ヘレニズム諸国
ペルシア帝国
アッシリア
匈奴
スキタイ
後漢
前漢
古墳
弥生
縄文
日本

# 現在の世界とおもな紛争

いくつもの文明や帝国が繁栄と衰退を繰り返した「興亡の歴史」を経て、現在の世界には190あまりの国家が成立している。

グローバル化がすすむ一方、少数民族の独立問題、異宗教・異民族間の対立、領土問題など、世界各地で紛争は絶えることがない。

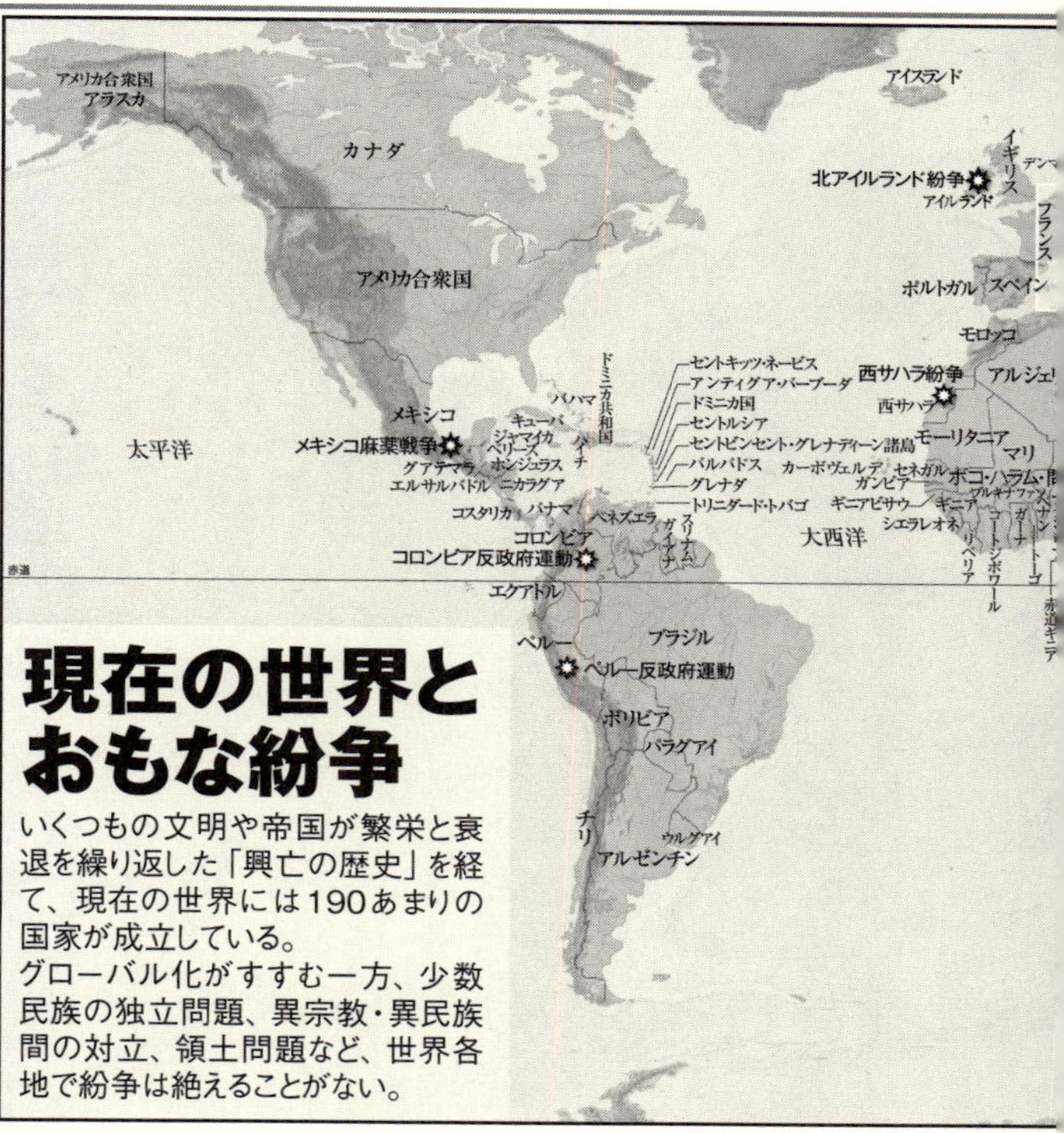


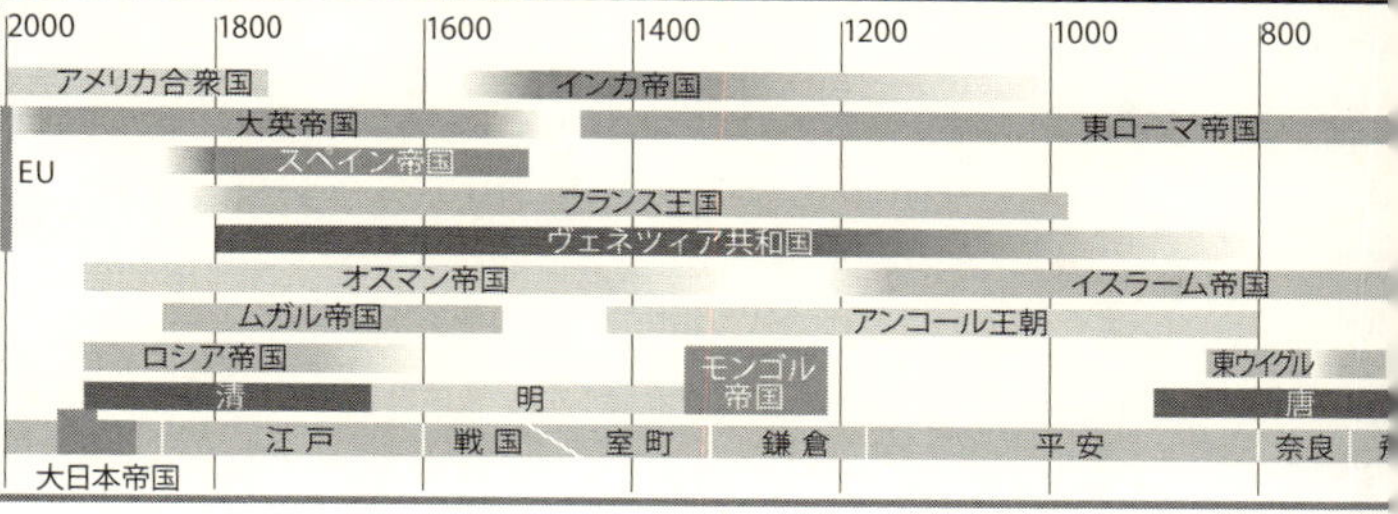

興亡の世界史

# 人類はどこへ行くのか

地図・図版作成
ジェイ・マップ
さくら工芸社

# はじめに

福井憲彦

## 歴史へのさまざまなアプローチ

歴史への問いは、その問いを発する人の関心と視座によって、さまざまでありうる。なにか特定の視座だけを特権化して、あるいは絶対化してしまうことは、許されない。

私は学生たちに説明するときに、よく山にたとえてきた。どのような山でもよいのであるが、見る位置によっても方角によっても、おなじ山がさまざまな形を見せる。近くから見上げるときと、遠望とでは、また見え方は違う。一年のうちでも雪の季節と新緑の季節、紅葉の季節とで、印象が大きく異なる場合もある。しかし現実に存在している山は、一つである。われわれの見る角度、見方によって、多様な像を結ぶ。人によって好き嫌いはあるかもしれないが、どれが真実でどれが虚偽か、といった差はない。

二〇世紀の後半に、イタリアで唱えられた歴史研究の視座と方法にミクロ・ストーリアという主張があった。ミクロな、微小な世界に焦点をあわせて、そこから、ある時代の歴史をとらえようとする方法である。通常であれば見過ごされてしまいそうなローカルな一寒村、あるいは小さな村の一職人といった、特定の個別事象に視座を据えて、歴史をとらえようとする試みである。「神は細部に宿り給う」といった表現もあるが、しかし、それは単純に細部にこだわる、ミクロマニアということではない。その細部から問いを発して、たとえば、ある時代における人びと相互の絆《きずな》や生活文化と支配権威との関係を、具体事例に即してあきらかにしようというような、より広範な、全体的な歴史理解につながるものとして問われていた。もちろん、そのような視座からの研究を可能にするような史料群が存在すれば、の話である。

他方で、その対極ともいえるアプローチとして、グローバル・ヒストリーという視座と方法も唱えられている。これは現代世界における地球大での各地域の、そして各種のことがらにおける、相互関係の緊密化をうけたものとして、いわゆるグローバリゼーションの反映という側面をもっている。すなわち二〇世紀末近くになってから、とりわけ主張する声が大きくなった視座といってよいようである。ただしグローバル・ヒストリーという旗印のもとでも、現実の歴史研究のスタイルは、さまざまであるようだ。いずれも、一九世紀に成立した近代歴史学がもっていた各国史、ないし一国史的な枠組みへの批判に根ざしている点は、どうやら共通である。しかし、グローバルな関係性を問うにしても、主眼をどこに置くかによって、問い方はさまざまであろう。経済的な諸関係、それも資源と生産の関係なのか金融と資本の面なのか、あるいは政治的な諸関係、文化的な交流や衝突なのか、そもそも経済や政治や文化というふうに分節化できるのか、こういった問いがすぐにでも思い浮かぶであろう。

ミクロの視座とマクロの視座のどちらが正しいか、という問いは意味がない。問題なのは歴史になにを問うかであって、問いの性格によって視座のとり方も変わってくる。いずれの視座も必要なのである。マクロの観点を切り捨てて省みないミクロの視座は、所詮幻想である自己完結的な認識を夢見るミクロマニアにすぎないものになりかねない。ぎゃくにミクロの視座を無視してマクロにしかものを見ようとしない態度の場合には、しばしば多様な可能性を切り捨てて抑圧的な認識をもたらすものになりかねない。いずれもドグマティックな観点に陥って、さまざまな差異に心を配るしなやかな精神を置き去りにするおそれが大きい。

もちろん歴史上、それぞれの時代の各国、各地域が、たとえローカルな場にしても、まったく孤立して他の国や地域と無関係に歴史的な展開を示していたなどということは、きわめて限定的な期間の例外をべつとすれば、まずなかったといってよいであろう。現在であろうと過去であろうと、人と、その人びとが形づくる集団とは、さまざまな関係性につらぬかれてしか存在できない。遠い先史時代にあっても人びとは、食糧を求めたり安全を求めたり、あるいは好奇心からであったとしても不思議はないが、長い時間のなかで移動を繰り返していたと想像される。農耕の開始は、たしかに一定の定着性をもたらすことになったであろうが、しかし、人、もの、カネ、そして情報の動きが絶えることはなかった。情報は、技術革新ののちに現在では、情報そのものとして地球上の各地を関係性のなかにひきずりこんでいるが、かつてにあっても、人、もの、カネの実体とともに動いて、各地を関係性のなかに置いていた。

## 本シリーズの視座と本書の意図

本シリーズ「興亡の世界史」の各巻でとられている視座は、私の担当した『近代ヨーロッパの覇権』もそうであるが、相当に長いタイムスパンと、広大な空間的な広がりを対象とするものとなっている。ミクロとマクロという両極を立てれば、マクロなほうに位置する視座といってよい。しかし、だからといってミクロな世界に生起したことがらを切り捨て無視しているわけではない。

たとえ四〇〇字詰めにして四、五百枚あるとはいっても、一巻のうちに込めることのできる事象には限界がある。すべての部分を詰め込むことはできないし、部分の全集積が全体的な歴史像を結ぶというわけではない。積極的な表現をすれば、各巻では問題構成のあり方や叙述の力点に応じて、書き込むべき事象の取捨選択をしている。消極的にいえば、分量的に切り落とさざるをえない事象がどうしても残された。

いずれにしても、一人の歴史研究者がミクロとマクロのあらゆる側面について、直接史料にもとづいて考証しつつ歴史解釈を提示することは、言語能力的にも時間的にも不可能である。神ならぬ身であれば、多数の研究者による仕事を相互に参照しつつ、歴史の追究を進める以外に進むべき道はない。そして二〇世紀は、とりわけその最後の数十年において、こうした歴史研究の裾野の広がりが実現してきた時代であった。この「興亡の世界史」というシリーズの構想自体が、そのような現実を基盤に、ミクロな視座をも無視しない多様な次元を踏まえたマクロな視座から、大きく歴史像を描いてみよう、そういう意図に発するものであった。

ここまでの各巻は、基本的に、ある時代に隆盛した地域世界や文明が、なにゆえ台頭できたのか、そしてまたなにゆえ衰亡の道をたどらなければならなかったのか、それを大きな歴史像として描いてみる試みである。たしかに近代以降になると、その歴史の空間的な広がりは、地中海世界とかインド洋、さらにはユーラシア大陸のスケールをも超えて、多かれ少なかれ地球大の関係性へと拡大してくる。しかしながら、人類史を通観してある問題域から歴史をとらえ返してみる、といった視座は、ここまでの巻ではどうしても十分には組み込みえない、という限界をもたざるをえないのもたしかである。

しかし、いま「興亡の世界史」を問うてみようとしたシリーズ編集委員の心のなかには、ある一致した想いがあった。歴史を問うという行為は、現在の位置を見きわめ、現代人が直面している問題のありかを明確にして、これからの人類の進むべき道を問うためにこそある、そういう想いである。「人類はどこへ行くのか」と題したこの巻は、そうした想いのうえに立って、ここまでの巻では十分に通観できなかった問題域に即した問いと考察をもって構成されている。

一つは、人口史という問題域。ものの豊かさや経済状態は、人口の多寡やその再生産のあり方と不可分である。たとえ技術が向上して生産力が上がったとしても、それを上まわる勢いで人口が増えつづけるとしたら、人びとの生活に豊かさが保障される状態とは程遠いであろう。はたして人口を支える力は、これまでの人類史ではどうだったのであろうか。もちろんそこには、政治的支配や収奪などといった、あさましい現実も関与している。しかしまずは人口推移という観点から、これまでの人類のあり方を地球規模でとらえてみることは、人口爆発を迎えかねないこれからの地球世界を考えるにあたって、まず第一歩ではないであろうか。かつては統計がとられていたわけではないから、推論を含めた粘り強い研究が拓いてきた世界は、われわれの未来に向かう思考にとっても、きわめて貴重となる基盤の一つである。

ここまでの巻においても、海が果たしていた役割については、それぞれの観点から視線が注がれていた。地中海世界ともなればいうまでもないし、東インド会社や遠距離交易について語るとしたら、これもまた海の存在が基本条件であることは当然である。一国史的な歴史の見方が強かった時代にあっては、たしかに海の存在はしばしば軽視され、あるいは国と国とを隔てる存在という面が強く意識されすぎていたきらいがあった。しかし二〇世紀末からの歴史学にあっては、海の存在がむしろ各地を結びつけ、ときには海のハイウェーともたとえられるほどに、関係性をとりもつ太いベルトの役割を果たしていたことが承認されてきている。そのうえに立って、人類史を通観して海とはなんであったのか、問い直してみたい。依然として海の縄張り争いをして、資源や富を囲い込もうとばかりしている現代国家政治の不毛を、いかにしたら未来に向かって解きほぐしていきうるのか、この困難な課題を考えるにも、これまでの人類にとっての海という存在を問い直すことは肝要に思える。

ついでは、宗教という、地球上の生命のうちでも人類にのみ特有であろうこの精神世界について。八百万《やおよろず》の神々の世界に生きてきた日本人にとって、一神教的な世界宗教のあり方は、しばしば理解がなかなかとどかない。しかし、現在でも、いや物質的な文明が地球を覆いつくしつつあるかのような現代だからこそ改めてというべきかもしれないが、世界の各地域世界において宗教が果たしている役割、あるいは占めている位置は、きわめて重要である。いままでの世界とこれからの世界のあり方とを考えるとき、われわれは宗教をめぐる位置取りをいかにすべきか、それは、とても重要な問題である。一人の裸の人間は、他の生命体と比べても自然の諸条件にたいしても、きわめて脆弱な存在でしかない。その人間が、みずからのまわりの世界との関係を了解しようとするときに、ある種の超自然的な感覚や超越的な力を想念のなかで重視したとしても、十分に分かるのではないであろうか。現在において人類と宗教とのかかわりの道程をいかにとらえるかは、けっして過去の問いではない。

そしてアフリカへの問い、アフリカからの問い。アフリカという、われわれ日本人には、これまできわめて遠かった世界について問うこと。それによって、これまでの世界史のとらえ方に内在していたかもしれないゆがみやひずみを、点検することができるのではないか。幕末明治以来、脱亜入欧を志した日本は、勝手に欧米に近親感をもっている感もあるが、ヨーロッパにとっては現在でも、感覚的にはアフリカは日本など極東の地よりもはるかに近い存在である。しかしそれは、少なくとも近代以降、問題をかかえた地というとらえ方に特化していたのではないか。家父長的な温情の対象として、もっぱら支配のまなざしで眺められていたのではなかったか。あるいは現在では、旧植民地としての地政学的な関心と、その地がいまや資源のうえで重要になっているからではないのか。日本から地球世界をとらえようとしたときに、あの広大なアフリカ大陸とそこに住む人びとは、どのような視界のなかに置かれているであろうか。そもそもどこまでの知識を、われわれはもっているであろうか。

問いはもちろん、まだほかにも多様に設定できたであろう。すべてを網羅することは困難である。ここでいま、これからの人類はこうなるにちがいない、といった予言めいたことをいうわけにはいかない。地球上にはさまざまな価値観をもった人がいる。多様な文化が並存している。そのなかで、特定の人びとや文化が特権的な支配権をふるうのではなく、あるいは自由の名のもとに弱肉強食のすさんだ世界を造ってしまうのでもなく、自己への配慮が他者への尊重と相互的な共生へとつながるような、そういう世界を構想することはできないのか。思いつきで発想するのではなく、現在を的確に踏まえるためにも、人類の来し方を人類史の視座から問うてみることが求められている。愚かさを学び、知恵を学ぶために。いまこそグローバルワールド、地球世界の歴史が再検証されなければなるまい。歴史を問うとは、現在を問うことなのだ。

## 現在と過去の往還としての歴史

いまわれわれが歴史の研究といって想い浮かべるような、史料批判にもとづいた知的な営みが総体として成立してきたのは、一九世紀のヨーロッパからといってよいであろう。『近代ヨーロッパの覇権』でも触れたように、近代歴史学の成立以来である。

もちろん突然、なんの前提もなしに成立したわけではない。史料の保存や整理をはじめとして、歴史にかかわる手法のかずかずは、ヨーロッパにおいてだけでなく、日本を含め世界各地のさまざまな文化のなかで、すでにさまざまなかたちで古くから磨かれていたものであった。そうして磨かれていた手法や、書き記された叙述としての歴史を無視することは、無知でないとすれば過去を生きた人たちへの冒瀆《ぼうとく》であり、非礼な認識態度というものであろう。たとえ現在からみて少なからぬ問題点をはらんでいたとしても、全体として体系的に学問方法が樹立され、批判的に継承される基盤が形成されたのが、一九世紀ヨーロッパであった、ということである。

過去の営みを、どのような関心から歴史として記録し、受け継いでいく対象としたのかは、時代によっても文化によっても、そしてまた個別の人によっても、多様であったに違いない。人が過去のみならず現在について書きしるし、それを後世に向けて残そうとする営みは、人が文字を手にした古《いにしえ》からのものであるのかもしれない。

洋の東西を問わず、権力や権威を身に帯びた人びとやその側近は、自分たちの足跡を意図して後世に残そうとすることしばしばであった。それらは、事績録とか年代記、ときによっては叙事詩や物語の形式をとった。後世からみれば、いわゆる正史として記録されたものがその代表である。

たとえ生前において強力な権威であったとしても、時がたてば忘却のかなたに過ぎ去るおそれがあることを、かつてから、おそらくは多くの人が意識していたのであろう。各地でなされたモニュメンタルな建造物の構築は、少なからぬ場合において、現世における権勢の誇示や宗教的な関心と結びついたものであったかもしれないが、また歴史に楔《くさび》を打ち込み、記憶として伝承されることを願ったものでもあったように思われる。正史という記述としての歴史にも、現世における支配の正当化という意図のみならず、記憶化という同様の意味合いがあったものと解釈できる。

それに、「祇園精舎《ぎおんしょうじゃ》の鐘の声、諸行無常《しょぎょうむじょう》の響きあり」ではないが、「盛者必衰《じょうしゃひっすい》の理《ことわり》」あるいは「驕《おご》れる人も久しからず」についても、仏教世界のみならず、かなりの世界で共有された感覚であったように思われるが、どうであろうか。それは換言すれば、現在を絶対化できないという感覚である。英語のヒストリーなど、ヨーロッパ諸語における「歴史」の語源となった『ヒストリアイ』というヘロドトスの記述は、紀元前五世紀なかばの作品と見なされているが、すくなくともそこには、こうした歴史観が反映されている。興亡の世界史は、そうとうに古くから問われていた。そのさいに「世界」がどのような認識範囲を示していたかは、もちろんそれぞれの時代の空間認識に応じて、さまざまであった。地球世界を意味すべき現在とは大きく異なって、より限定的な狭い範囲であったことは間違いない。

権力や権威とかかわりなくとも、人は遠い昔から、さまざまに歴史を語り継ぎ、あるいは書きしるして受け継いできた。どのような時代であれ、世界であれ、人は一人では生きられない。他者とのさまざまなつながりのなかで、現世を営んでいる。また人は、過去との関係なしに、そのつながりなしに、まったくの断絶のなかに生きることもできない。身のまわりの両親や親族にはじまり、大は地球規模での関係性にいたるまで、良かろうが悪かろうが、生まれ落ちた世界がすでに歴史を背負って構成されてしまっている。好むと好まざるとにかかわらず、いつでも現時点は、まったくの白紙からの出発ではありえない。現に生きているわれわれ自身の行為が、時が過ぎれば、ただちに過去の世界のものとなって、未来の現時点にたいしてなにがしかの影響をもってしまう。

こうした人のあり方を念頭に置くとき、歴史を問うということは、じつは現在を問うことと不可分に成立している認識行為にほかならない、ということが分かる。もちろん、歴史とは過去についての認識である。過去に生きた人たちが、どのような条件のなかで苦闘していたのか、あるいはどのような知恵を働かせて技術を開発し、生きるための協調関係を築いていたのか、どのような闘争の果てに政治支配が展開していたのか。こういった問いは、問う人の関心に応じて果てしなく続けることができるであろう。それらを問うのは、現に今を生きているわれわれ以外ではない。

いや、過去において人びとが紡《つむ》ぎだしていた歴史は厳然と実在していたのであるから、それを実体としてあきらかにすることが目標ではないのか。こういう疑念もありえよう。しかし残念ながら、われわれにはタイムマシーンはない。過去を丸ごとじっさいに追体験することはできない。実体的な意味での全体史は、残念ながら見果てぬ夢である。

このことは、ちょっと自分の体験を振り返ってもらえば、よく分かるはずである。一時間前でも昨日でもよいのであるが、過ぎ去ったわれわれ自身の体験を想起してみよう。たとえ写真や資料が保存してあったとしても、みずからの経験の全体的で正確な復元がとてもできるものではないことを、ただちに思い知るはずである。まして、経験のなされた場についてとなれば、余計である。忘れるという記憶の問題ではなくて、そもそもわれわれの直接的経験には認識の限界がともなわれている。眼前にあるものですら、われわれはすべてを識別して記憶にとどめているわけではないのである。

歴史像は過去の実体、ないし現実そのものではない。歴史的過去について、現在を生きている人がある関心をもって問いを発することによって、はじめて歴史像を構築する道が開かれる。すでに触れたように、問いは限りなく多様でありうる。過去にあったなにかについて知りたい、昔はどうであったのか、という好奇心や、現在関心をもっていることがらの歴史的な変遷を知りたい、といった知的興味もありうるであろう。あるいは、現在の問題を解くための知恵を、過去の歴史から汲み取りたい、という願望であるかもしれない。

たしかにどのような問題であれ、現在と過去とでは、また過去でも時代や場所によって、問題を取り巻く歴史的な諸条件は違っている。歴史的脈絡が異なる以上、手軽に現在への処方箋を得ようとするような単純な教訓史観は成り立たない。あるいは反対に、現在の基準で過去のあり方を判断してしまうような時代錯誤は、避けなければならない。

そのうえで、われわれは過去を問うことで、現在の歴史的な根拠をあきらかにし、その歴史性を明確にすることを、意識、無意識を問わずおこなっているのではないだろうか。過去に照らして、現在の位置を明確にしている、ということである。

べつの角度からとらえるならば、歴史的過去について問い、歴史像を構築することをつうじて、われわれは現在の自明性を問い直すことができる、といってもよい。いま当たり前と見なされていることがら、当然と判断されていることが、どこまでほんとうに当たり前であるのか。あるいは、いつから当然のことと見なされるようになったのであろうか。それはどこまで妥当な認識であるのか。もしかしたら、別の判断が、選択が、ありうるのではないか、あるいはありえたのではないか、そういう点検であり、検証である。

## 歴史知のストックと再解釈

司馬遼太郎にしても塩野七生にしても、歴史小説は多くの人の関心をとらえて人気が高い。辻邦生のいくつかの歴史小説は、歴史書よりもはるかに歴史のダイナミズムを伝えて余りあるような、高度な質をそなえている。歴史小説は意図的にフィクションを挿入することで、歴史的場面をそれらしく生き生きさせる。史料を読み込むことから、想像の人物を創作して欠落部分を補い、実在しない史料をあるがごとくに描き挿入することで、対象としている時代の雰囲気を読み手に伝え、物語の質を高める。小説である以上、虚構があっても構わない。というより、虚構であって当然である。問われるのは、虚構の挿入が時代錯誤とならずに、読み手を歴史の場面にいるかのごとくに誘えるか否か、いわば物語の叙述の質以外ではない。

学問的認識を求める歴史学の叙述では、たしかに叙述の質が問われることは同様なのであるが、しかしフィクションの挿入はもちろん許されない。推論は必要とされるが、それが推論だということが明示されることも必要である。歴史的過去について問い、歴史像を構築しようとする行為、つまり歴史研究と歴史叙述は、まったく史料的な根拠なしにでも物語を作りだす創作行為とは違う。歴史学と文学との基本的な相違である。

歴史学の作法にあっても、こうではないであろうか、という自分なりの仮説は、考察のさまざまな場面において必要である。その場合の仮説は、各自がそれまでに蓄積してきた知のストックから立てられてくる、あるいは先行した史料群の読みからとりあえず導かれる、ということが普通であろう。仮説は、考察が進行するに応じて変化して不思議はない。最終的な解釈や歴史像が、出発点における仮説からおおきく離れていることも起こりうる。もちろん、自分の仮説に都合のよい史料だけを拾い出して根拠にするような、愚かな行為があってはならない。まして、ありもしない史料をあるかのように振る舞えば、学問においては、それは許されない捏造にほかならない。

できるだけ多様な史料をつき合わせ、多様な研究を踏まえるという、手間隙《てまひま》のかかる、職人的ともいえるような仕事が、歴史の研究にはどうしても欠かせない。そのうえで、大方の納得できる史実があきらかにされ、それらにもとづいた歴史認識とその解釈が、さまざまな分野についてなされ蓄積されてきた。それが歴史学という学問である。

たしかに史料の読みや理解そのものに解釈がつきまとうから、事情は単純ではない。しかしおおまかにいえば、以上のような手続きが、作り話ではない学問としての歴史叙述には、不可欠だということである。それでもなお、新たな史料が発掘されることで、史実の了解そのものが変更をよぎなくされることもある。あるいは新たな解釈が導かれ、従前とは異なった歴史像につながることもある。そういう意味で、歴史とは、つねに再解釈に向かって開かれた知にほかならない。歴史学における客観性とは、それ以上ではない。

近代歴史学の学問的な作法が成立した以降にあっても、さまざまな史実を組み合わせて導かれ定説と見なされていた歴史解釈や歴史像が、変更や転換をよぎなくされることがあった。ここで事例を詳述することは避けるが、フランス革命やロシア革命、あるいは中国革命といった、大きな出来事を想起すれば分かりやすいのではなかろうか。ぎゃくに個別の例で歴史的な人物像やその評価といった、個人にかんする事例を想起してもらうのも分かりやすいかもしれない。

そのような解釈の変更とか歴史像の再構築といった事態は、誤認や遺漏に由来していると は限らない。それはもっと根本的なところにかかわっている。すなわち、あまたある史実のなかからなにを組み合わせて解釈し、どのような歴史像を描くかには、つねに描くその当事者である歴史家の取捨選択、すなわちなんらかの価値判断が不可避的に関与せざるをえない、という現実に由来しているのである。

しかし、あわてて付け加えておく必要があるかもしれない、だからといって歴史像を構築する意味が失われるわけではない、ということを。人は不可避的に、そのようななかで粘り強く、歴史への問いを発しつづけるほかはないのであるから。そしてまた、根拠薄弱なまま手前勝手な価値判断を述べたにすぎないような歴史解釈の羅列は、知的に哀れな姿をさらす愚昧《ぐまい》な行為以外でないことも、言わずもがなではあるが付記しておこう。

## 近代歴史学の「歴史性」と拡散する問い

一九世紀ヨーロッパに起点をもつ近代歴史学は、その当初においては主として公文書を主要史料として、綿密な史料批判にもとづく歴史的事実の確定作業を、政治史を中心にして進めていった。みずからの価値判断や政治的な利害にもとづく解釈を先に立てて、都合のよい史料だけを扱って辻褄《つじつま》を合わせるような態度は、非学問的なものとして否定された。そうではなく、問題に応じて多様な史料を博捜《はくそう》し、史料そのものを多様につき合わせるなかから史実をあきらかにしようとする姿勢こそが、とるべき態度として明確にされた。

すでに触れたように、史料にもとづく史実の解明と歴史の解釈については、さまざまな議論がありうる。また現に議論がなされてきた。その問題はあるとしても、こうした史料に立脚して論理的に思考する近代歴史学の基本的な姿勢は、今後においても継承しなければならないものと私には思われる。イデオロギーや価値判断が先行した思い込みの歴史像や、特定の側面しか見ようとしないデマゴギッシュな歴史像が、大手を振って歩かないようにするためにも。

しかし、一九世紀において客観的な歴史像の構築をめざしたはずの近代歴史学もまた、それなりに時代の子としての歴史性を刻印されていた、という面を見逃してはならない。『近代ヨーロッパの覇権』で述べたのでここでは詳述しないが、なによりそこに共通していた主要な特徴は、歴史を研究するもの自身が属する国家の発展の軌跡を、政治を中心にしてたどり、明確にしようとする姿勢であった。主要史料として内外の政治にかんする公文書が、とりわけ重視されたゆえんである。

一九世紀という、ヨーロッパにとって国民形成が現実の政治課題であった時代において、国民国家としての成長の足取りを確認すること、あるいは国民国家としての歴史的根拠を明確にすること、ないし西洋文明のなかでの自国の位置づけをはっきりさせること、こうした現実課題と対応した歴史像の構築が求められた。それを、政治的な自己主張としてではなく、史料批判にもとづいた客観的な史実の解明によって実現できるのだ、と主張していたのである。

二〇世紀にはいって現在にいたるまでに、ヨーロッパに起点をもった近代学問としての歴史学自体が大きな変貌を遂げてきた。歴史への問いかけのあり方は当初とは大きく変化し、社会学や人類学など、隣接する諸学との関係にも多様な広がりが生じた。日本ではもっぱら社会史というネーミングのもとにくくられた、多様化した問い。支配階層の歴史だけではなく、あるいは政治にしても経済にしても、文化や社会の様相にしても、歴史的変化のメイントレンドだけではなく、じつに細部にまでおよぶ多様な問い。

たとえば、衣食住をめぐる庶民の日常生活のあり方や、現世における社会意識や来世観、さまざまな感性の変化、親子関係や家族のあり方の地域差や時間的変化、宗教とのかかわりと習俗の変化、時間意識や死生観の歴史的な変化、生活技術と科学技術の変遷、思いつくままにあげていくだけでも切りがないほど、問いは多様化し、ある意味では拡散してきた。それだけ、知のストックも膨大なものとなって、個人ではフォローしきれないほど、われわれのまえに山のように蓄積されている。

対象の多様化だけではなく、それらの変動にともなって、扱われる史料の種別性にもまた大きな変化があった。公文書だけでなく、いたずら書きにいたるまでの各種の文字通り多種多様な文字資料、絵画や写真、形象をもった物質、都市や建築といった空間構成にかかわるもの、オーラル・ヒストリーによる聴き取り史料にいたるまで、これまたじつに多様化してきた。かつてとは異なり、あらかじめ、歴史の史料ではないとして排除されるものはない。換言すれば、どのようなものでも史料となる可能性をもっている。問題となるのは、問いに応じた適切な史料でありうるか否か、という点のみである。かつてであれば公文書のみに特化していたアーカイブズの対象は、現在では分類や整理が追いつかないほどに多様化を迫られている、といってもよいであろう。

## 新たな世界の見方への挑戦

こうして、地球上の各地の歴史にかかわる知のストックは、きわめて豊かなものとなってきた。しかし、その当初にあってヨーロッパの近代歴史学が、ヨーロッパにおける歴史の展開を一つのスタンダードとして世界を見ようとした、あるいは世界の歴史が理解できるとした、現在からすれば傲慢とも見える知のあり方は、現在では過去のものとなっているであろうか。そもそもの歴史への問いから、非ヨーロッパ圏は外してしまう、とくにアフリカなどにいたっては「歴史なき民」として、はじめから歴史の外部へと排除してしまう、そういう見方は、すでに過去のものとなっているであろうか。

いや、これは欧米だけの話ではない。幕末明治以来、ヨーロッパ流の富国強兵路線の後を追い、国民国家の形成と工業化の達成による脱亜入欧へと向かった近代日本、そして敗戦後の戦後復興と高度成長を日米同盟のもとで急速に推進してきた二〇世紀後半からの日本において、その歴史学は、はたして自前の世界史認識を形成し発信してきたであろうか。近代歴史学が当然のごとくに進めた自国史や一国史の傾向は、日本では脱却できているのであろうか。関係史や比較史の視座は、十分に位置づけられ検討されてきたであろうか。いずれも課題は多いままであると、言わざるをえないのではないか。

すでに日本でも、問いと研究の多様化は相当に歴史知の裾野を広げ、そのストックも相当の広がりをもつようになっている。もちろん人類が残してきた足跡は膨大であり、刻々と動いている現代の課題が次つぎと浮上してくる以上、歴史への問いが尽きてしまうようなことはありえない。しかしまた、だから歴史学は不滅です、と言ってみたところではじまらない。現在の知のストックを前提にした、そしてこの一世紀ほどの歴史学自体の変化と深化とを踏まえた、新たな世界史像の提起が求められている。

世界の結びつきは、いまや地球大のスケールで各地の動きをシンクロナイズさせるにいたっている。経済上の諸関係だけではない。環境問題や異常気象や温暖化現象など、いずれをとっても一国規模で解決したり回避したりすることは、もはやできない現実がある。一蓮托生で、地球上の生命が持続可能でありうるかどうかが問題であるような危機の時代へと、われわれは入りつつある。

しかし、にもかかわらず、一国だけの利益追求や一部国家群の傲慢を退けることすら、現実化してはいない。一部の人びとのみが富を集積して、構造的ともいえる貧困や格差が再生産されてしまう、こうした状態を解消に向かわせる方向へと、各国、各地の動きを協調させるには程遠い現実は、いまもって解決してはいない。

こうした危機の時代においてこそ、歴史知のストックをもとに新たな世界の見方が求められている。持続可能性は、環境やエネルギーの問題についてのみではない。文化的多様性が担保されたうえで各地相互の理解と交流が現実に持続できるような方向が、構想されなくてはならない。そこに向けて、新たな文明論的な対話が必要であろう。そのためにも、人類の来し方についての、地球各地の関係性の歴史的過程にかんする、新たな文明論的な射程をもった議論と対話とを、澎湃《ほうはい》と起こしていかなくてはなるまい。

# 第一章　世界史はこれから

## 日本発の歴史像をめざして

杉山正明

## 地球化時代の世界史

### 世界史という目標

世界史というのは、たぶんまだ出来ていない。いや、なお形成途上にあるのだろう。とはいえ、ようやく世界は「世界史」をそれなりにひととおり見渡して語れるところまで、きつつあるといったほうがいいかもしれない。かつて、一八〜一九世紀の西欧は、「世界史」なるものを力強く語ろうとした。世界の多くは自分たちの手の中にあると考え、自分たちを中心とする世界が生まれていると信じた。覇権主義・帝国主義のかたまりだったのである。

そこで語られる世界像や世界史が、ひどく自己本位だったのは当たり前であった。ディルタイ、ヘーゲル、マルクス、ランケなどなど――。立場や目的・方法・内容、そして述べ方はさまざまだったが、英・仏・独など、自国中心主義によるニュアンスと色合いの違いはあれ、西欧という名の唯我独尊はほぼ共通していた。工業力と軍事力を二本柱とする力の支配をもとに、彼らは自分たちをこそ「文明」と称し、さらにみずからを基準に、それ以外の地域や国々をあれこれ格付けしようとした。

ちなみに、「文明」の語は、江戸後期から明治期の日本において沢山つくられ、中・韓などに輸出されて共通語彙となった翻訳漢語のひとつである。もともとは、ローマ帝国以来の「キヴィス」（市民）や「キヴィタス」（市民たること、その身分）という特殊なことばに発するものでしかなかった「シヴィリゼイション」を、西欧は独特の価値観をこめて近現代の世界中に流行させたのである。それと対になった「文化」、すなわちドイツがとくに好んだ「クルトゥーア」(カルチャー)のほうも含め、実は誰もその違いをかならずしもきちんとは説明できないイメージ用語で、どこか時空をこえたある種のマジック・刷り込みにちかい部分がある(なお、これはいわずもがなながら、古代中国に由来する古典漢語としての「文明」は、文徳がきらめくこと、「文化」は文徳で人を導くことをいうが、いずれにしてもこの場合、西洋語を翻訳するために、日本式に仕立て直された独特の和製漢語というほかはない。中国などが近年とても好んで使う「文明」「文化」も、和製漢語のほうの意味である)。〝憧れ〟と〝肯定〟を演出・誘導するような、ややまぎらわしい響きとともに、ひとつの攻撃的で自信に満ちた地域と時代が生んだ「はやり言葉」といっていい。

こうした西欧発の世界像・世界史について、今更あれこれ述べる必要はないだろう。西欧が世界の世界化にはたした役割、そしてそれがどれほど手前勝手であっても、グローバルなかたちでの「世界史」を世界で初めて語ろうとしたのは確かである。そして、その時代があったからこそ今があるといういい方も無下には否定できない。ただし、西欧がもたらしたプラス面だけでなく、巨大なマイナスや罪悪は、これまた今更いうまでもない。

世界史について、意見は人によりさまざまにあるだろうが、これまでの世界史は不十分・不完全という点に関しては、おそらく国境をこえてほとんどの人が賛成されるだろう。ようするに、世界史というのは今なお目標なのである。ではどうあるべきか、またどうしたらいいのか。

## 人類という立場からの世界史

わたくしたちは、「いま」というときの突端にいる。そして、もちろんその「いま」は、たちまちすぎ去る。世界はたえず変化する。この地表におけるこれまでの人間の営みの総和とその道のりを「世界史」だとすれば、書かれたものとしての世界史はいつも未完成でしかない。世界史は、たえず書き直し、書き加えられなければならない。つまり、世界史を考え、かつ叙述するということは、少しでもそれまでより〝マシ〟にしようとしつづけることを前提としている。

ひるがえって、とくに近年、いわゆるグローバル化によって、世界は文字通りひとつにつながれた世界となり、わたくしたちは時々刻々リアル・タイムで報じられることやネット情報などで、世界規模・地球単位の思考がふつうのこととなった。ある面で、世界がひとつの生活単位とさえなりつつある。だが、そのかたわら、今もなお地を這って動かざるをえない世界も、依然として脈々と存在する。

つまり、新旧ふたつの世界が、光と影の極端な対照をなして混在・同居している。そして、それらすべてを捲き込み、また国家や地域圏経済の枠などをはるかにこえて、国際マネーという姿なき化け物が世界を徘徊し、金融・市場・物流・資源を支配し、地上のありとあらゆる人間とその生活を震撼させる。いま、アメリカ発の世界不況が、地表をおおっている。まさに、正負両面で、世界の各地は否応なく、運命共同体として日々ますますむすばれつつある。

そうしたなかで、歴史のもつ意味は、ますます重みをましているかに見える。すなわち、世界の国々と人々、そしてかつてあったことと今こうあらしめていることなど、ことがらの大小にかかわりなく、なににつけ歴史と現在の間をゆききして、それぞれのことの由来と経緯や展開をきちんとした輪郭で把握・理解し、現在にいたる道筋を知るとともに今後を推し測ることがいっそう大切となる。これは予想や推測ではなく、客観的な現実として、おのずから地球化時代に対応する世界史がもとめられゆくことだろう。また、そういう時代に、わたくしたちは生きている。

ともかく、世界史というからには、さまざまな彩りとあり方でひろがる集団・社会・国家・地域・文明圏などにもとづきつつ、それらをこえたかたちで、全体をつつみこむ視点・構成・内容をもつものでありたい。あるいは、世界史を構成する複数のストリームを、二重・三重の複眼の思考でとらえるいっぽう、その全体を鳥瞰することといってもいい。さらには、一歩ならず二歩、三歩とより踏みこんで、従来の文献データを中心とする歴史学が基本的に扱わなかった一万二〇〇〇年から一万三〇〇〇年以前のこと、いいかえれば「後氷期」もしくは「間氷期」と呼ばれる「いま」より遥かに先立つ人間たちの歩みも含めて、人類の歴史の全体をできるかぎり偏りのない広やかな立場から、統一的・体系的にあとづけつつ総述し、あわせてわたくしたちが生きている「いま」というものをよりよく理解するのに役立つものでありたい。すなわち、人類という立場からの世界史がもとめられる。

## 紛争・対立をのりこえる思想

ただし、そこにおいて、紛争や対立をのりこえる視座や思考は不可欠である。かつての西欧ないし欧米は、みずからを優位におくあまり、そうでないものを「異なるもの」として、ことさらに蔑視や差別感をあおるような文明観・歴史観をつくりだしてきた。政治家・宗教者・思想家にとどまらず、歴史家・歴史研究者も、自分が実は十分に理解しきれていないものについてはむしろ、ともすればマイナス思考に傾きがちであった。それは今も、完全には払拭されていない。

学者が対立を助長することもある。たとえば、「文明の衝突」などといった浅はかな頭脳がひねり出した虚構と単純化が、お粗末で攻撃的な権力に「錦の御旗」をあたえて実体化させてしまい、世界に多くの不幸と災厄をもたらしている愚をわたくしたちは目のまえに見ている(十数年もまえ、筆者が一年間アメリカに滞在していたおり、ハンティントンなる奇矯な人物の語ることを、ほとんど誰も相手にしていなかったことを思い出す)。

世界史をふりかえれば、西欧が浮上した一八〜一九世紀以降、むしろ野蛮と暴力、殺戮と破壊はどんどん激しく大規模になっている。「文明化」というもの、そしてそれにともなう美化された対立・抗争の図式においては、プラスとマイナスはたしてどちらが大きいだろう。過去と現在を眺める行為は、ときに現在が創作した過去をもって現在を語らんとすることになりかねない。

　たとえば、イベリア半島における「レコンキスタ」である。それは、一九・二〇世紀の創作であった。もともと、再征服ということば自体も愚かしいが、かつての日本ではそれをさらに美化して、国土回復運動と和訳した。西欧ならば、なんであれよしとする精神は、率直に恥ずかしい。イスラーム到来以前に、スペインもポルトガルもキリスト教支配もなかったことは、誰の目にもあきらかである。にもかかわらず、「敵より奪い返したわれらが聖なる国土」といった呪文を唱えざるをえないパッチワーク国家スペインのあやうさと国内事情はもとより、痩せた大地に豊饒《ほうじょう》な文化の華をもたらしたイスラームへの、それが故のことさらな蔑視と憎悪、そしてかつての日本西洋史学、いや日本歴史学における西欧崇拝の構図など、もろもろのことが、そこに透けて見える。

　これに限らず、いわゆる「近代」なるものが、遅れた時代のこととして断罪するそれ以前のさまざまな侵略や破壊のストーリーは、きちんとしらべてゆくと、しばしばそれは、その時代よりも後の思惑が生んだ「つくりごと」や自己正当化のための述作・いいわけであったり、もしくはとくに一神教の宗教者たちによる聖化のためのことさらな教説であったりする。歴史を率直に見れば、時代としての野蛮さは、「近代」「現代」「現在」のほうが圧倒的である。今をもってよしとするのは、今に生きるわたくしたちの〝うぬぼれ〟のたぐいかもしれない。そもそも、世界はそんなに「進歩」しているのだろうか。

　そのいっぽう、かつて実際にあったことや近現代の現実をこえて、あまりにも「国民国家」的な幻想や言説がゆきわたってしまった結果、ほとんどはそうではなかった歴史が、現在のいくらかの国々において、内外にたいする擬態やブラフとして政治利用されたり、さらにはナショナリズム風のエモーショナルな利害・気分で色づけされてすっかり変身し、別の姿となりはてて、時には「踏み絵」さえ求めたりする。歴史が現在のための手段・詐術と化したりする。ところが、そもそも歴史と現在を語るさい、共通して使われる「国家」「民族」「部族」「国境」などといった基本用語そのものが、タームはおなじでも実体においては、「近代」以前と以後ではほとんど似て非なるものである。そのうえ、それらが指していたものは、ことば・概念・現実のいずれにおいても、今やほとんど地崩れを起こしている。多分、わたくしたちは、輪郭のあきらかな説得力のある別の用語・概念をつくる必要がある。

歴史家・歴史研究者が、過去のもろもろをきちんとした実寸で把握しつつ、それらを実際に見合ったわかりやすい率直なことばで現在につないでゆくことは、当たりまえだが大切なことである。その意味でも、世界史はわたくしたちにより身近なものとして、また過去と現在にとどまらず、これからの世界のゆくえを考えるうえで、もっとも有益な基礎とも糧《かて》ともして、今まで以上に必要性をましている。

## 日本におけるふたつの枠組み

### 日本西洋史学による「世界史」

さて、以下は日本でのことをおもに述べたい。明治維新以後の日本において、滔々《とうとう》たる欧米文明の摂取のうねりのなかで、一八八〇年代になると学術研究のひとつとして西欧式の歴史学が導入され、まずは国史（日本史）と万国史（外国史）という二頭立てが採られた。ついで、後者が西洋史と東洋史の両立てとなり、以後このふたつが日本における外国史の教育と研究を「西」と「東」に棲《す》み分けるかたちでつづいた。そして、第二次世界大戦直後、世界史の構想とその範となる教科書づくりが第一線の歴史研究者たちの間ではかられ、やがて新制高校の教科目として「世界史」があらたに出現したが、大学における教育・研究のかたちは、戦前と大きくは変わらなかった。ようするに、日本史・西洋史・東洋史の三分方式は、明治期からの慣行にすぎなかったのだが、結果としてそれが固定した。

西洋史は、ロシアを含むヨーロッパを中心に（なお、ロシアをヨーロッパとすることの「文明史」的な問題は、ここでは別である）、建前ではウェスタン・ワールドを対象とした。現実には、「文明先進国」たる英・仏・独の西欧三ヵ国、ないし必要に応じて蘭・伊などをくわえたかたちでの歴史とそこにおける研究を主軸とし、かつはヨーロッパの「原点」として、古代ギリシア・ローマをもうひとつの重点領域とするスタンスを基本にした。

そのさい、ギリシア・ローマはヨーロッパなのかとか、またそもそもヨーロッパは一体いつからヨーロッパなのかといった他者ならではの問いかけは、ひとまず棚上げにされた。当時の西欧が発信するがまま、ともかくも受け容れたのである。そのいっぽう、イベリア半島、北欧、東欧、バルカン、そしてロシアをふくめた旧ソ連諸国などについては、英・仏・

独などでの文脈・まなざしをもって眺め扱う時期がかなり久しくつづいた。まさに、二重の意味で、「西」に学ばんとする時代の産物であった。

だが、当初の導入・紹介・普及がひととおり過ぎた一九三〇年代ころより、日本西洋史学による自前の研究があらわれだす。とはいえ、幾多の西洋語の修得をはじめ、それを前提とする原典史料へのアクセスのむつかしさやつらさ、そしてさらに当の欧米・日本をつつみこんだ時代の風雲など、西洋史をとりまく研究環境には物心ともに困難さがつきまとった。日本の有力な西洋史家が、その才覚と麗筆、そして西洋史研究で養った歴史センスをもって、日本史へと打って出ることも決して稀ではなかったのは、まぎれもない事実である（もっとも、歴史学という広やかな括りで学び、その後に日本史、さらには西洋史の専家となった例もあるのだが）。

だが、いささかの紆余曲折はあれ、ともかく日本西洋史学が自力・独自の研究を展開してから、かくて七〇年あまり。日本において、「世界史」という見地で歴史を眺めるのは、ほとんど西洋史学に属する人たちの仕事であるかのように、長らくおもわれてきた。それは、ひとつには、制度上のきまりごとのように思い込んでいたむきがあったからであり、もうひとつはそれだけユーロ・セントリクな歴史像でこと足れりとしてきたからである。そして、さらにもうひとつ、後述する東洋史のほうが、かつてあまりにも中国史に傾いて、当時でいう内陸アジア史関係者を除けば、世界史へ乗り出すどころか、わずかな発言さえほとんど試みなかったこともある。「アジア史」を標榜《ひょうぼう》して、果敢に「領域」ごえをはかった宮崎市定《みやざきいちさだ》などは、きわめて例外的な存在であった。ただし、今やすっかり状況は変わり、やはり後述するように、世界史は西洋史の独占物といった時代は昔話となりつつある。

## 西洋学の巨大な貢献と苦悩

そうしたいっぽう、近年ことに東欧各国史やロシア史など、日本・西洋史学界の〝東方拡大〟がいちじるしい。また、イベリア史についても本格的な研究が始まり、さらに長らく日本の弱点であった合衆国史はもとより、南北アメリカ史についても、ヨーロッパ史からの独立・離陸がようやくにして果たされつつある。日本の西洋史は、むしろ今、質量ともに充実期を迎えつつあるかのように見えるのは、わたくしだけだろうか。実は、いよいよこれからなのではないか。

ひるがえって、日本近代化のモデルを提供するものとして、日本における西洋史、ないしはより広く西洋学にこそ、日本の文化的知性や才能の多くが投入された。明治期において、西洋語に通暁し、西洋語の書物・史料を相当の数量で入手でき、またそれらを自在に駆使してなんらかの論をたて、さらに日本のモデルとなる事例・図式・道標をも示し、かつはそうしたことをもって職とするといった人間は、きわめて稀少で貴重な存在であったといってもいい。西洋史・西洋学が、日本という国家・社会・文化の近代化にはたした絶大な役割・貢献・影響は、いくら強調してもしすぎではないだろう。

ところがいまや、日本近代も一〇〇年をはるかに過ぎ、西洋史ないし西洋学のかなりな部分は、日本列島とそこに暮らす人間にとって、すっかりとはいわないものの、随分と血肉となりはてつつある。かたや、世界のグローバル化と世界構造そのものの激変は、従来型のアプローチを根底からゆさぶらずにはおかない。であればこそ、二一世紀における日本の西洋史は、あらためてみずからの存在理由をさぐりなおす苦悩と葛藤のなかにあるのもやむをえない。

さらに、研究そのものが、近年ことに急速に国際化した。その結果、よくもわるくも当の本国研究者たちと伍して、対等にわたりあわなければならなくなった。歴史研究においては、個人の才腕はもとよりのことだが、そのいっぽう社会としての蓄積・伝統・継承が欠かせない。「近代化」して二〇〇年以上の厚みをもつヨーロッパにあっては、とくにそうである。日本に居ながらにしてもゆるぎのない、よほど突出した個人は別として、ふつうには原文書・原物へのアクセスなど、どうしてもおもな研究対象の国・地域とのたえざる往還に身を置くことは避けがたい。日本と当地とのふたつの世界に生きることが、より当然のこととなりゆかざるをえないだろう。

だが、そうであるからこそ、逆にその苦闘のなかから、近代西欧モデルを真にのりこえる独自の広やかな世界像・世界史を構築・発信できるのではないか。そもそも、みずから生きる世界を複数もつことは、歴史研究者としてはむしろ望ましい。まして、世界史というものを視野にいれようとするならば、なおのことである。そこにおいて、日本の西洋史研究者が、ひたすら不利だとはおもえない。むしろ、本国人にはない長所・利点も開けゆくのではないか。その鍵のひとつは、ヨーロッパの外からの視線、すなわち広やかで偏りの少ない成熟した世界観をもつ「日本からのまなざし」か。

## 「お家芸」としての東洋史

かたや、東洋史はアジア史を意味するものでありながら、実際には長らく中国史を主力とした。ひとつには、明治期からの大陸への進出・展開という国家・社会的な要請を背景とし、いまひとつには日本が以前から手本とも教師ともしてきた中華なるものをもって「東」たるものの主軸と見なし、それに付加するかたちで他のアジア史諸分野との連携をはかろうとしたのである。

かえりみて、日本という独特の文明体は、古くより大陸からの人・モノ・刺激をうけ、それらを日本式に取捨選択しつつ取り込んできたが（たとえば、宦官《かんがん》はもとより、道教もほとんど入れなかった）、なかでも平安末ころからいわゆる「漢学」をそれはそれなりに受容しはじめた。とくに、大陸からの「知と文化」の波がおしよせた鎌倉中期から南北朝、そして室町時代以降（中華風にいうならば宋元時代、およびその余波としての明代。このときに、今につづく日本文化の基層が形成される。なお、日本ではなぜか日明貿易のイメージが過大にあおりたてられたため、明代前半が文化不毛の暗黒時代であったことが理解されていない。また、明代後半は宋元文化のかなり低俗なイミテーションであったことも、「東アジア」を論ずるさいの基礎である。このことは、どうも日本論や東アジア論を主張する人たちにおいて、おおむね欠けていることである。きちんとした古典学を踏まえた立論が望まれる）は、文字どおり「漢学」をもって学問とすることとなり、やがて江戸時代も元禄あたりからは、それがひととおり備わって明治におよんだ。ちなみに、本来「文学」という漢語は、ひろく学問一般をいった。明治からは、「漢学」という東アジア・サイズの学問とは別に、国の浮沈をかけて、いわば「西学」という世界サイズの学術・技術・知識の受容に必死となったのである。

実は、日本史上でもっとも「漢学」がさかんだったのは、なんと「西学」の修得に懸命だったいわゆる文明開化あたりの時期のことであったのはまことに興味深い。東西の両学に兼通せんとする幕末・明治期の俊英たちによって、西洋語文献の翻訳とともに卓抜な訳語が創出され、それらが中・韓など漢字文化圏（なお、現在の韓国・北朝鮮はともに漢字を捨てている。その歴史的・社会的な理由はよくわかるが、ただし今や漢字を失ったマイナスは大きなダメージとなっている。見直しは当然である）での共通語彙となっていったことは見逃せない。

なお、「西洋」と「東洋」の語は、もともとは明代中国における南シナ海の西側と東側ほどの意味であった。それが、江戸中期以降の世界認識や地図作製において独特の用語として使われだし、とりわけ近代化にむかうなかで、範とする欧米を一括してウェスタン・ワールドの意味で「西洋」と名づけ、みずからを含めたアジア全体をイースタン・ワールドとして「東洋」と呼ぶことが固定した。いずれも、日本独自の命名であり、西洋史・東洋史はまさにその申し子であったといっていい。ともかく、「西学」「漢学」に象徴される「西」と「東」の対置が、日本における世界史アプローチの二本柱ともなったのである。

ひるがえって、西洋史の「反語」めいた名乗りを採った東洋史は、江戸幕藩体制下における教学、すなわち二〇〇年をはるかにこえる「漢学」の伝統・蓄積・習熟を土台とも強みともなして、中国史を主体に、ほとんど限りなく漢文史料が描く歴史像を集中して追い求めた。かたや、欧米にあっても、アジア進出と植民地形成の滔々たる波のなかで、鬱然《うつぜん》たる情報量をもつ漢文文献も利用しながら、歴史研究にとどまらない多様なアプローチが試みられてはいた。

ロシアを含め、そうした西洋式のアジア研究に触発されつつも、彼の地における研究方法が実は「漢学」における考証学と近似ないし極似していることに気づいた日本人学者たちは、西洋人のいういわゆる「東洋学」のかなりなエリアにわたって独自の地歩を築くいっぽう、近代歴史学としても、中国史および朝鮮史・満蒙史などの近縁地域史に、自分たちの得意とするフィールドを見出すこととなった。以後、日本における「極東」地域研究は、曲折はあれ、中国人学者などとの不即不離の関係を保持しつつ、率直にいって欧米が主導する学術研究の全般という茫漠たる曠野《こうや》にあって、ややめずらしいまでの国際的な評価をえてきたのも、いわば当然すぎることであったといっていい。

## 「中国史」の本当の課題

ただし、あえてここでつけくわえれば、東アジア史と中国史はもとより同一ではないし、また中国史と漢族史もイコールではない。くわえて、中国なる地平は、少なくとも四世紀・一三世紀・一八世紀を大きな画期として、空間と中身の両方で大きく脱皮・変身し、事態はそれぞれの前と後では決定的に異なっている。こうしたごく基本的なことを混濁させた立論や、またたとえば古代と現代を同一の土俵で眺める議論などは奇妙でしかない。ただし、だからといって逆に漢族史も含めて、中途半端な「民族史」風の述作は、かえって一歩あやまてば空中楼閣となりかねない。そもそも、中国における「民族」の語（ちなみに、これも日本発の訳語のひとつ）の使い方は、伸縮自在、ふくらみがありすぎて、それが誤解や偏見を誘導する。

むしろ、漢族はいつから漢族なのか、あるいはそもそも漢族とはなにかをこそ問いたい。ちなみに、かつて孫文が唱えた「中華民族」などは、もとより政治的なプロパガンダにすぎない。さらに、近年の中国自身がきわめてマイルドに標榜する「多元の統一体」としてのあり方と、中国史にいちじるしい「帝国史の脈絡」とのかかわりなど、個々の細微な研究とは別に、根本からの課題は多くのこされている。歴史をつらぬく稀有《けう》の巨大な「文明現象」として、真正面から「中国を問う」ことは、ある面で人類史における「国家」「民族」「文明」といった既製の概念をこえた深刻で、しかし本当の「なにか」を問うことにもなるだろう。つまり、世界史のなかに中国史をきちんと位置づけることである。なお、これは純粋に余談ながら、現在の中国に緊急かつ不可欠なことは、中国を中国たらしめた太古からの屈指の要因である農業と農村の復興を、真正面から率直におこなうことだと考える。

さらに余談めくが、近年における潮流として次に述べる複数領域での顕著な新展開のいっぽう、研究者の数では依然としてメジャーな中国史・中国学については、直接・間接にそれにかかわる若い研究者たちの中国留学はごくふつうのこととなった。いっぽう、かつて日本で基礎力を磨くことが多かった欧米人研究者たちも、直接に中国に赴くことが当然となっている。そして、中国・台湾の学生・院生もまた、日本ないしアメリカへ渡るケースがふえている。ただし、中国の大学・研究機関は、古典籍はもとより文献史料・図書一般について決して恵まれた状況にない。

それはともかく、韓国・台湾も含めて、国際交流はまことにさかんである。研究上の「壁」は、表面上ほとんどなくなっている。反面、いずれの国々にあっても、あまりなまでの業績主義の悪影響が否定できず、また、欧米人研究者の一部で語られる〝日本パッシング〟は、いまやそれなりの自信の裏返しとして十分に理解できるものの、このところ欧米の研究にむしろ手ひどい劣化が見えることが気になる。

かえりみて、日本における世界史なるものは、西欧を中心にヨーロッパ史に傾く西洋史と、中国を中心に東アジア史に傾く東洋史という「西」と「東」の無理矢理な接合物としてつづいてきた。そうなった理由、そこにおける構造的な欠陥・空白は、日本という国がもった文明史的な枠組みと体質、そしてとりわけ近代における宿命を見事に反映するものであった。西洋史と東洋史というまことに漠然とした括りの両者が、日本において、いまも世界史研究にかかわる「ふたつの老舗」であることは、それがともに一〇〇年をこす伝統的な枠組みだからである。ただし、今後はともに、かつてのようなあり方を保持することは、よくもわるくもはたしてどうか。

## 世界をひととおり覆うアプローチ

### 東西の間——中央ユーラシア史・イスラーム史・南アジア史・東南アジア史

そうした状況における弱点は、誰の目にもあきらかであった。「西」と「東」という両極が並存するそのあいだ、具体的には東欧から蜿々《えんえん》とはるか東方の中華地域およびその近縁にいたるまで、巨大な「歴史研究の空白」が口をあけていた。もちろん、そうした広大な「空白」の領域について、全くなにも研究の鍬《くわ》が入っていなかったわけではなかったし、特別な個人の稀有の努力もあった。だが、組織だったかたちで、原典・原物にもとづく自前・独自の根本研究を展開することは久しく困難だった。

もっとも、こうした「西」と「東」の極端な棲み分け状況は、日本の歴史研究にのみあったことではなく、手本とした西欧式の世界観・世界史において、すでに顕著に認められたことであった。そもそも、アジアおよびアジア史という考え方は、西欧に起源する。

そうした状態において、世界史理解のかなめとなるのはユーラシアの中央域、近年の用語でいえば中央ユーラシアである。この巨大な地平について、一九世紀後半からロシアとヨーロッパ列強の領土欲にもとづく探検・調査と歴史研究（いわゆるシルク・ロードの名で呼ばれるもろもろ）が激しくくりひろげられるが、新興日本もやや遅れて大陸政策を展開し、それと密着するかたちで、とくに「満蒙」「満鮮」につらなるアプローチが求められた。その結果、第二次世界大戦の終了まで、実は日本の東洋史研究者のほとんどなかばは、なんらかのかたちで「満蒙史」「満鮮史」にかかわるとまでいわれる状況がつづいた。

　戦後は、中華本土の研究に回帰した多くの人たちとは別に、内陸アジア史といいかえた領域には、多言語能力と世界史への志向を兼備した研究者が輩出した。もともと、東洋史の提唱者である那珂通世《なかみちよ》をはじめ、白鳥庫吉《しらとりくらきち》・桑原隲蔵《くわばらじつぞう》・羽田亨《はねだとおる》など、東洋史を領導した有力学者たちは、今でいうモンゴル時代史を軸として、ほとんどこうしたユーラシア史へのまなざしをもっていたことは注目される。そのひとつの結果として、日本の東洋史は、中国史とイコールとなることはなかったのである。それはともかく、きわめて細緻な文献研究と遺跡・遺物の分析をいちじるしい特徴とする内陸アジア史家のなかから、次に述べるイスラーム研究への動きが生まれ、さらにその波と連動して中央ユーラシア史というより広いエリア・立場・視野からのアプローチが次第に定着した。とりわけ、一九九一年末のソ連崩壊とそれによる国際情勢の変化が、この形勢を促進したことも見逃せない。

　率直にいって、イスラーム史の側面も濃密にとりこんだ現在の日本の中央ユーラシア史研究は、時代と場所によって違いはあるものの、多言語・多地域・多分野をカヴァーするまなざしの広さと顕著な歴史性・現代性をも兼備する点において、おそらくは世界史にかかわる日本の研究諸分野のなかで、突出した意義と国際的な発言力をもっている。もっとも、この領域について世界の他の国々は、おおむね苦手とするという事情も見逃せないが。

ついで、日本において一九七〇年前後より、ひろくイスラームにかかわる研究・アプローチが、それ以前とはまったく異なる水準・総量で急速に展開しはじめる。それからおよそ四〇年。いまや、イスラーム学・イスラーム史の研究は大展開をとげた。世界レヴェルで顕著な成果をのこす研究者も幾人かいる。かつて、意図してこの分野の振興をはからんとした幾人かの先達たちの期待・予想をはるかに上回るほどの活況といっていいのだろう。第二次大戦後の歴史学界において、最大のトピックかもしれない。

教育・研究組織としては、人事制度上の理由もあって、やむなくひとまずは旧来のまま、東洋史の枠に属するかたちを採ることが依然として多いものの、事実上ほとんど別個の存在である。また、西洋史とは、もともと密接な関連をもつ隣接分野であり、それぞれの歴史理解のためには互いについての知識が不可欠なのだが、実際にはやや意外なほどに西洋史との交流や相互乗り入れ、あるいはタイアップした研究・企画・総合化の動きは、今のところあまり多くは見られない。まさか、歴史と現在における近親憎悪めいた部分が、照り返しているわけではあるまいが。西洋史とイスラーム史の協業は、いわば理の当然のことであり、両方へのまなざしと研究能力を兼備する研究者がふえることを希望したい。

ともかく、イスラームにかかわる諸地域の歴史研究は、現実にひとつの独立した領域を形成しており、若い世代になればなるほど、広汎《こうはん》な研究層が裾ひろがりに存在する。おそらくは、ムスリム地域の人間ではないものによるイスラーム地域研究として、いま世界を見渡したとき、各種の多様な研究者群とそれにつづく次代の人たちをあわせた総数において、実は日本は屈指といっていいのではないか。ただし、歴史学に限らず、イスラーム研究に求められる言語・文献能力をはじめ、さまざまな類いの基礎力全般は、所詮《しょせん》は漢字・漢文が文献史料の多くを占める東洋史・中国学はいうまでもなく、多言語兼通は当然とはいえ、修得・利用の便がかなり開かれた西洋史とも、やはりなににつけ事情を異にするところが多い。

総じていえば、日本におけるイスラーム研究の地平は、中東・バルカンをはじめ、いわゆるブラック・アフリカから南アジア・東南アジアはもとより、ロシア・カフカースも含めた広い意味での中央ユーラシアを覆い、東は中華地域にもゆきおよぶ。とりわけ、ユーラシアの内側に展開した遊牧民をはじめとする広大な乾燥世界については、既述のようにもともと日本では分厚い研究伝統と蓄積・水準があり、そこへイスラーム研究の要素が確実な武器として加わった結果、より大きな可能性が開けつつある。

転じて、南アジアである。北に、ティベット高原とヒマラヤ、そしてヒンドゥー・クシュの高嶺《たかね》を背負い、ユーラシアの南方中央域にきわめて多元・多彩、独自性の色濃い世界をつくる。日本を代表する超域研究者の応地利明《おうじとしあき》によれば、南アジアはかつて古くは「東」にとっても「西」にとっても、それぞれの世界認識において既知と未知とが交錯するはざまであった。とりわけ、インド洋に突き出した巨大な三角形は、人類の交流・移動の大動脈をなし、いわゆる東洋と西洋をむすびつけてきた。世界史というものを考えるとき、南アジアの陸と海がもつ意味は、まことに格別なものがある。

インダス文明以後、古代とされるヒンドゥー時代、中世とされるイスラーム時代、イギリス支配の近代、そして一九四七年の独立から現在までと、おおまかに五期にわけられるものの、それらの全体を学術レヴェルで考究して、多角的かつ総合的に把握するのは至難である。また、イギリス支配時代に先鞭がつけられた近代歴史学としての研究も、たとえば大テーゼとされた「アーリア人の来住」といったことからはじまって、根本からの再検討が求められる時期にきているように見える。

日本においては、仏教本地としての関心や憧れから、古くは本朝・震旦《しんたん》（漢土《かんど》を意味するチーナスターナの音訳）・天竺による三国世界の観念はもとより、明治以後も従来の漢訳仏典研究にヨーロッパ式サンスクリット学を取り込んだいわゆるインド学が盛行してきたが、反面で現実の南アジア社会やその歴史には遠かった。しかし、一九五〇年代からは歴史研究をはじめ新展開が徐々になされ、七〇年代以降は現地調査もふくめた多様なアプローチがくりひろげられている。前述のイスラーム研究としての側面も、若手の抬頭が目につく。ようするに、欧米などの研究をなにはともかく範とする時期は、過去のこととなりつつある。

そしてもうひとつ、南アジアと不可分の関係にあるアフガニスタンの情勢は、いまやパキスタンも捲き込んで、南アジア全体に不安定化の波を及ぼし始めた。いわゆるパシュトゥニスターン問題をふくむ事柄は、より深刻な危険水域に達している。それは、かつての英露によるグレート・ゲームを想わせる。イギリス支配の遺産は、むしろこれからこそ負の局面を見せてゆくのか。

いっぽう、第二次世界大戦後、とりわけアジア・アフリカ諸国の独立をひととおりへた一九六〇年代から七〇年代にかけて、世界情勢の変化もあり、東南アジア史という地域世界史が本格的にスタートした。この領域の日本における先達のひとりである生田滋《いくたしげる》によれば、「東南アジア」なるものが、一個のまとまりをもった地域単位と認識されたのはきわめて新しく、一九六五年にC・フィシャー『東南アジア：社会・経済・文化地理』が出版されてからのことであった。

そのさい、アメリカが直接に参戦した一九六五年から七三年までの狭い意味におけるヴェトナム戦争が、大きく影を落としている。よくもわるくも、濃密に現実の利害を背景とするアメリカが主導するかたちで、戦前からの伝統・蓄積をもつ英・仏・蘭などの旧宗主国や、かねてより東南アジアとのかかわりを深めてきていた日本・オーストラリアなどがこれに加わった。

前近代と近現代の歴史研究のみならず、むしろ広義のフィールド・ワークと現代をこそ眼目とする地域研究が、独裁型の政治権力と開発経済型の現地社会とに否応なくかかわりあいながら、さまざまなひろがりをもって多彩に展開した。かたや、歴史学としては、陸域と海域のふたつに大別される東南アジアという多元世界の実像はもとより、その周辺の複数の地域単位とのかかわりや交流の諸相、さらには世界史全体での位置づけなどが、今後さらにもとめられゆくことだろう。そもそも、アフリカ東海岸までを包み込む前述のインド洋海域とその洋上ルート、および東南アジア多島海域こそが、ユーラシアの内陸ルートとともに、ほとんど有史以来、世界史を世界史たらしめてきた屈指の要因であったことは、まぎれもないことだからである。ちなみに、たとえばイギリスの「アジア支配」なるものの構造も、こうした歴史の滔々たる脈絡のうえに乗ったものであることを、近代史家たちは謙虚に見つめるべきだろう。

もう一点、最近の日本における海域史研究全般の動きは、当然のことだろう。多言語文献はもとより、考古・文物にとどまらない多様な関連データの活用、そしてまさに多元をきわめる社会・地域・国家の総合把握は、およそ個人の能力をはるかにこえる「茨《いばら》の道」だが、それだけのやりがいもある。ただし、我田引水めいた述作は気をつけなければならない。海域史における史料の乏しさを逆手にとったような主張は、歴史研究におけるニヒリズムになりかねない。

ともかく、陸と海の両方から、ユーラシアないしはアフロ・ユーラシアの連動・連環をさぐる営みは、ますます盛んとなろう。東と西をつなぎ、あるいは両者をつつみこむ中央ユーラシア史・イスラーム史・南アジア史・東南アジア史・海域史とそれらの相互連関のもつ意味は、まことに大きい。

## 伸びゆく新領域——南北アメリカ・太平洋・オセアニア・アフリカ

かたや、まさに人類史という見地から、南北アメリカと太平洋・オセアニアについてのアプローチ、そしてそれぞれの世界史上での位置づけは大きな意味をもつ。周知のように、これまでの日本の歴史学は、ついしばらくまえまで、この広大な大地と海面について、きわめて縁遠かった。世界史叙述においても、まったくの傍流のように、おおむねは「ヨーロッパの拡大」というお定まりの図式のなかで語られることが多かった。

合衆国史でさえ、かつてはあきらかに手薄というか軽微さが目立ったが、さすがに近年は急速に充実しつつある。とはいえ、アメリカに関する情報としては、どうしても政治・経済を中心に、現代史というよりも現状分析に傾きがちである。合衆国の成立以前から、幾つかの段階をへた劇的なまでの展開を見渡すかたちでの総合的な姿について、アメリカ自身が語らない日本ならではの把握や見方といったらよいのか、まずはより強固で豊饒《ほうじょう》なアメリカ史全体の他者の眼による再構築と、もうひとつ近年のアジアの大変容をも視野におさめる広やかで説得力のあるアメリカ現代論をこそ待望したい。

巨大国家アメリカは、まさに矛盾に溢れている。そのあたりの構造と原因について、世界史的な見地からより踏み込んでの文明史的な分析が求められる。合衆国が、ここ一世紀ほど、世界とその歩みに与えた影響は甚大であった。であればこそ、アメリカはかつてどうであったのか、どうしてこうなったのか、そしてこれからどうなりゆくか――。アメリカという世界国家の過去と現在・将来を、肯定でも否定でもなく、より克明にまざまざと描き出し、きちんとした肖像と今後のありうべきかたちを示すことは、大いなる仕事といわなければばならない。

転じて、合衆国以外、ないしは以前――。ともかく、南北アメリカについて、当然のことながら文献史学による歴史分析とは別に、人類学・民俗学・考古学・植物学などからの多様なアプローチが目につく。アステカやマヤといったメソ・アメリカ文明、そしてインカをはじめとする南米アンデス諸文明に関して、新しい息吹が紹介・開拓されつつある。とくに、日本人の若い研究者の活躍には目を瞠《みは》るものがある。

ことは考古学的な側面に限らず、総じて南北アメリカ史にかかわる近年の日本の研究は、スペイン語・ポルトガル語を駆使する研究者の増加もあいまって、随分と良化しているのではないか。そのいっぽう、巨大な太平洋海域については、合衆国やその近域での刺激をうけたかたちで、「太平洋考古学」なる試みへの挑戦もみられるようになった。

点々たる島と島をつないで、はるかなるへだたりを易々とこえたかに綴《つづ》られる文脈を目にするとき、心よりの驚きとともに、なお呆然《ぼうぜん》たる想いも正直に否定しがたい。さらに、とりわけオセアニアに関しては、どうしてもイギリスによる入植・開拓史の展開が基調となるのは仕方のないことだろう。また、文化史あるいは地理学からのアプローチも目につく。ただし、ありていにいって、このところ一段とアジア移民の影を濃くするオセアニアなるものは、これまでの歴史以上に現在と将来を見つめるなかにこそあるのだろう。

ひるがえって、やや繰り返しめくが、コロンブス（クリストバル・コロン）をはじめ、コルテスやピサロ以来、ヨーロッパと「新大陸」、さらにはアフリカをもつつみこんだ大きな歴史世界が時を逐《お》って徐々に浮上してくる。すなわち、さまざまな人々と地域を捲き込んでダイナミックに展開し、かつは密着・不可分にむすびつけられた大西洋とその両岸諸地域という壮大な括りである。そこには、いわゆるブラック・ディアスポラがもたらした予想もしなかった世界のあり方をはじめ、まさに多元複合というよりほかはない社会・文化の状況が、国境をこえて広汎に形成される。しかも、それらは滔々たる潮流となって展開し、それどころか今もますます加速度をつけて進展している。そうしたいわば、「アトランティック・ワールド」とでも呼ぶべきあり方やかたちについて、五〇〇年をこえたタイム・スパンで眺めるとき、近年ではすっかり説得力を失ったかに見える〝西半球〟という、いささか昔ぶりの括り方が不思議にどこか蘇ってくるようにおもえる。

そして、アフリカである。アフリカについて、日本は、鉄砲伝来から間もなく「黒人」がやってきていることや、かの天正少年遣欧使節の見聞、そして江戸期も元禄のころからの地図・地誌のうえでの知識など、おぼろげながらアフリカの存在とその名だけは知っていた。しかし、所詮《しょせん》、日本にとってアフリカそのものは遥かに遠い存在であった。それは、明治になってからもあまり変わらなかった。ながらく、日本人にとってのアフリカ像は、西欧を介した姿であった。ところが、アフリカの不幸は、ほとんどヨーロッパとの出会いからもたらされた。

かえりみて、アフリカを考えることは、世界史・人類史の暗面を見つめることであるかもしれない。そこにおいて、ヨーロッパの罪深さは本当にどうしようもないだろう。世界史という長い物語を、きちんとした根拠と脈絡をもって眺め渡そうとするとき、近代ヨーロッパなるものが、ほぼ二〇〇年にわたってアフリカにふりそそいだ悪辣《あくらつ》さと罪深さは、今更ながらに際立っているといわざるをえない。このことについて、時代と空間というへだたりを乗り越えて、わたくしたちは歴史上まごうことなき明白な事実として、口先では「人類愛」をとなえたものたちがなした恐るべき悪業こそ、真正面から見据えたい。

日本におけるアフリカとその歴史に関する研究は、やむなきこととして、後発たらざるをえなかった。それはそれで、仕方がない。だが、日本のアフリカ研究というか、フィールドを含めたさまざまなかかわりは、歴史学といった分野などをかるがると越えて、年を逐って近年ますます広汎なひろがりを見せている。ただし、それがときに、ひそかな侮蔑と憐れみという臭気が、どこかなお漂いがちな欧米型のアプローチや理解の仕方と近似する部分がもしあるならば、いささか残念ではある。

周知のように、アフリカをもって「暗黒大陸」とするのは、ヨーロッパがことさらにつくりだしたイメージであった。しかも、それは所詮、ヨーロッパが妙に自信をもってしまった一八世紀以降のことでしかなかった。それ以前、アフリカという巨大な大地には、ここでは詳述をひかえるが、まことに多様な営みと、諸国家の興亡があった。そのことは、考古学的な成果もあって、近年ますます克明にわかりつつある。わたくしたちは、この地球、そしてそこに生きるわたくしたち人類という立場に身を置くとき、近代ヨーロッパなるもののおぞましさ、とりわけサブ・サハラにおいて振る舞った本当の姿を、今更ながらにおもわざるをえない。

## 日本発の世界史をめざして

### 日本の蓄積と可能性

さて、世界の各地域史のありようや従来のアプローチのかたちを、日本での研究展開を中心としつつ、まことにおおまかに駆け足で眺めてみた。それらをまとめてひとことでいえば、ようするに世界史なるものは、まだ形成途上にあるということである。もとより、ここでいう世界史は、まさしく時々刻々に変動しゆく歴史そのものと、叙述されたその全体という両方の意味においてである。

課題は山積している。実のところ現在はなお、世界史の部分と部分を、それぞれの中身の精粗はやむなきこととして、ともかくもパッチワークのように寄せあつめて「ひと撫《な》で」したといったところではないか。といっても、なにはともあれ〝取り落とし〟のないかたちで、時代と空間をつらぬいてひととおり眺め、かつはそれなりの主要なことがらを覆うことの意義はある。それに、以前にくらべれば、冒頭に述べたように、随分と〝マシ〟になってはいるのだろう。

現実の世界の変動とそれによる史料研究の新展開、さらに文字通りオープン・スペースと化した国際情勢を利したさまざまな研究上の往来・交流・協業――。いま、歴史研究は稀にみる好条件と活況のなかに入りつつある。新発見・新事実・新解釈・新定義など、いくらでもとはいわないまでも、そうそうのことではもはや驚かない時期のさなかにいるといってい い。DNA分析の導入をはじめ、新技術による大中小の歴史の検証・見直し・発見も、これからより激しくダイナミックに進展するだろう。また、そうでなければならない。

かえりみて、日本における世界史研究に関する特徴として、つきつめるとほぼ次の三点が浮かびあがる。ひとつは、時代・場所を問わず、ひととおりどんな分野であれ、それを専業とするさまざまな研究者たちがほぼ隈《くま》なく、かつはまことに広汎《こうはん》に存在し、そのこと自体がまず特筆すべきことである。

そのうえ、個々の研究もまた、ほとんどの場合、実に緻密《ちみつ》で生真面目な、きちんとした分析・実証・論述がなされていることである。別のいい方をすれば、個別のテーマに細分化して、分かれ棲《す》んでいるのであるが、全体としてこれを眺めれば、世界でも多分に異様な景色かもしれず、ともかく研究の総量は大変なものといえるだろう。

そして、もうひとつ。たとえば、もっともわかりやすい事例として、あえて中国史を挙げるならば、ともかくもオリジナルな研究水準と、やや分厚すぎるまでの研究者層を擁しながら、ともすればその枠のなかで自足しがちであり、かつはおおむね世界史へのまなざしを欠いていることである。率直にいって、ことは中国史に限らず、日本の歴史研究の全般にわたってあてはまることといわざるをえない。

かたや、既述のように、日本の西洋史も近年は「本地」にみまごうほどのレヴェルで展開し、国際学界（というものが本当にあるならば）の有力な一員となっている。とりわけ、先発の重点領域である英・仏・独やローマ史などについてはそうである。ところが、その西洋史も、まとまって日本独自の世界史像を語り、発信することには、なお極度に控えめである。そのあたり、イスラーム史や合衆国史、ラテン・アメリカ史などでも、似かよった事情かもしれない。ようするに、日本の歴史学界にあっては、個々のすぐれた研究とは別に、世界史についての自前の国際的な発言・発信においては、やや乏しいといわざるをえない。

ここに、日本の可能性が浮かびあがる。日本列島に暮らすものの眼から見たわかりやすく説得力があり、均整のとれた世界史である。たぶん、現時点でもっとも〝マシ〟な世界史となるのではないか。それは、世界各国でも受け容れやすいものとなろう。

## 横切りにむすぶ世界史

日本が発信する世界史は、かつての西欧式の強引な自己中心の述作ではもとよりなく、また現在なんとはなく、世界の主要国で自国中心におこなわれている「仮想された世界史」でもなく、さらには全体像の議論は棚上げにしつつ個別の追加や補足はやたらに施されたグロテスクな〝雑居ビル〟のようなものでもない「なにか」である。そこにおいて、新しい世界史への道を探る次なるステップとして、かなり有効とおもわれるのは、横に統合する世界史である。

これまでの世界史というと、西洋史と東洋史に二大別する旧来の方式はもとより、どうしても「文化圏」、ないしは地域単位ごとの把握を基本とした。いわば、地域ごとに別々に分かれ棲んで垂直的に考察し、それを寄せあつめて、世界史だと称した。しかし、本当は、いつからそういう括りが成立したかも定かに議論されてはいないヨーロッパをはじめ、所詮は一九〇二年の日英同盟でのネーミングより前には遡《さかのぼ》ることのないであろう「東アジア」(イースト・エイジア)、まして第二次世界大戦後にあらわれた「中東」「南アジア」「東南アジア」「中央ユーラシア」など、ともかく実のところは、その時々のほとんど都合となりゆきめいたものでひねりだされた地域枠に沿って、いわば縦割りのそれぞれの歴史がほぼ別々に語られ、一五世紀末になって突如としてヨーロッパが「むすび手」として登場するという仕掛けであった。

歴史研究者は、ほぼ依拠する主要史料の言語や文化ごとに棲み分けるのが常であったから、地域ごとの割拠と分断は当然のことである。「ヨーロッパの世界展開」以前に、ダイナミックな世界史像がむすばれにくいのは、至極あたりまえ、構造的な理由のしからしめるものであった。

ただし、そうでありながら、まことに身勝手というほかはないのは、「中東」について古くは「オリエント世界」と呼称してヨーロッパの延長線のように扱い、イスラーム出現後は全く別物とみなすことである。ご都合主義の最たるものだが、オリエント学者もイスラーム史家も、「中東史」を通観して扱うことに踏み出せば、にわかに事態は様相を変える。従来では見えなかったものが当然に浮かび上がるにちがいない。イスラームなる現象は一体なにか、それ以前の「オリエント世界」との連続性はどのようであるかなど、人類史にとって根本的な幾多の問いかけが求められる。

ひるがえって、横に統合する世界史というのは、ようするに「文明圏」や地域単位での括りを乗り越えて、同じ時のなかでの展開・連関を見つめることである。世界と世界史を水平的にとらえることといってもいい。これは、口でいうのはたやすいが、実際の歴史研究としてはまさに「茨の道」である。少なくとも、一人にして、三つか四つの地域単位を押し眺めなければならない。別のいい方をするならば、世界規模で時代史を扱うということである。率直にいって、従来の世界史はこれが弱かった。逆にいえば、横切りに見渡した世界の同時代史に挑戦しなければ、世界史なぞは、所詮は創れるわけもない。

もし、本当に横切りにつらぬいて事態を眺めるならば、各国史や各文明史では決して見えなかった姿が否応なくたちあらわれてくる。たとえば、移動・交流・影響などは、おのずから歴然とする。それは、小実証の域をこえた中実証といったらよいのか、ともかく世界史なるものへ接近することを意味する。

## 人類史のなかの「いま」という時代

たとえば、手前味噌で恐縮だが、一三～一四世紀のモンゴル時代史とその余波としての一五世紀までは、そのひとつの典型だろう。たとえば、いわゆるルネサンスなるものは、ともすればむやみに広く使われがちだが、実は交流・通商・文化のアフロ・ユーラシア化という史上最初の時代だからこそ生じたことであったと考えられる。また、日本でいう大航海時代（このネーミングは再考を要する）、欧米人のいう大発見の時代は、スペイン・ポルトガルによるともかくも地球規模での時代史の始まりとして、一五世紀末から一七世紀なかばまでをひと括りにして総述すべきものだろう。そのさい、フェリーペ二世によるスペインが、やはりひとつの鍵となる。

ついで、英・蘭・仏が海上に展開し、三十年戦争をへてヴェストファーレン条約がむすばれ、かたやロシアが帝国たる構えをユーラシア北方において見せはじめ、東ではダイチン・グルン（大清帝国）が抬頭・拡大し、日本では徳川幕藩体制がゆるぎなくなる一七世紀なかばからは、次のひとかたまりとして扱うことができるだろう。「近世帝国」の時代といってもいい。

そして、さらなる括りは、合衆国の出現、フランス革命とナポレオン戦争、ロシアとダイチン・グルンの二大帝国によるユーラシア中央域の両分とその固定化、ムガル帝国の事実上の解体、ロシア南下とそれにともなう松平定信の「国防計画」とその挫折、および「幕末」の開始といった一連の出来事に彩られる一八世紀末から、となる。そしてその途中、一八六〇年から七〇年における米・独・墺・仏・日・伊など、現在の世界主要国の多くでなされた再編をはさんで、第一次大戦にいたる時代とすべきであろうか。

ひきつづいては、一九九一年のソ連解体と東欧の民主化にいたるいわゆる「短い二〇世紀」。これは多くの人が賛成するだろう。ちなみに、この七四年間は、ある面で「ソヴィエト時代」と呼ぶこともできる。もっとも、よりマクロにいえば、もちろん「アメリカの世紀」であった。ただし、アメリカが主導した時代の下限を、はたしていつまでとするかで各論があるだろう。最長に設定するなら、今まさに世界をおおいつつある金融恐慌の二〇〇八〜〇九年までとすることも、あるいはできるかもしれない。ともかく、一九九一年以後のどこからかが、まさに本当の現代史となるが、実のところ現代史もしくは「現在史」を考えるという行為は、まさに紛れもなく世界を横切りに眺めることに相違ない。

むつかしいのは、モンゴル時代までのことである。ユーラシアないしはアフロ・ユーラシアを貫く時代現象としては、少なくとも三〜四世紀あたりにひとつ、東西共通の段差がある。ついで、七世紀の前半と八世紀なかばの変容も目につく。さらに、一〇世紀から一二世紀における東西のいちじるしい流動化現象（西へ動くテュルク族、東へむかうフランクたち、そして南へくだるゴール朝やキタイ、ジュシェンなど）も、〝プレ・モンゴル時代史〟として括ることのできるものではないか。なお、モンゴル時代より前のことについては、稿をあらためて論じたい。

ひるがえって、世界史を横切りに扱うといっても、ただ単に横にならべればそれで済むというのではない。そこにはもちろん、連関と総合が欠かせない。複数の「地域世界」単位にわたって、自前で原典・基礎データを処理し、それを組み立て、全体を洞察する。まさに、歴史家としての真の力量がもとめられる。そして、そのためには、縦筋でそれぞれの時代の前後を見つめることも、もとより不可欠である。つまるところ、各地域世界史を時代ごとに束ねて総合化ないしは一体化したかたちで眺め渡すことであり、それが果たせれば世界史はおのずと見えてくる。

かえりみて、「いま」という時代は、人類という「かたまり」が、それなりの現実感をともなって見え出した実は最初のときかもしれない。いずれは、混成体としてひとつの「地球文明」が形成されゆくのではあろうが、いまはなお、〝まだら模様〟の進行過程を歩んでいる。そこに、定かな「海図」はない。ひととおり全体のストリームを過不足なく眺め渡した世界史が出現し、それが人類史というかたちで仕立て直されるのは、まだ少し先のことになるだろう。

## 総合的な理解への次なる一歩——世界史学の提案

このささやかな文章の締め括りとして、ひとつの提案をしたい。それは、ことばの真の意味における総合学としての「世界史学」なる分野・学科を本格的に常設し、世界と世界史についてのより十全な理解・把握をはかることである。

本来、世界史を構想することは、すべての関連学術を修め、あらゆる大小の事実に通じることを要件とする。しかし、遺憾ながらそれは不可能である。とはいえ、一個人をもってして、それなりに世界史の全体をおし眺めようという強い意志と意欲をもち、そのための継続的な努力を払ってきた人たちは、これまで決して僅少ではなかった。ただし、残念ながらそうした「壮挙」は、おおむねその人の一代か、ないしは稀に二代くらいで終わりとなった。

かつての封建時代の学者貴族や全体主義国家における御用学者ならいざ知らず、現在ではたとえば「家学」として世界史の全体像に挑戦するといった事例は、少なくとも日本では、よくもわるくもほとんど見当たらなくなった。それもまた、当然のことである。

率直にいって、世界史はあまりにも厖大・多岐にすぎて、ひとりひとりの歴史学者が個々の分野で個体発生をくりかえしても、なかなか次なる地平には近づけない。自分が直接にアクセスできない領域については、誤解・偏見が生きつづけがちとなる。では、ヒストリー・ライターめいた人たちの描く歴史の肖像はどうかといえば、しばしば縦横無尽であっても、誤解と旧説、独断と放縦の混合物であることが多い。ところが、ひとりで複数の時代・分野・地域を直接に扱えることになると、俄然その様相は変わる。人の営みの拡大形である歴史は、連関のなかにある。その人の「守備範囲」が複数化し、多元化すれば、その人の歴史像はもとより、接触する各エリアの相互検証・相互理解も確実にすすみ、強固となる。そのメリットは、段違いである。

さらに、そうした多分野兼通型の研究者群があいよって次代の人たちを育成すれば、事態は大きく変わるだろう。逆に、固定の枠に安住することはできなくなる。世界史上における複数分野の兼通のあり方として、たとえば文献史料でいうなら、漢語文献・イスラーム関連諸語文献・西洋諸語文献の三つのかたまりには、できればひととおり通じたい。このことだけでも、従来の研究水準とは画然とことなる。そして世界中を見渡しても、そういう状況はほとんど存在しない。

転じて、世界史と日本史の連携・兼通も、おのずから当然かつ必須となる。また、遺跡・遺物の把握、DNA分析など、いわゆる考古学とその周辺にかかわるアプローチや、従来は「理系」とされてきた知識・能力・技術も欠かせない。時代や社会をとらえる手掛かりとして、建築・絵画・ヴィジュアル史料を扱うことは、実はむしろ歴史学者にこそふさわしい仕事だろう。ようするに、特定の分野に専念する従来型の歴史研究とは別に、多領域をカヴァーして、分野の間の溝を一人をもって乗り越える広い視野・能力の人づくりをシステム化することである。

いっぽう、世界そのものは、まだとても「フラット」どころではない。世界は、ある部分で急速にグローバル化しているものの、反面で人間の集団・社会としては、それほど「進歩」しているとはいいがたい。軍事国家は山ほどあるし、王朝国家に近いところもなお存する。そもそも、今でも帝国は複数で存在する。近々に蘇った帝国もある。「帝国主義」めいた様相は、実はまだ脈々とのこる。アメリカによる単独支配の気配が薄らぎ、本来の多元構造に戻っている。

また、かつての欧米植民地支配の構造や枠組みを「遺産」としてひきつぎ、逆にそれが故に地域覇権国たりえているところも率直に少なくない。こうしたかたちが、はたして恒久化していいのかどうかも疑念がある。そうした諸国における紛争や対立は、歴史の脈絡のなかでまさに構造化されている。世界を見渡せば、「国威発揚時代」のさなかに生きている国もあれば、それとは反対に国家未満・社会以上の現状に苦しみつづけているところも少なくない。さらなる統合へ志向する地域や国家群があるかたわら、多分は今後よりこまかく分かれゆかんとする気配の国もある（たとえば、イギリスやスペインなど）。所詮は今も、歴史の変転のなかの通過点にすぎない。

ひるがえって、世界史を考えるということは、現代・現在を考えることでもある。そして、わたくしたちの基点は、この日本列島に存する。世界と世界史のなかで、きわめて独特な文明体を形成して、今こうしてある。おそらくは、現時点において、もっともニュートラルで各国に受け容れられやすい世界史像を発信できるだろう。それはまた、日本が世界に貢献できることのささやかなひとつかもしれない。

滔々たる世界の来し方を総体として知悉し、それを定かなパースペクティヴでもって語りかけること、そしてそれを通して「いま」という時を実寸で見つめ、現状を適確に把握しつつ、世界全体の行く末を我が身のこととしてしなやかに構想し、確たるヴィジョンとともに発信する――。歴史学ないしは歴史研究、とりわけ世界史・世界史学は、人間と人類のための総合学と考える。そこにおいて、紛争・対立をのりこえる地平が、やがて出現してくるのではないか。

なお、「日本史と世界史」という文章を綴りたくおもったが、もはや紙幅の限界をはるかにこえた。それは、いずれ別の機会にしたい。それにしても、自国史とそれ以外の「外国史」という二本立てのあり方は、世界の他の国々でもごく普通のことであって、それを一本化するのが当然だといわんばかりの論説は、どこか奇妙ではある。やはり、当分の間は、二本立てでゆかざるをえないだろうし、それがまた妥当なところだろう。ただし、世界史のほうに、日本史をつつみこんだ展開・叙述をもとめるのは、むしろ当然のことだろうし、また日本史においても、なるべく世界に目を向けた見方やアプローチが望まれるのも、いうまでもない。

かえりみて、日本という文明体がもつ独特のあり方とその歴史は、世界史・人類史のなかで際立って異様・特別であることも、一方のまぎれもない事実である。いま、アニメ・マンガ・映像・音楽・食文化・ファッション・伝統芸能・文化センス・美意識・絵画・装飾・コンビニ文化といった世界が賞揚するものにとどまらず、本来この地で育まれてきた独自のしなやかさややわらかさ、街や自然のうるわしい佇まい、多くはなおつつましい人々の暮らし方など、もし日本がこの「生きてゆくかたち」を今後も、それなりに保持してゆくならば、人類文化の豊饒な将来像をさながらに示すことにもなりゆくのではないか。

人間は、考え、求め、欲することで現在までの道のりを辿ってきた。わたくしたち日本列島に暮らすものは、天与の自然条件を幸いとしつつ、ことさらな背伸びなどは不用としながらも、きめこまやかな産業社会ときちんとした備えは物心ともに保ち、国内外を問わない人と人とのつながりをこそ無上のものとして、これからも着実に歩んでゆきたい。世界恐慌が語られる現在、心の底からそう考える。

# 第二章　「一〇〇億人時代」をどう迎えるか

## 人口からみた人類史

大塚柳太郎

## 歴史のなかの人口

### 厖大な時のなかでの現在

国連の人口データに基づいて推定された「世界の人口」を示すウェブサイトを検索すると、「世界の人口は現在七五億〇〇〇〇万〇〇〇〇人（二〇一八年x月x日x時x分）」という表示があらわれる。この数字は毎秒変わっていく。一秒ごとに二〜三人ずつ増える。このペースは、世界人口が一年間に七〇〇〇万以上増えることを意味している。年人口増加率に換算すると、約一・〇パーセントになる。

世界人口の増加率がピークを示したのは、一九八六年のことであった。この年、二・〇七パーセントという最高値が記録されている。人口増加のスピードはその後徐々に鈍化し、今後も鈍化しつづけるのは間違いない。しかしながら、増加速度は減速しても、すでに七五億を超えている世界人口は二〇三〇年に八五億を超え、二〇五〇年に九五億を超えるのは避けられそうもなく、今世紀後半に一〇〇億を突破するのである。

増加率がピークを示した一九八〇年代より前は、どのような状況だったのであろうか。世界人口、すなわち地球上にその時々に生存していた人びとの数を正確に把握するのは現在でも不可能である。数値を用いる世界人口の推定がある程度可能になったのも、一七世紀に入ってからといわれている。とはいえ、さまざまな証拠や推測に基づき、長期的な変化を再現

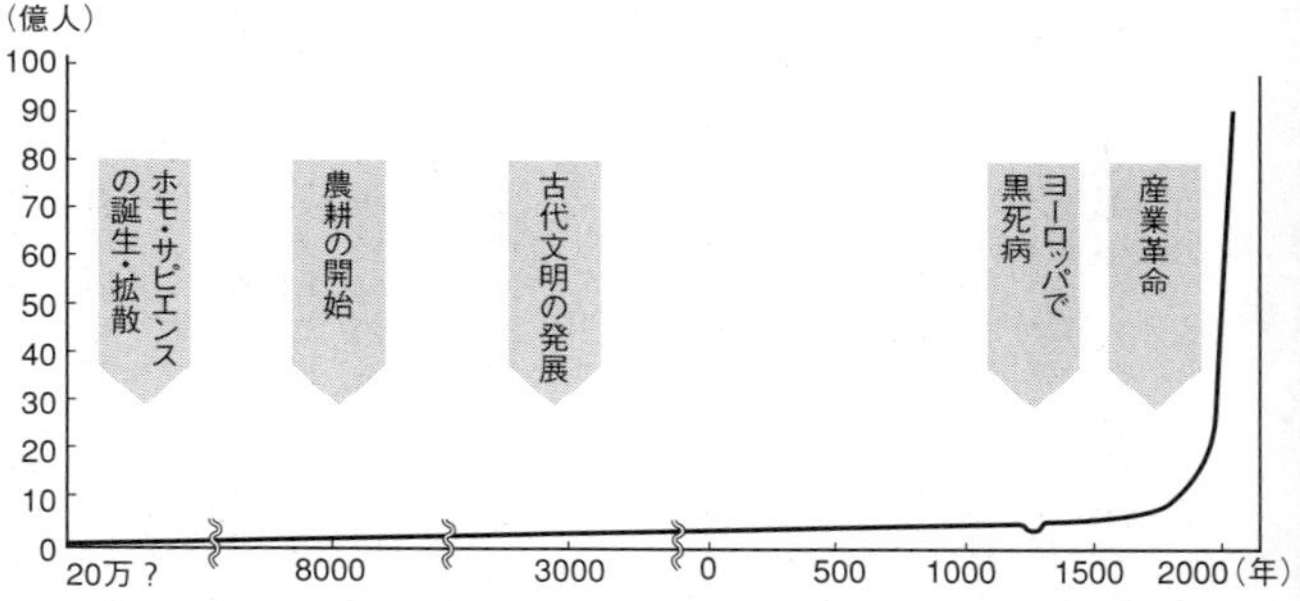


図1 世界人口の推移　年代の目盛りを3ヵ所で不連続にしている。国連人口部ウェブサイト「世界人口の推移」をもとに作成

する試みがつづけられてきた。その結果を一つのグラフで表すのは至難である。何万年という長期にわたって緩やかに増加をつづけてきたものが、ごく最近になって急速な増加に転じたからである。

図1は、横軸の年代の目盛りを三ヵ所で不連続にし、その前後で目盛りの幅を変えている。このように表しても、不連続な年代の前後での人口の違いは気づかないほど小さい。対照的に、人口の急増が一目瞭然になるのは二五〇年ほど前からである。よくなされる比喩のように、私たちホモ・サピエンスの誕生を二〇万年前と仮定して、現在までの二〇万年間を三六五日の一年間に見立てると、人口の急増は大晦日の一二月三一日の午後になって始まった出来事なのである。

## 人口は何を刻み込むか

人口とは、人びとが居住する空間を特定しないと意味をもたない。ここでいう空間とは、アフリカ大陸とかジャワ島とか北海道という地理的な空間でも、人為的に決められた古代の帝国の領土でも、現在の国やその中の市町村の領域でもよい。それぞれの空間に暮らす人間の総数が人口である。そして、人口の変化とは、その空間のなかで起きた出生と死亡、およびその空間から外部へ移動した人びとと外部からその空間へ移動してきた人びとの数を反映する。もちろん、世界人口は地球全体を一つの空間としているので移住は関係しない。言い換えると、人口に刻み込まれるのは、世界人口の場合は地球上で起きた出生と死亡であり、それ以外の場合は出生と死亡に移住が加わることになる。

人口の変化は出生、死亡、移住だけで決まるとすると、きわめて単純と思われるかもしれない。しかし、出生にしても、死亡にしても、そして移住にしても、それぞれを生起させる要因は実に多様である。出生を考えてみよう。出生の多くは結婚している男女のあいだで起きるが、結婚の成立には宗教や価値観を含むさまざまな社会的・文化的な要因が関与するのはいうまでもない。出産に直結する妊娠の成立には、生物学的な要因が深くかかわる一方で、近年になるほど避妊の実施が大きく影響している。避妊の実施は、文化的、社会的、経済的、そして倫理的な影響を複雑に受けている。

死亡も、遺伝特性、栄養状態、感染症への罹《り》患《かん》などの医学生物学的な要因とともに、社会経済的な要因や保健医療サービスの受けやすさなどが大きくかかわっている。移住は、移住元から外部へと人びとを押し出そうとする力と、移住先が人びとを引き寄せようとする力のどちらかが強くなったときに起きるが、どちらの力も背後にさまざまな要因が絡んでいる。

人口の変化を引き起こす要因について述べてきたが、一方で重要なのは、人口の変化が社会や文化に影響することである。人口増加は、農耕の発明の引き金になったと考えられているし、土地や資源の所有をめぐる戦争の原因になったことも多い。さらに、未開地や新大陸への移住の引き金にもなったし、近年では出産抑制・家族計画を普及させる引き金にもなった。言い換えると、出生・死亡・移住を刻み込む人口は、人間が生きてきた姿を反映しているのである。

本章が目指すのは、人口に軸足をおいて人間の歴史をたどることである。といっても、『興亡の世界史』の各巻に、古代から近代にいたる世界各地での活き活きとした歴史が描かれている。ここでは、ホモ・サピエンスというユニークな動物が、地球という変異に富んだ空間のほぼ全域に居住してきた歴史と、その間に起きた生と死の変化と多様化、さらにその将来像に焦点をあてることになる。このことと関連し、人口がもつ最も基本的な特徴についても述べておきたい。それは、あらゆる個人を性と年齢だけに着目し一人と数えるという原則である。言い換えると、人口にみられる歴史の主人公は「ふつうの人びと」なのである。

## 文化をもった動物

### 人間の誕生

地球上に現在生きているすべての人間は、生物分類上はホモ（ヒト）属のサピエンス（ヒト）種、すなわちホモ・サピエンスという一つの生物種に属している。ホモ・サピエンスの生物学的な名称（和名）はヒトであるが、本章では人間と呼ぶことにしよう。付け加えると、ホモ・サピエンスとは「賢いヒト」という意味である。

ホモ・サピエンスが地球上に出現した時をめぐっては、長い研究の歴史がある。現在広く認められている見解は、地球上のさまざまな地域に暮らす多くの人びとのミトコンドリアDNAの分析に基づく遺伝学的な推論である。結論をいえば、分析対象になったすべての人間の祖先は、かつてアフリカ東部に居住し遺伝子の系統を共有する集団に属す一個人にたどりつく。その祖先集団が生きていた年代は、一四万年から二九万年前と推定された。すなわち、私たちの祖先は約二〇万年前にアフリカで誕生したのである。それ以前に生息していた原人（北京原人やジャワ原人）は絶滅し、ネアンデルタール人はホモ・サピエンスと若干の混血をしDNAを現在までわずかに残していると考えられている。

動物としての人間には、ユニークな特性がいくつもみられる。ホモ・サピエンス以前の祖先が獲得した特徴を含めると、最も重要なのは直立二足歩行をすることであろう。二足歩行を引き金として、手（前肢）が器用になり脳が大型化したと考えられている。また、深い体毛に覆われることなく発達した汗腺をもつことは、長時間にわたり活発に活動するのに適している。さらに、人間が地球上のさまざまな気候帯に適応できたのは、植物も動物も食する雑食性という特徴のおかげである。人間はこのような生物学的な特性に加え、類人猿などとは比べられないほど高度で複雑な文化を発展させてきた。

## 生と死の原像

私たちの祖先、すなわち先史時代の人間の出生と死亡のパターンはどのようなものだったのであろうか。この興味深いテーマに対し、二つのアプローチが主として試みられてきた。

一つは発掘される骨や歯などから情報を得ることであり、もう一つは現生の狩猟採集民などの社会で得られたデータから類推することである。人骨から死亡年齢を推定する試みもなされてきたし、骨や歯に残る病気の痕跡からいくつかの感染症の存在も知られることとなった。ただし、大量の人骨が発見されることはほとんどないし、幼少で死亡した人骨が残りにくいこともあり、出生と死亡の全体像を復元するのは不可能である。一方の現生民の調査からは詳細な情報が入手できるが、得られるのはあくまでも調査時点での情報であり、先史時代の状況を類推できるかという問題が残る。

| | チンパンジー | 人間 |
|---|---|---|
| 成人女性の体重（kg） | 31 | 40 |
| 初産年齢（年） | 14 | 19 |
| 妊娠期間（年） | 0.70 | 0.75 |
| 出産間隔（年） | 5 | 4 |
| 授乳期間（年） | 4 | 2 |
| 最長生存期間（年） | 45～50 | 60 |

表1　チンパンジーと人間の再生産にかかわる特徴
「人間」の数値は現生の狩猟採集民などの事例に基づく

第三のアプローチは、遺伝的に類似する現生類人猿の出生・死亡パターンとの比較である。最も近縁なチンパンジーを例に、再生産にかかわる特徴を比較したのが表1である。この表の人間に関する数値は、現生の狩猟採集民などの社会で得られたものである。どの項目をみても、人間とチンパンジーで似ているものの少しずつ異なっている。最も異なるのは、授乳期間がチンパンジーの四年に対し人間では二年と短いことである。人間は、道具や火を用い食物を消化しやすいように加工し、アカンボウに早くから離乳食を与える。その結果、授乳期間に特有なホルモンの作用による妊娠しにくい状態が早く解消され、出産間隔は短くなる。

生涯出産数について比較しよう。生涯出産数とは、初産から最終の出産までのすべての出産を合計した値である。最後に出産する年齢には個体差が大きいが、平均値はチンパンジーも人間も四〇歳くらいである。したがって、平均的な生涯出産数はともに五を超えることになるが、チンパンジーでも人間でも四〇歳より前に死亡する個体も多いので、実際には五より低いレベルと考えられる。

チンパンジーでも人間でも、数百年あるいは数千年という長期間には、個体数（人口）に大きな変化があるとしても、一世代が経過する二五〜三〇年くらいの間には変化がないと仮定してもよいであろう。個体数が世代間で一定になる条件を検証するには、世代間での女性（メス）の数の置き換わりに着目すればよい。女性の平均生涯出産数のうちの女児の数に、女児が出生時の母親の年齢まで生き残る生残率を掛けた積が一ならば、個体数は世代間で変わらない。出生する男女の比が一対一とすると、平均生涯出産数が五ならば生残率が四〇パーセント、平均生涯出産数が四ならば生残率が五〇パーセントの場合、個体数が世代間で変わらないことになる。この計算は出生児の性比を一対一とするなど荒削りであるが（人間の場合には男児が二〜五パーセントほど多い）、先史時代の人びとの出生と死亡のパターンは、ここに示した二組の生涯出産数と生残率の組み合わせの範囲内にあったのであろう。

## 自己家畜化

人間は文化を発達させ、火やさまざまな道具を使用し、衣食住を含む生活のすべての面を変化させてきた。食生活については、加工・保存の技術がとくに影響したと考えられる。食物を食べやすい状態に変えるだけでなく、たとえば、毒を除去しそのままでは食べられない植物を食べられるようにし、動物の肉を乾燥させ食べられる期間を延長したからである。洞窟や竪穴などの住居あるいは毛皮などの衣服は、気温などの物理的ストレスを軽減しただけでなく、野生動物による危害や心理的ストレスを軽減したであろう。

このような日常生活の状況は、家畜動物がおかれている状況に近似しているため、人間は「自己家畜化した動物」と呼ばれることがある。イヌとその祖先種であるオオカミ、あるいはブタとその祖先種であるイノシシを思い浮かべるとわかるように、家畜動物は野生動物に比べて、顔面に丸みが増すなど幼児的な特徴が成長しても保持される。人間の場合も、復元された化石人類の顔面と、現生人類の顔面を比較してみるとこの傾向が顕著にみられる。

形態の変化とともに興味深いのは出産数の変化である。家畜動物の出産数は、その野生種と比べ増えることが知られており、その主たる原因と考えられるのは出産間隔の短縮と出産

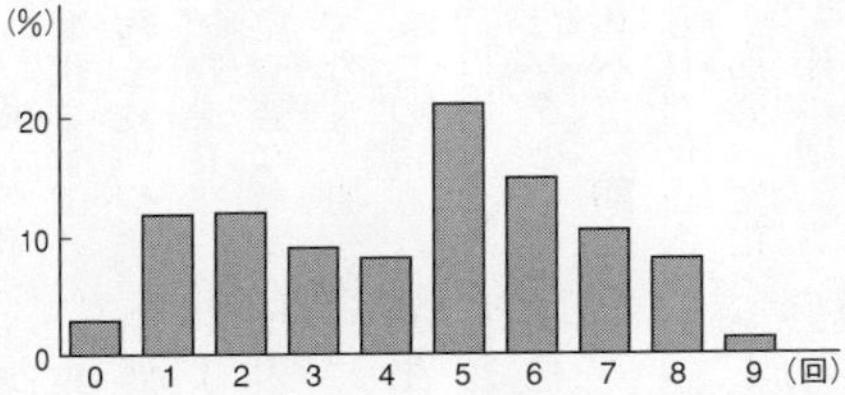


**図2 サンの女性の生涯出産数に基づく頻度分布**
サンの人びとはアフリカ南部のカラハリ砂漠で最近まで狩猟採集生活を送っていた

年齢の延長である。家畜として保護されると、ストレスが軽減されるのに加え、栄養状態がよくなるからであろう。

**潜在的出生力の上昇**

アフリカ南部のカラハリ砂漠に暮らすサン（ブッシュマン）と呼ばれる人びとは、比較的最近まで狩猟採集の生活を営んでいた。彼らの社会に長年にわたって住み込んだアメリカの人類学者ナンシー・ハウエルは、再生産年齢（約四〇歳）を過ぎたすべての女性七五名から詳細な出産の歴史を聴き取った。その結果は図2に示すように、五回をピークに大きくばらついていた。なお、七五名の平均値を計算すると四・四になり、前述した生涯出産数のレベルに合致していた。

ここで私がとくに注目しているのは、平均値ではなく個人間の大きなばらつきである。一回あるいは二回だけ出産した女性が多いのは、出産にともなう二次的不妊のケースが多いためと考えられる。もっと興味深いのは、多産を経験した女性が少数ながら存在することである。八回とか九回出産した女性にとっては、平均的な出産間隔は三年以下だったはずである。その原因として、栄養状態をはじめとする健康状態がよかったことが考えられる。あとで紹介するパプアニューギニアのギデラの女性でも、生涯出産数にサンの女性と同じような大きな個人差が見出されている。

ところで、出産数に個人差をもたらす遺伝的な原因は考えられるのであろうか。このことは古くから興味がもたれてきた。しかし、多くの社会のデータから、兄弟姉妹数が多い女性で出産数が多い、あるいは兄弟姉妹数が少ない女性で出産数が少ない、などの傾向は確認されていない。すなわち、「多産の遺伝子」は存在しないと考えられている。サンのデータが示唆しているのは、人間は病気に罹患せず良好な栄養状態が保たれるなどの条件がそろえば、多く出産する能力を獲得したことである。ちなみに、チンパンジーで五回を超えて出産した個体はほぼ皆無と報告されている。人間が文化を発達させ自己家畜化ともいえる生活様式を獲得したことが、多産を可能にする潜在的な能力を誘発し、後に人口爆発をもたらす伏線になったといってよいであろう。

## 汎地球型動物への道

### 出アフリカと出アジア

約二〇万年前に登場したホモ・サピエンスは、誕生の地であるアフリカから地球上に拡散していった。もっとも、それ以前の北京原人やジャワ原人に代表されるホモ・エレクトゥスも、アフリカからユーラシア大陸（当時のジャワ島はアジア大陸と陸つづきであった）に拡散したので、二回目の出アフリカといえる（図3）。この出アフリカは、七万〜六万年ほど前に始まったと考えられている。ユーラシア大陸では、中東から南アジアをとおって東南アジアへ進んだルートや、地中海沿いに西に進みその北側でヨーロッパの各地に向かった多くのルートなどがあったようである。また、誕生の地である熱帯から遠く離れた寒帯のシベリアにも、ユーラシア大陸東部から北上し二万五〇〇〇年前には到達していた。

地球儀を見ると、アジア大陸の東側は、赤道付近ではスマトラ島、ボルネオ（カリマンタン）島、ジャワ島などのインドネシアの島々やフィリピンの島々が連なり、その東はオセアニアである。一方、北側に目を転じると、半島の突端がベーリング海峡を挟んで北アメリカ大陸のアラスカと向き合っている。人びとはこの両地域から東へと移住した。両方の移住は、合わせて出アジアと呼ばれている。発掘された証拠などから、オセアニアへの進出は五万年ほど前、北アメリカへの進出は一万四〇〇〇年ほど前に始まった。

オセアニアへの最初の移住が起きた五万年ほど前は、地球の気温は現在よりはるかに低く海水面は下がっていた。現在のインドネシアのバリ島より西の島々とフィリピンの多くの島々は、アジア大陸と陸つづきでスンダ大陸を形成していた。第一幕の移住者は、スンダ大陸の東

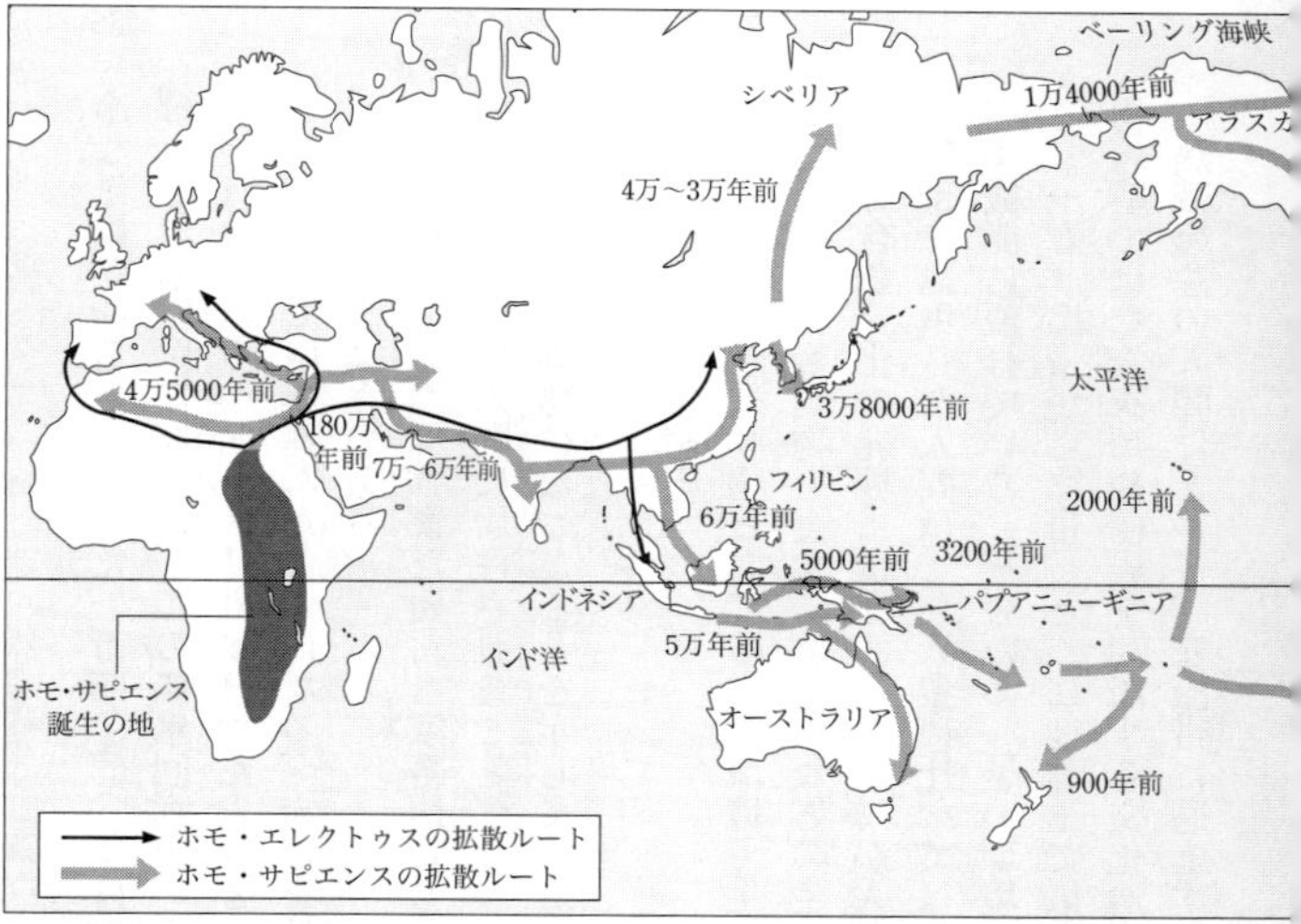


図3 ホモ・サピエンスとホモ・エレクトゥスの主要な拡散ルート

部（現在の東インドネシア）から筏《いかだ》のようなものに乗って、オーストラリア大陸の西岸とニューギニア島の西部（現在のインドネシア領）に到達したと考えられる。この移住者の子孫が、オーストラリア人（オーストラリア・アボリジニ）やニューギニア島の大半の地域に住む人びとである。

オセアニアへの第二幕の移住は、数千年前にまったく別の集団によってなされた。このときの移住者は、東南アジアで興ったイモ類を栽培する農耕技術をもち、カヌーを巧みに操る人びとであった。彼らの子孫は、先住民である第一幕の移住者の子孫と多少の混血をしてから、南太平洋のポリネシアやミクロネシアの島々へ拡散していった。

アジア大陸の北側では、最終氷期の寒

冷な気候がゆるみはじめた一万四〇〇〇年ほど前から、ベーリング海峡はベーリンジアと呼ばれる無氷回廊になった。この無氷回廊を、人びとがマンモスなどとともに通過したとする説が有力である。北アメリカに渡った人びとは、考古学の証拠などから推測すると、かなりのスピードで南へ進んだことになる。赤道を越え、南アメリカ大陸の最南端へも一万年以上前に到達したようである。

出アジアによって、まだ農耕も家畜飼育も発明されていない一万年ほど前までに、地球上の大半の陸地は人間に居住されることになった。ほかの動物ではみられないこの特徴は、人間が汎地球型動物になったことを示している。

## 生物適応と文化適応

人間が汎地球型動物として多様な環境で生きることができたのは、二足歩行の獲得、汗腺の発達、植物も動物も食する雑食性などの生物としてのユニークな特徴に加え、技術面や社会面を含む文化の発展に依拠するところが大きい。

熱帯で誕生した人間は、類人猿に比べてはるかに多い汗腺をもち、水分の多い汗を大量に出す機能に優れている。そのため、暑い環境で長時間にわたり活発に活動するのに適している。一方、温帯から寒帯、とくに地球上で最も寒冷な北極圏にも住むことができたのは、生物適応ではなく衣類や住居を利用する文化適応によるところが大きかった。

熱帯起源の人間にとって、寒冷帯に適応するうえでもう一つの大きな障壁は食物の獲得であったろう。寒冷な気候帯になるほど植物性食物の種類も量も減り、ツンドラには食べられる植物はほとんど生育していない。イヌイットなどが伝統的な狩猟採集生活を送っていたころの観察記録によると、植物性食物から得られるエネルギー（カロリー）量はせいぜい五パーセントであった。寒冷帯に進出した人びとは、植物よりも入手がはるかに困難で不安定な動物食に依存したはずである。移動性のない植物から移動性の高い動物を主たる食物にすることは、生存戦略を大きく変えることになったであろう。

彼らの主要な食物は、大群をつくるカリブー（トナカイ）や季節的に川を遡上《そじょう》してくるサケ・マスなどであった。これらの動物を安定して獲得するには、狩猟・漁撈《ぎょろう》の技術的な進歩に加え、気候や動物の生態に関する理解や、人びとの協働など社会文化的な進歩が必要だったに違いない。また、入手した食物の保存や分配などについても、技術面と社会面での進展が繰り返されたことであろう。

## 「農耕以前」の人口支持力

人間は農耕の発明以前、狩猟採集民の時代から地球上に拡散したが、狩猟採集民として生存可能な人口は何人くらいなのであろうか。ある環境に生息可能な動物の最大の個体数は環境収容力と呼ばれ、利用可能な食物（食物エネルギー）の量から推定される。環境収容力は、人間の場合には人口支持力とも呼ばれ、農耕の開始以前は、自然界の食物になる動植物の量が最大の制限要因であった。

| バイオーム | 面積 ($10^6 km^2$) | 人口支持力（人） | |
|---|---|---|---|
| | | $1 km^2$あたり | 総面積あたり |
| 熱帯雨林 | 20 | 0.053 | 106,000 |
| 熱帯疎林 | 7 | 0.204 | 1,430,000 |
| 熱帯草原 | 15 | 0.375 | 5,629,000 |
| 温帯草原 | 9 | 0.059 | 536,000 |
| 疎　　林 | 9 | 0.001 | 13,000 |
| 落葉樹林 | 18 | 0.031 | 562,000 |
| 北方森林 | 12 | 0.023 | 285,000 |
| ツンドラ | 8 | 0.005 | 43,000 |
| 合　　計 | 98 | 0.088 | 8,600,000 |

**表2 狩猟採集生活を送っていた時代の地球の人口支持力の推定値**　地球の面積に、人間が居住していなかった高山などは除外されている。Hassan（1981）

先史人口学の草分けともいえる考古学者のフェクリ・ハッサンは、地球上の陸地を八つのバイオーム（生物群集の類型で気候区にも対応するもので、この分類では、ツンドラ、北方森林、落葉樹林、疎林、温帯草原、熱帯草原、熱帯疎林、熱帯雨林）に分け、バイオームごとに人間が食用できる野生動植物量から人口支持力を推定している（表2）。ハッサン自身も認めているように、この推定はきわめて粗いものであるが、人間が狩猟採集民として地球上に生存できる最大数は一〇〇〇万以下としてよいであろう。

人口支持力に基づく推定とは別に、考古学的な証拠から農耕が開始される以前の人口推定もなされてきた。多くの研究によれば、今から三万〜二万年前の後期旧石器時代の総人口は五〇〇万〜八〇〇万くらいといわれる。ハッサンによる人口支持力に近いことは、人間がそれぞれの生息地の環境で利用可能な食糧資源をかなりの程度まで利用していたことを示唆している。自然生態系の一員としての人間が、地球の陸地のほぼ全域に住みつき、それぞれの環境への適応を進めていたといってよいであろう。見方を変えれば、地球上の多くの地域で「適応しきっていた」可能性が高く、それ以上の人口を支えられない過適応とも呼ぶべき状況だったのであろう。

## 食糧生産の開始

### 農耕が始まる

今から一万年くらい前、地球上のいくつかの地域で農耕が開始された。文明史家のゴードン・チャイルドが「人類の第一の革命」と名づけたように、人間の生き方を抜本的に変える出来事であり、しばしば「農業革命」とも呼ばれている。ただし、農業革命という言葉は狩猟採集生活から農耕生活に瞬く間に変わったかのような印象を与えるが、実際は数百年どころか一〇〇〇年以上かけて徐々に変化したようである。ムギの農耕の起源地とされるユーフラテス川流域における最近の考古学調査によると、発掘されたコムギのなかで栽培種が大多数を占めるまでに三〇〇〇年もかかっている。この発見は、人びとが長期にわたり、栽培種の農耕だけでなく野生種の採集も行っていたことを示唆している。詳細は今後の研究にまたなければならないが、初期の農耕が生産性、とくに生産の安定性に欠けていた可能性は十分考えられる。

とはいえ、地球上の多くの地域で農耕が採集にとって代わることになった。農耕は、自然

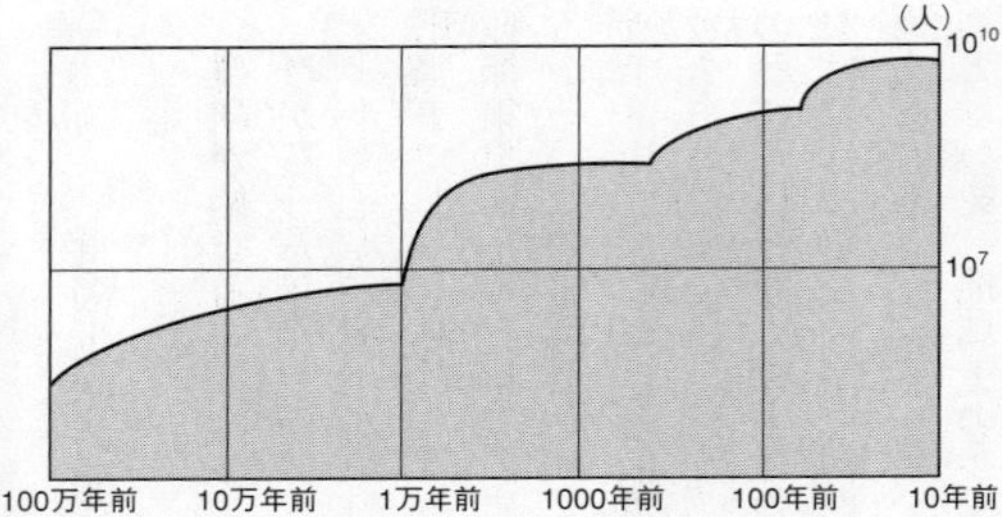


図4　長期間の地球人口の推移　Deevey（1960）に近年のデータを加えて作図

生態系で各動植物種の個体数のバランスを保持している「食う―食われる」という食物連鎖の制約を受けずに、人間の食物になる植物を育成することでもある。農耕が普及するにしたがい、人口はそれまでとは比べものにならないほど急増したのは当然といえよう。

図４は、生物人口学者のエドワード・ディーヴィーの原図に著者が近年の状況を加えて作成した、長期間の地球人口の推移を示している。この図は縦軸も横軸も対数目盛りであり、農耕が開始された一万年くらい前から人口が急増したことがよく表されている。すなわち、二〇〇〇～三〇〇〇年の間に約八〇〇万であった人口が数千万に増加したことを意味している。この間の平均的な年人口増加率は〇・一パーセントほどであった。

人口が「農業革命」とともに急増したことについて、農耕の開始が人口増加の引き金になったと広く考えられてきた。ところが一九七〇年代に、デンマークの経済学者エスター・ボズラップが、人口増加が農耕の開始の引き金になったと主張し大きな議論が巻き起こった。現在では、ボズラップ説が広く認められているようであるが、人口増加と農耕の進展は相互にフィードバックし

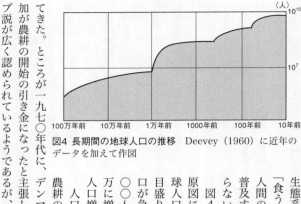

ながら進行したはずなので、どちらが引き金になったかを論じること自体にそれほど意味はないかもしれない。

## 定住生活の功罪

農耕という生業は、定住生活をともなったはずである。定住生活では、固定したメンバーが日常的に顔を合わせる社会がつくられ、土地や生産物を所有するという概念が生まれたことであろう。その結果、財の蓄積、社会関係の高度化・複雑化、情報量の増加が徐々に進む一方、居住環境の悪化という新たな問題も生じることになった。

定住生活がもたらした負の影響として、排泄物の蓄積などによる衛生状態の悪化と感染症の流行に人間は苦しめられてきた。人間がかかる感染症の多くは、もともとは野生動物を宿主としていた病原体が、宿主を人間に変えたときに重篤な症状を引き起こすようになったのである。人間の命を数多く奪ってきた結核、インフルエンザ、天然痘、ペスト、麻疹（はしか）、熱帯熱マラリア、百日咳などがそうである。これらの病原体の多くは家畜動物の体内で生存し、人間の濃厚な接触、とくに生乳を飲用することにより感染するようになったと考えられ、人間が高密度で居住する環境は、病原体にとって、宿主とする人間をつぎつぎとみつけられるのできわめて好都合であった。最近の分子生物学の研究も、人間に特異的なこれらの病原体の出現が、農耕と家畜飼育の開始のころであったことを示唆している。

高密度の居住と大量に資源を利用する生活は、周囲の環境への負荷、とくに森林の消失や耕作地の土壌の疲弊を引き起こした。このような環境劣化は古代都市とその周辺にもみられるが、周囲から隔絶された南太平洋のイースター島（ラパヌイ島）の悲劇は示唆的である。

モアイ像でよく知られるイースター島は、ポリネシアの東部にぽつんと浮かぶ面積が一七〇平方キロメートルの島である。ヨーロッパ人が最初に訪れた一八世紀前半には、二〇〇〇人くらいの人びとが悲惨な暮らしを送っていた。ところが、その後の研究から、かつて住民はイモ類の農耕と漁撈を中心とする進んだ社会をつくり、最盛期の人口は七〇〇〇を超えていたことが判明した。生活の困窮と人口の減少は、有力な仮説の一つによれば、森林がすべて伐採され土壌が劣化し、農耕の生産性が低下し海洋にでるためのカヌーをつくる樹木もなくなったためであった。ちなみに、イースター島の最盛期の人口密度は一平方キロメートルあたり約四五人で、現在の地球全体の人口密度に近かったことになる。

**多様な農耕文化**

農耕といってもさまざまなタイプが存在する。栽培化された野生植物が生育する地域で、環境条件にあった農耕文化が生まれたからである。西アジアでムギを主作物とするも

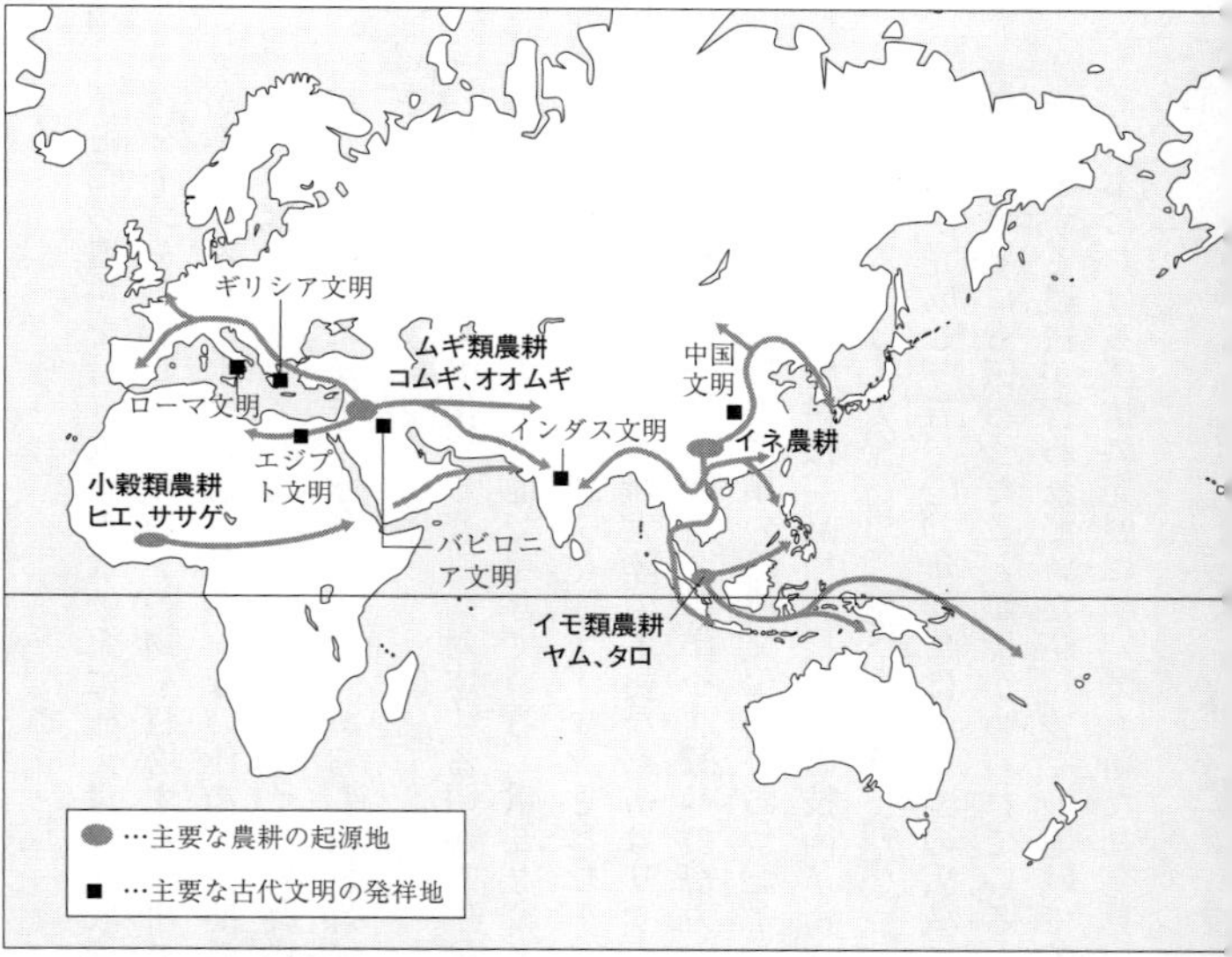


図5 主要な農耕文化の発祥地と先史時代の伝播ルート

の、中国南部が起源地と考えられるイネを主作物とするもの、熱帯アジアでタロやヤムなどのイモ類を主作物とするもの、中米でトウモロコシを主作物とするもの、アンデス高地でジャガイモを主作物とするものなどがよく知られている。また、西アフリカで小穀類を主作物とする農耕が生まれた可能性も指摘されている。

それぞれの農耕文化は異なる特徴をもっている。とくに重要なのは、収穫の季節性の有無と収穫された作物の貯蔵可能期間であろう。たとえば、熱帯雨林で興ったイモ類の農耕の場合、収穫は通年可能なものの、イモは水分が多く長期の貯蔵や遠距離の運搬に適さない。したがって、イモ類の農耕を行う人びとは頻繁に植え付けと収穫を行うなど、野生植物の採集に近い行動パターンをとることになる。穀物を栽培する農耕では、特定の時期に植え付けや収穫の作業が集中するし、水分の含有量が少ない作物は長期の保存が可能で余剰作物としての価値が高い。なお、アンデス高地で興ったジャガイモの農耕では、寒冷・乾燥の厳しい気候条件を利用し、収穫したイモの水分を大きく減らした乾燥イモ（チューノョと呼ばれる）をつくることに成功している。

野生植物を栽培化する農耕に対応するのが野生動物の家畜化である。家畜化もまた、対象となる野生動物の生息地で起きている。重要な家畜動物のうち、ウシ、ウマ、ヤギ、ヒツジの家畜化はムギ類の農耕文化圏で、ブタとニワトリの家畜化はイモ類の農耕文化圏で始まったと考えられている。新大陸の主要な家畜はリャマとアルパカである。家畜の用途としてとくに重要なのは、乳の飲用と耕作や運搬への畜力としての利用であり、家畜の恩恵をとくに大きく受けたのはムギ類の農耕文化圏であった。

各地で興った農耕は、品種改良などの技術革新をともないながら周辺の地域へ伝播していった（図5）。イネの農耕を例にとれば、約六〇〇〇年前に揚子江《ようすこう》（長江）流域で水田栽培の技術が完成し、五〇〇〇年前には南中国の広域に伝わり、四〇〇〇年前には東南アジアの多くの地域にも伝わったことが確かめられている。東南アジアでは、それ以前はイモ類を主作物とする農耕が行われていたが、多くの地域でイネを中心とする農耕に転換した。

日本における農耕の発展についても新たな発見がつづいている。四〇〇〇年ほど前から陸《りく》

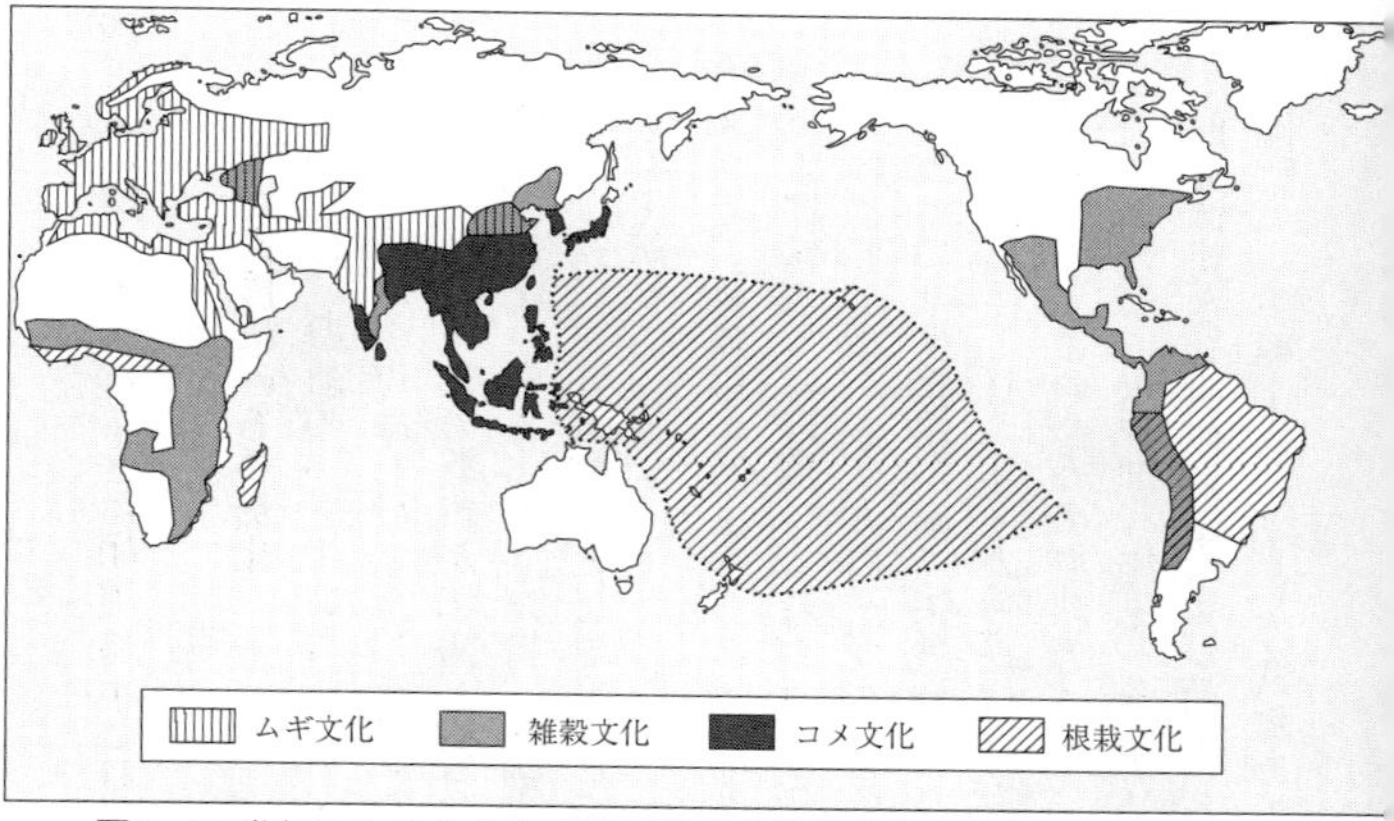


図6　15世紀における主食作物に基づく農耕文化の分布　空白部分は牧畜民や狩猟採集民の居住地および無人地帯。トウモロコシは雑穀に分類されている

稲《とう》が栽培され、弥生時代に入ると、朝鮮半島からの渡来人が持ち込んだ水稲耕作が伝播していった。一方、西アジア起源のムギ類を主作物とする農耕は、比較的早い時期からヨーロッパの広域に伝わり、六〇〇〇年くらい前にはイギリス（ブリテン島）でも行われていたようである。

大航海時代が始まり、ヨーロッパに世界各地の状況が知られはじめた一五世紀ころ、地球上で行われていた農耕は図6に示すようになっていた。図中で空白になっている牧畜民や狩猟採集民の居住地を含め、生業パターンは顕著に多様化していた。農耕様式の違いは社会や文化にも連動する。貯蔵期間が長い穀物は余剰生産物としての価値が高く、これらの農耕文化圏では職業分化をはじめとする社会の高度化や文化の発展が進んだ。このことは、すべての古代文明が穀物を栽培する農耕文化圏で興ったことに如実に示されている。

### 人口密度にみる多様化

図7は、農耕のパターンに注目しながら世界を八地域に分け、紀元元年ころから一九五〇年までの六時点における人口密度を示している。八地域とは、①ムギ類の原産地である西アジア、②ムギ類の農耕が伝播したヨーロッパ、③稲作が優勢な東南ユーラシア、④作物の栽培に適さない東北ユーラシア、⑤雑穀（ミレットと総称される小穀類）やイモ類を栽培するアフリカ、⑥東南アジア起源のイモ類の農耕が中心のオセアニア（オーストラリア大陸では農耕が始まらなかった）、⑦トウモロコシおよびジャガイモの農耕の起源地を含むラテンアメリカ、⑧農耕が始まらなかった北アメリカである。

人口密度には地域による大きな差がみられ、地域差は紀元一五〇〇年ころから拡大傾向にあることがわかる。人口密度が一貫して高いのは東南ユーラシアとヨーロッパである。イネとムギ類は生産性が高く栄養価にも富むうえに、両地域で農耕の技術開発が進み、安定した食糧供給により人びとの栄養状態・健康状態が良好になったためであろう。

しかし、この二つの農耕方式は対照的な特徴をもっている。稲作は水田という人工環境をつくりだし、水管理、施肥、除草などに多くの人力を投入する。一方の麦作は、耕地を周期的に休耕させ耕作には家畜を利用してきた。この特徴の違いは、〔生産/労働〕＝〔土地/労働〕×〔生産/土地〕という式にあてはめて考えるとわかりやすい。農耕の発展とは、〔生産

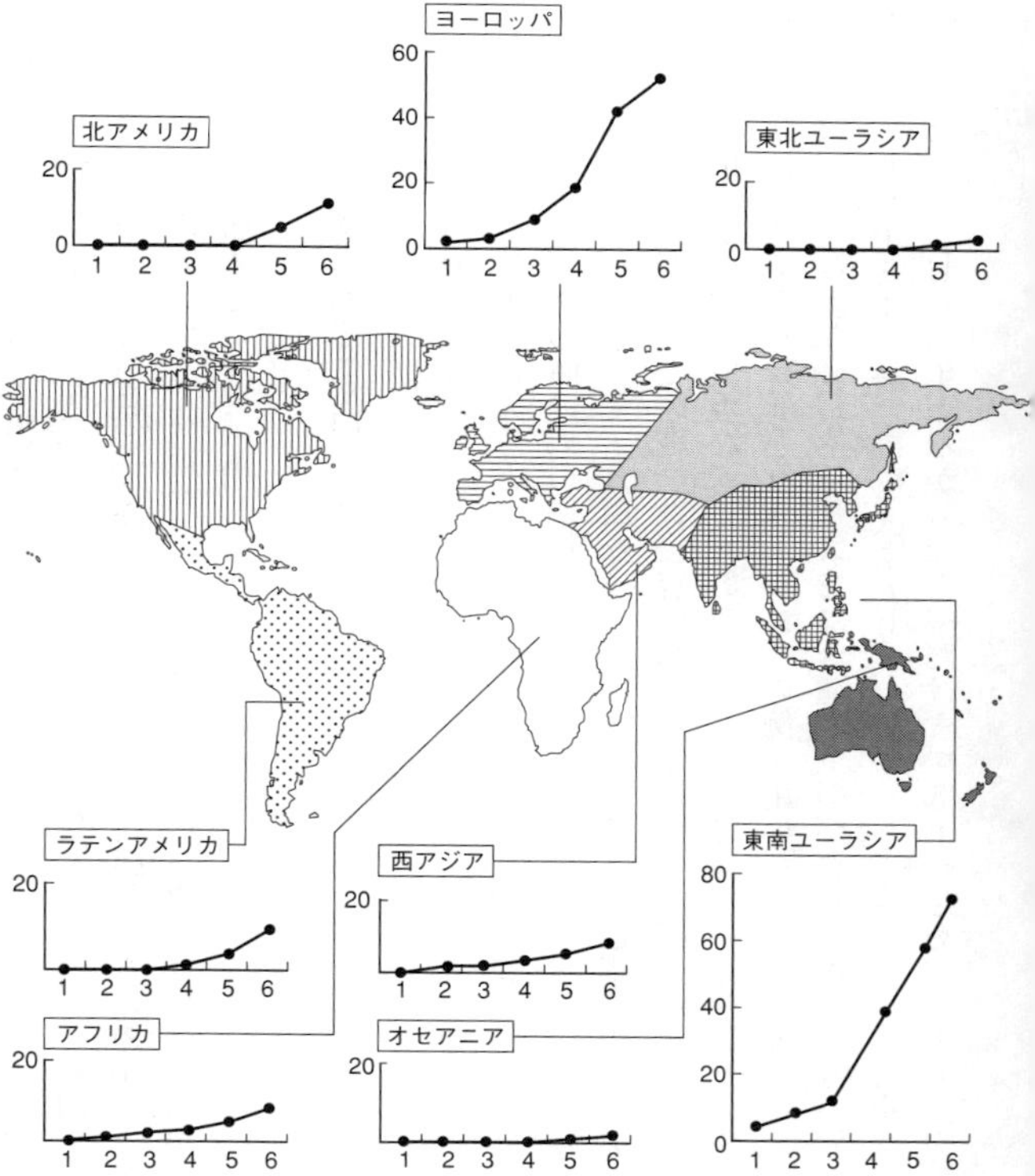


図7　世界の８地域における人口密度の変化　横軸の１から６の数字は、１＝紀元元年、２＝1000年、３＝1500年、４＝1800年、５＝1900年、６＝1950年を示す。縦軸は１㎢あたりの人口を示す

／労働〕で表される労働生産性を向上させることといえるが、そのためには〔土地／労働〕を向上させるか〔生産／土地〕を向上させるかである。〔土地／労働〕の向上を目指してきたのがヨーロッパの麦作であり、〔生産／土地〕の向上を目指してきたのがアジアの稲作である。すなわち、稲作の〔生産／土地〕を向上させるためには多くの労働投入が必要であり、アジアで人口が増加するように作用したと考えられる。

## 産業革命と人口転換

### 多産多死から少産少死へ

世界人口は一八世紀に入ると増加速度を速め始めた。図4（九〇頁）にみられる二回目の人口急増である。この時の人口増加は、欧米諸国における死亡率と出生率の顕著な変化によって引き起こされたもので、人口転換と呼ばれている。死亡率と出生率の変化パターンが国によって違い、変化した時期の社会経済状況にも国による違いがみられたため、人口転換として一般化することに慎重な考えもあるが、ここでは、モデル化したパターンとして示されたイギリス（イングランドとウェールズ）の例を用いて説明しよう。

図8に示されるように、イギリスでは普通出生率が普通死亡率よりわずかに高いものの、ともに三五パーミル（一〇〇〇人あたり三五人。「パーミル」は千分率で、記号は‰）程度であったが、一七五〇年ころから死亡率だけまず低下を始め、出生率は変化しない状況がつ

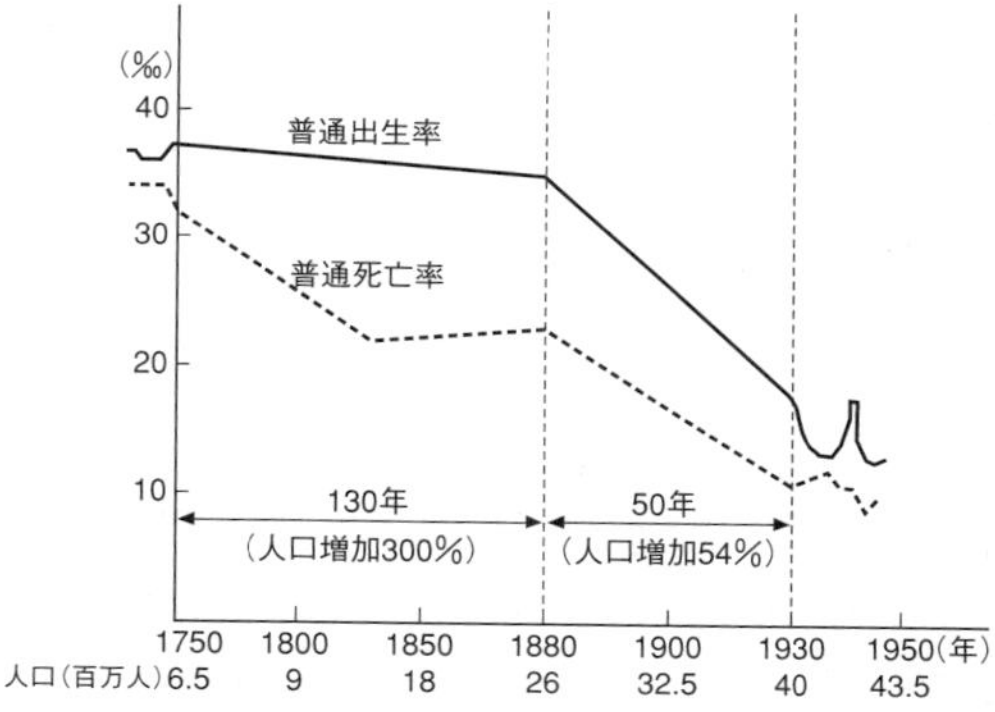


図8 イギリスの人口転換の模式図

づいた後（実際は多少上昇したようである）、一八八〇年ころから低下を始めた。そして、死亡率と出生率が一五パーミル前後まで低下した一九三〇年ころに、人口転換が終了したとみなされている。

　人口転換とは「多産多死」から「多産少死」を経て「少産少死」にいたる変化を指している。人口転換の間は出生率と死亡率の差が大きくなるが、この差が人口増加率にほかならない。イギリスの場合、一七五〇年に六五〇万だった人口が一九三〇年には四〇〇〇万と、一八〇年間に六倍以上に増加したことになる。この間の年平均人口増加率を計算すると、ちょうど一パーセントくらいになる。付け加えると、人口転換が終了してからも死亡率と出生率は緩やかに低下をつづけた。イギリスの普通死亡率と普通出生率がおなじレベルで安定するのは、人口転換が終了してから五〇年ほど経過した一九八〇年ころである（一九八〇年の値は、両率とも約一二パーミル）。

　欧米諸国は、どの国もイギリスより遅く人口転換を開始したが、これらの先進国の人口転換によって世界人口は急増することになる。一七五〇年ころに七・二億、一八〇〇年ころに九・〇億であった世界人口は、先進国の人口転換が終盤を迎えた一九〇〇年に一六・三億になった。なお、一九〇〇年以降、先進国は人口増加を減速させたのに対し、途上国は人口増加を加速させることになった。

### 社会化する生と死

イギリスで人口転換が始まった時期は、産業革命（工業化）が開始された時期と一致している。産業革命は、農業中心の産業構造を根底から変革させただけでなく、社会や文化の全般に大きな変化を引き起こした。若年層の多くが、工場労働者として農村部から都市部に移住し、核家族を形成するようになった。農業の形態も変わり労働力としての子どもの価値が低下する一方、教育の価値が高まり子どもが高等教育を受ける機会が増大した。

人口転換の前半にみられた死亡率の低下に最も寄与したのは、食糧生産の向上による人びとの栄養状態・健康状態の改善であった。産業革命は、工業分野のみならず農業分野においても品種改良や肥料の使用などにより生産性を高めたし、輸送力の発達ともあいまって、人びとの食生活が大きく改善したからである。また、一般の家屋での窓ガラスの使用や庶民の石鹼の使用など、衛生面での改善の影響も指摘されている。ただし、近代的な医療・公衆衛生の寄与が顕著になるのは、一九世紀終盤からの死亡率の低下、とくに予防接種の普及により感染症の死亡率が低下したときであった。

出生率の低下にもさまざまな要因が関与した。経済学的には、農業世帯が減り労働力としての子どもの価値が下がり、逆に子どもの養育に費用が多くかかるようになったことがあげられている。社会学的には、伝統的な拡大家族（三世代家族）に代わって核家族が増えるなかで、夫婦による出産のコントロールがしやすくなったことなどがあげられている。これらの要因とともに重要と考えられているのは、死亡率が低下し子どもが死ににくくなったことである。少ない数の子どもを大切に育てるという意識が、多くの人びとに受け入れられるようになったのである。

## ギデラ社会での人口変化

### 生存の単位としての個体群

ここで視点を変え、人口が変化する過程を二つの具体例から紹介しよう。最初の対象は、私が長年にわたり調査をしてきたパプアニューギニアのギデラ人である。彼らは、ニューギニア島の中央南部に位置する約四〇〇〇平方キロメートルを居住地とし、サゴヤシ（幹に大量のデンプンを蓄積する野生ヤシで移植もされる）の採集、焼畑耕作、狩猟、漁撈に依存する生活を送っている。彼らはわずか二〇〇〇人ほどで一つの言語族を形成し、ほとんどの結婚はギデラ人同士で行われてきた。一定の土地を占有し通婚圏を形成する集団は、生物学では個体群と呼ばれるが、個体群の英語は人口と同じ population である。言い換えると、個体群の最も基本的な属性が人口ということになる。

ギデラ人の居住地は海と大河に挟まれた低地であるが、内陸部は標高がやや高くなっている。村人の間に伝わる昔話によると、彼らの祖先はかつて内陸部だけに村をつくっていたが、長い間に人口が緩やかとはいえ増加してきたため、辺縁部である川沿いや海沿いに新たな村をつくるようになったという。

ギデラ人の生業パターンは、サゴヤシ採集が重要なことに加え、焼畑耕作を行うものの、主作物のイモ類やバナナは頻繁な植え付けと収穫が必要なので、彼らの行動パターンは狩猟

ギデラの人びとの暮らし　ギデラランドの内陸部に位置するウォニエ村（上）。1歳の誕生日が近づいた男の子。ギデラの社会では、少女が子どもの世話をすることが多い（中）。ギデラの人びとは踊りが好きで夜を徹することもある（下）。3点とも1980年代に著者撮影

採集民のものに近い。私がギデラの社会をはじめて訪れた一九六〇年代には、外部からの影響は限られていた。食べ物は彼らの土地で入手されたものがほとんどだったし、医療サービスや小学校教育も始まったばかりであった。出生児の半数近くが、最初の誕生日の前に命を落としていた。このようなギデラの社会にも、一九六〇年代そして一九七〇年代から近代化の影響が押し寄せ始めた。

| 母親の群（推定出生年） | 人数 | 結婚まで生存した女児数 | 置き換わり率 | 年人口増加率 |
|---|---|---|---|---|
| A（1860～1880） | 176 | 184 | 1.05 | 0.0020 |
| B（1880～1900） | 211 | 217 | 1.03 | 0.0012 |
| C（1900～1920） | 266 | 282 | 1.06 | 0.0026 |

**表3 ギデラの女性の世代間置き換わり率から推定した人口増加率**　年人口増加率の計算式は、r=1/t・lnR。rは年人口増加率、tは世代間隔（平均出産年齢）で22.5歳を仮定、lnが自然対数、Rは置き換わり率

## 伝統的なパターン

ギデラの人びとは文字をもたない。このような社会で過去の人口動態を推測するために、彼ら全員の数世代遡る家系図を作成し、結婚した女性（母親）の数と、彼女たちから生まれ、結婚するまで生存した女児の数を比較した。すなわち、ある世代の女性の数と次世代の女性の数から、世代間での女性の置き換わり率を求めたのである。世代間隔（平均出産年齢）を仮定すれば、置き換わり率から人口増加率も推定可能である。

結婚した女性（母親）のうち、娘が結婚年齢に達したとみなされる者は六五三名であった（表3）。彼女たちを、推定した生まれ年から、A群（一八六〇～一八八〇年ころ出生の一七六名）、B群（一八八〇～一九〇〇年ころ出生の二一一名）、C群

（一九〇〇〜一九二〇年ころ出生の二六六名）に分けた。各群の置き換わり率は、一・〇五、一・〇三、一・〇六であり、世代間隔を二二・五歳として計算すると、年人口増加率は〇・〇〇二〇、〇・〇〇一二、〇・〇〇二六になった。三群間での違いはわずかなので、近代化の影響がなかったころの人口増加率は約〇・二パーセントと推定した。なお、〇・二パーセントという増加率は、人口が倍増するのに約三五〇年かかるペースである。

もう一つ興味深いことに、母親である女性（A、B、C群の全員）を内陸部の村生まれか辺縁部の村生まれかに分けると、置き換わり率に大きな違いがみられた。内陸部で生まれた女性の置き換わり率は一・一六、人口増加率に換算すると〇・六六パーセントであった。一方の辺縁部で生まれた女性では、置き換わり率が〇・八九、人口増加率はマイナス〇・五四パーセントであった。この地域差を明らかにするため、私たちは一九八〇年代に彼らの協力を得て、血中の抗マラリア抗体価（熱帯熱マラリアと三日熱マラリア）を検査した。その結果、抗体価は辺縁部に住む人びとで圧倒的に高かった。パプアニューギニアに限らず熱帯の多くの地域で、人命を最も多く奪ってきた感染症は、免疫がほとんどできずワクチンがつくられていないマラリアであろう。ギデラの社会でも、マラリアを媒介するハマダラカの生息密度は標高が高い内陸部で低く、人口増加率の地域差をもたらしていたのである。

個々人の出産数についても、伝統的な生活のなかで再生産年齢を過ごした七一名の女性から、詳細な出産歴を聴き取ることができた。その結果、まったく出産しなかった女性が一二名、一回だけ出産した女性が七名いたのに対し、一〇回以上も出産した女性が三名いた。このように大きな個人差が存在したことと、生涯出産数の平均値が四・四であったことは、先に紹介したサンの女性の出産パターンによく似ていた。なお、このころのギデラ人の平均寿命（出生時平均余命）は約四〇年と推定された。

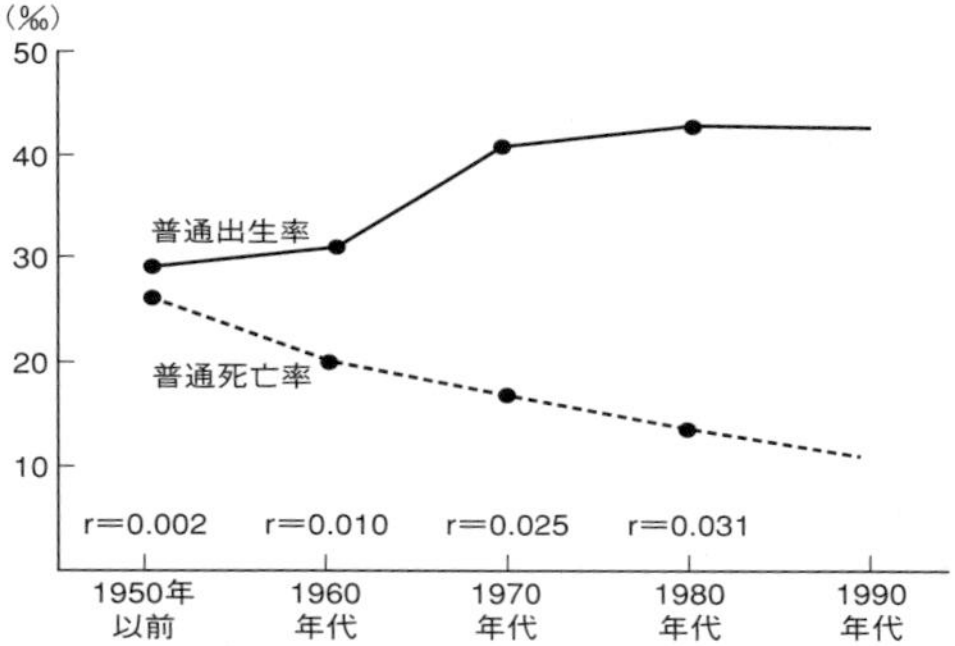


図9　ギデラの普通死亡率と普通出生率の変化
rは年人口増加率を示す

## 近代化の影響

ギデラ社会における近代化の影響は、海沿いの村から五キロメートルほど対岸の島に位置する町からもたらされる。ギデラの人びとにとっては、野生動物の肉や焼畑作物を村から町のマーケットに運んで現金を得る機会が増えた。一九七〇年代には、内陸の村でも小さな売店がつくられ外来食品も少しずつ摂取されるようになり、人びとの栄養状態や健康状態も改善されはじめた。人口にみられた最大の変化は、看護師が駐在する保健センターが中央部の村につくられマラリア治療薬が入手可能になったことと、年に一回は医療団が村を訪れ乳児に予防接種をするようになり、子どもの死亡率が激減したことである。

一九七〇年代前半と一九九〇年代を比較すると、ギデラ人の平均寿命は約四〇年から五〇年以上に延長した。出生率も上昇し、かつては四・四であった平均生涯出産数が五・五を超えることとなった。これらの値から推定した、一九五〇年以前から一九九〇年代までの普通死亡率と普通出生率が図9に示されている。

## ギデラの人口変化が語るもの

ギデラの社会で観察された人口動態は、興味深い内容を多く含んでいる。その一つは、伝統的な時代の〇・二パーセントという人口増加率である。前述のように〇・二パーセントで増加をつづける場合、人口が倍増するのに約三五〇年かかる。この増加速度は緩やか過ぎると思われるかもしれない。しかし、先史人口学者のハッサンは、ムギ類の農耕が始まった中東における数千年前の人口増加率は、以前の狩猟採集民の時代より飛躍的に高くなったものの、〇・一パーセント程度と推定している。ギデラの場合も、数百年あるいは数千年にわたる長期間を考えると、〇・二パーセントという人口増加率の推定値でも高すぎるのかもしれない。

もう一つ興味深いのは、ギデラ人が適応しやすい内陸部と適応しにくい辺縁部の両方に居住していることである。人間は生活しやすい環境に居住しながら、人口が徐々に増加し人口支持力に近づくと、適応しにくい環境にも進出していったと考えられる。そして、新たな環境に適応するために技術革新や行動変容を繰り返してきたのであろう。ギデラ人の場合も、個体群全体としては人口を増加させたものの、居住地のなかに人口が減少する適応しにくい辺縁部も存在していたのである。そして、近代化の過程でマラリア治療薬の導入などにより、辺縁部は環境のマイナス面が緩和され、逆に町への交通の利便性のために適応しやすい状況になった。

最後に、ギデラ人の人口変化をパプアニューギニア国全体の変化と比較してみよう。国連の推計によれば、一九五〇年代から一九九〇年代までの各一〇年間のパプアニューギニアの平均的な年人口増加率は、一・四六パーセント、二・〇五パーセント、二・二五パーセント、二・五七パーセント、二・六四パーセントと上昇をつづけている。ギデラの人びとは、一九五〇年代までパプアニューギニアのなかでも伝統的な生活を送っており、人口増加率もはるかに低かった。ところが、近代化の影響を受けはじめた一九六〇年代から急上昇し、一九七〇年代に国のレベルに近づき、一九八〇年代にはそれを超えたのである。

ギデラ社会の変化は、途上国の人口動態を理解するうえで役に立つ。国連が人口推計を開始したのが一九五一年だったこともあり、途上国に関する人口データの多くは一九五〇年以降に限られている。たとえば、アジアとアフリカの多くの国々は、それぞれ一九五〇年代と一九六〇〜七〇年代に人口転換が始まったとされるが、そのときの出生率は死亡率よりはるかに高かった。アジア地域全体とアフリカ地域全体を例にとると、出生率は四二・八パーミルと四八・二パーミル、死亡率は二三・九パーミルと二六・六パーミルであった。ギデラ社会で一九五〇年以前にみられたような、出生率と死亡率が近似していた時代から大きく経過し、すでに人口が急増している状況になっていたのである。言い換えると、途上国の「人口転換」は、「多産多死」ではなく「多産少死」から始まったといえる。それも、出生率が以前の伝統的なパターンより上昇した段階で「人口転換」の開始になったようである。一九五〇〜五五年に、途上国全体の出生率は四四・四、死亡率は二四・二であり、人口増加率は二パーセントを超えていた。このことが、図4（九〇頁）に示されている、二〇世紀後半に始まった地球規模での第三の人口急増の理由である。すなわち、人類史における最後の人口急増は、近年の途上国の人口転換に起因していたのである。

ところで、一九五〇〜五五年の途上国全体の合計出生率（合計特殊出生率）は六・一六という高値であった。合計出生率は女性の生涯における出産数を表すための指標であるが、本章でしばしば用いてきた、個々の女性の出産歴に基づく生涯出産数と一致するわけではない。合計出生率は、国などの集団を対象に一年間の統計資料を用いて、再生産年齢である一五歳から四九歳までの女性の年齢別出生率の和として求められるからである。

## 日本における人口変化

### 繰り返された急増と停滞

二つ目の事例として、日本列島を取り上げよう。鬼頭宏をはじめとする歴史人口学者が指摘するように、日本列島では人口の急増期と停滞期が繰り返されてきた。列島内の地域差や中世以降の都市部と農村部の違いも興味深いものの、ここでは、列島全体の人口の歴史を遡ることにしたい。なお、琉球列島についてはデータの制約から一八七〇年代以降が対象になっている。

最初の人口急増は、縄文時代の紀元前六〇〇〇～前五〇〇〇年から紀元前三〇〇〇年にかけて起こったようである。野生植物だけでなく、焼畑作物を含む植物性食物の利用技術が進展したためといわれる。ただし、人口が最大になったときでも二五万～三〇万ほどで、人口密度が一平方キロメートルあたり一人に達することはなかった。第二の急増は、弥生時代に入った紀元前三世紀ころに始まり紀元八～九世紀までつづいた。このときは、朝鮮半島からの渡来者が持ち込んだ水田稲作の技術が、西日本そして東日本へと伝播した時期であった。紀元元年ころの人口密度は一平方キロメートルあたり一人程度であったが、八～九世紀には約一五人にも増加したと推測されている。図7（九七頁）に示される世界の地域別の人口密度と比べても、日本の人口密度が早くから高くなっていたことがわかろう。

八～九世紀から人口の停滞期に入る。その理由は必ずしも明らかになっていないが、いくつかの要因が重なったようである。農民層の支配を含む政治・社会制度が疲弊したことや、夏期に干魃がしばしば起き稲作の生産量を低下させたことなどが指摘されている。外来の感染症による影響も大きかった。とくに、天然痘が八世紀ころから猛威をふるい凶作の年などに大流行を繰り返すようになった。日本を研究したアメリカの歴史学者ウィリアム・ウェイン・ファリスによれば、七三五～七三七年の三年間だけでも全国の人口の二五～三五パーセントが天然痘により死亡したと推測されている。

一四〜一五世紀に入ると人口増加率は上昇に転じ、一七世紀初頭から一八世紀にいたる第三の人口急増期を迎える。一六〇〇年に一二二七万であった人口は、初めて全国規模（琉球列島を除く）の人口調査が行われた一七二一年に三一二八万に増加している。この間の年平均増加率は〇・八パーセントに近い。その原因の一つとして、ムギ類やサツマイモなどが作物に加えられ食糧生産が安定化したことがあげられている。それとともに、社会制度の変革が大きく影響した。一四世紀ころから、領主に隷属して荘園で働く農民が小農民として自立する傾向が広がり始めていた。その結果、生涯未婚者や晩婚者が減り多くの農民が適齢期に結婚するようになり、出生率を上昇させることになった。この変化は、中世ヨーロッパで農奴と呼ばれる不自由農民が、黒死病（ペスト）が猛威をふるった一三四八〜五〇年ころ、労働力の需要増のために土地所有農民の地位を獲得したことに類似している。なお、黒死病による死亡はヨーロッパの全人口の三分の一にのぼったといわれている。

一七二一年以降、人口は横這い状態あるいは減少傾向になり、一七九二年には二九九〇万と最低値を記録している。鎖国状態がつづいたことや幕藩制の弊害のために、飢餓や堕胎・間引きなどが頻発し、社会が停滞したとする説が広く認められてきた。ところが最近では、意識的な人口抑制により一人あたり所得を上昇させたとする、プラス面を強調する説も支持を得つつある。この説にしたがえば、江戸時代後期の人口停滞期は、市場経済化をともなう農業中心社会の「成熟期」にあたり、一九世紀終盤に始まる工業化と第四の人口急増の基盤

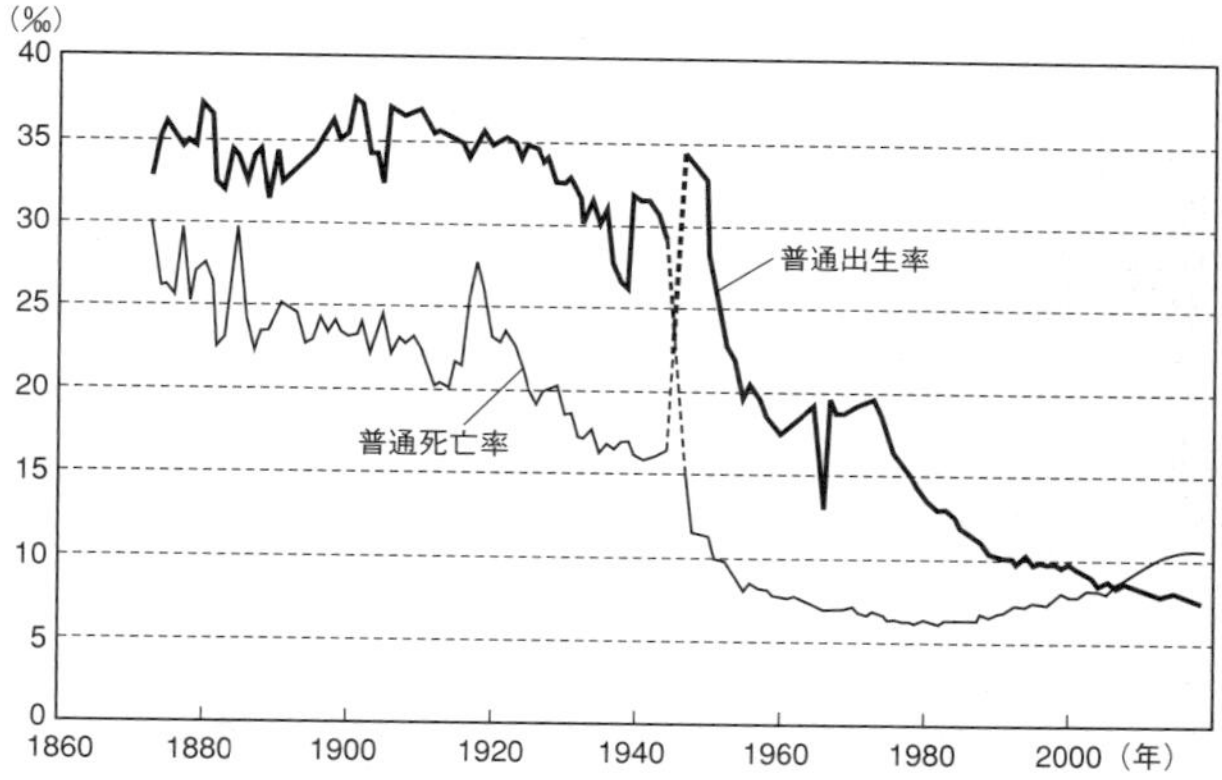


図10　日本の普通死亡率と普通出生率の変化　河野稠果著『人口学への招待』（中公新書）に加筆

になったといえる。

**日本の人口転換**

明治時代に入った一八八〇年ころから、工業化（産業革命）とともに人口が急増しはじめた（図10）。この四回目の人口の急増はヨーロッパの人口転換と同一視されることも多いが、日本の死亡率・出生率の変化は、イギリスに代表されるヨーロッパ諸国のパターンとは異なり、研究者によっても見解が分かれている。ただし、普通死亡率が約三〇パーミル、普通出生率が約三五パーミルであったものが、死亡率だけが低下しはじめた一八七〇〜八〇年代を、日本の人口転換の開始とみることではほぼ一致している。

死亡率は、年により変動しながらも一九四〇年には一六パーミルになり、その後も戦争時を除くとほぼ連続して低下し、一九五五年ころから六パーミルくらいでほとんど変化せず、最近になると人口高齢化の影響を受けて上昇に転じている。一方の出生率は、一九二〇年ころから低下をはじめ一九三〇年代末には二六パーミルまで下がった後、一九四一年からベビーブームが終わる一九四九年までを除くと、ほぼ直線的に低下している。この特徴を重視する場合、出生率が一七〜一八パーミルまで下がった一九五〇年代に人口転換は終了したとみなされる。一方、出生率が一〇パーミルを切り死亡率に近づいた一九八〇年代末を人口転換の終了とみなす場合もある。

いずれにしても、日本の人口は人口転換の過程で大きく増加した。人口転換の開始を一八八〇年、終了を一九五五年とすると、七五年間に三五九六万人から八九二八万人へと二・五倍になったし、終了を一九九〇年とすると、一一〇年間に一億二三六一万人へと三・四倍になった。年平均人口増加率は、前者の場合に一・二パーセント、後者の場合に一・一パーセントになる。日本の人口転換をイギリスと比較すると、全体の期間は短いものの、平均的な年人口増加率ではイギリスの一・〇パーセントよりやや高い。

## 日本の人口変化が語るもの

日本の事例はギデラの事例に比べ、人口の単位が国であり長期間を扱った点で異なっている。とくに長期の変化を追うことにより、単調でなく急増と停滞を繰り返すという人口変化の特徴が明瞭になった。日本では島国という地理的条件や鎖国を長く経験したことが、急増期と停滞期をもたらす原因になったのかもしれない。しかし、世界を見渡しても、戦争や戦争にともなう統合や分裂、あるいは感染症の蔓延などにより、はるかに複雑な人口の急増・停滞、場合によっては減少を経験した国や地域が多いといえよう。

日本で起きた四回の人口急増の原因について、地球規模での人口変化と比べながら考えてみたい。縄文時代に起きた第一の急増にも関係するが、とくに弥生時代に起きた第二の急増は、食物の生産性の向上のおかげである。水田稲作という、世界で最も生産性の高い農耕技術を受容したことが当時の人口を急増させ、その後の日本の高人口密度の端緒にもなった。第三の急増をもたらした理由は、市場経済化にともない農民の多くが生殖力の高い年齢で結婚するようになったことである。この社会変化は、産業革命のときにヨーロッパで生じた社会変化と共通性がみられる。そして、最後の急増は工業化とともに始まったもので、日本版の人口転換であった。日本の四回の急増のうち、増加の程度がとくに大きかったのが第二と第四の急増であり、それらの原因が農耕の開始・拡大と産業革命・工業化だったことは、二〇世紀半ばまでの地球規模での人口増加の主たる原因と共通している。

## 現代の人口問題

### 人口増加への警鐘

人間は誕生して以来、自らが属する集団の成員数が増えることを望んできたといっていいであろう。しかし、一八世紀後半になって、イギリスのトマス・ロバート・マルサスにより人口増加への警鐘が鳴らされた。彼は、一七九八年に著した『人口論』初版のなかで、「食糧は人間の生活に不可欠であり、また、両性間の情欲はこれからも変わらない」ことを前提に、食糧生産は算術級数的にしか増加しないのに人口は幾何級数的に増加すると述べた。そして、『人口論』の第二版以降では道徳的な発想に基づき人口抑制の必要性を説いたのである。このころ、世界人口は一〇億に達する直前で、年人口増加率は〇・四パーセント程度であった。

その後、とくに第二次世界大戦後の人口の急増は、マルサスの予言とは大きく異なることとなった。とはいえ、人口増加に対する危惧が徐々に大きくなってきたのも事実である。一九七四年、国連がブカレストで開催した「世界人口会議」には一三六ヵ国から代表が参加し、「世界人口行動計画」が採択された。その中では「人口爆発」という言葉が頻繁に用いられ、健全な人間の生存のために人口抑制策を強力に推し進めることが不可欠とされた。直前の一九七二年には、各国の学識者からなる民間シンクタンクのローマ・クラブによる『成長の限界』が出版され、人口爆発と経済成長により地球環境の劣化と資源（石油、鉱物、水産物、森林、耕地）の枯渇が進むと警告されていた。『成長の限界』で警告された状況が現実に起きたわけではないし、ローマ・クラブも後に論調を変更している。しかし、地球規模での人口増加が、限られた資源や劣化する環境とともに、人間の将来を脅かす要因とみなす考えは定着してきたといえよう。

ところで、一九七四年の世界人口会議以降も、人口増加を食い止める行動計画が順調に進んだわけではない。とくに、人工妊娠中絶や避妊に対する宗教上の考えの違いなども顕在化したからである。しかし、紆余曲折を経て、一九九四年にカイロで開かれた国際人口開発会議では、避妊や中絶に直接言及せずに、妊娠・出産・育児における女性の権利擁護を重視したリプロダクティブ・ヘルス、それを保証するリプロダクティブ・ライツの重要性が強調された。地球規模での人口増加の抑制を目指す立場からも、女性の教育機会の拡大や社会的地位の向上が出生率の低下に寄与するので、賢明な取り決めと評価されている。

## 地域による多様性

二〇世紀半ばに人口転換を終えたヨーロッパ諸国は、人口増加率を低下させていく。入れ替わるように、アジア、ラテンアメリカ、アフリカの国々が人口増加率を上昇させはじめた。世界の六地域別に近年の変化を比較するため、図11に、一九五〇～五五年、一九八〇～八五年、二〇一〇～一五年の普通死亡率と普通出生率を示している。六地域のなかで、オセアニアは先進国のオーストラリアとニュージーランドおよび途上国の島嶼国を含むが、前者の人口が約七五パーセントを占め、先進国の特徴が強くあらわれている。アジアは日本を含むものの、中国やインドなど人口の多い途上国のパターンを反映している。

地域別の特徴は以下のようにまとめられよう。アフリカでは、一九五〇～五五年からの三〇年間は、先進国が経験した人口転換の前半に死亡率だけが低下した状況に似ており、その後の三〇年間に出生率も顕著に低下しはじめたが、二〇一〇～一五年の年人口増加率は二・

六パーセントであった。アジアとラテンアメリカは、死亡率のレベルに違いがあるものの類似の変化パターンを示し、二〇一〇～一五年には死亡率も出生率も近似し、年人口増加率は一パーセント台になった。なお、オセアニアの出生率・死亡率も二〇一〇～一五年にはアジアとラテンアメリカに近づき、年人口増加率も一パーセント台とほぼ同じになった。一方、先進国のヨーロッパと北アメリカは、一九八〇～八五年からは死亡率がほとんど変化せず出

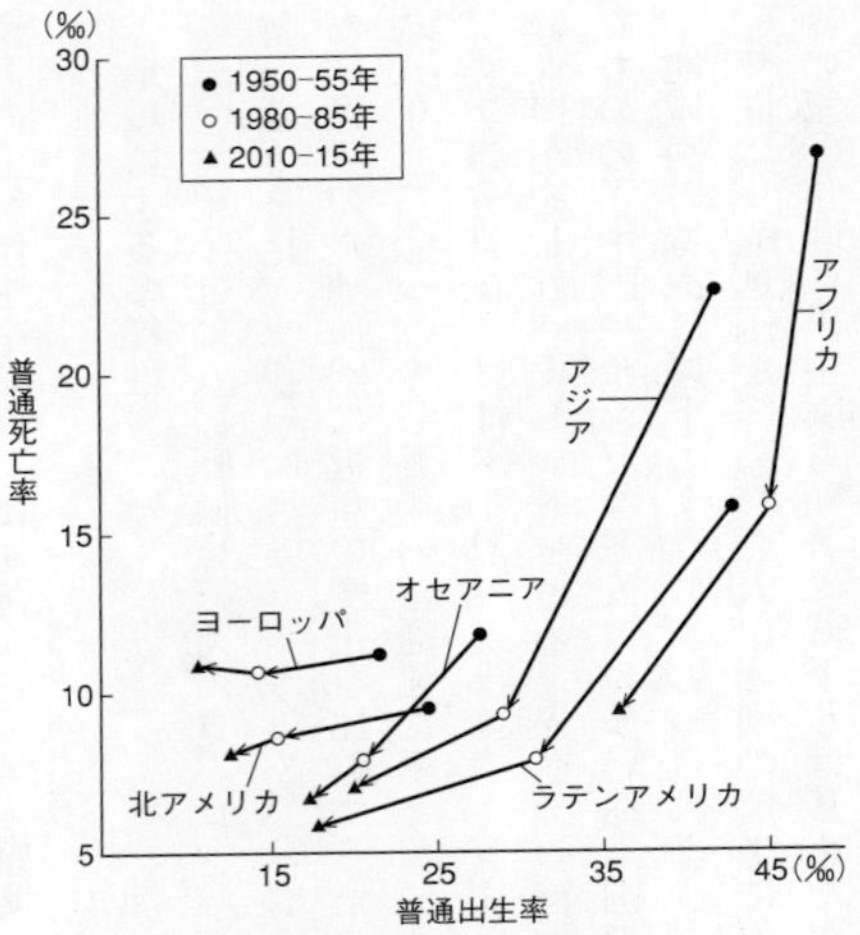


図11　世界6地域の普通死亡率と普通出生率の変化

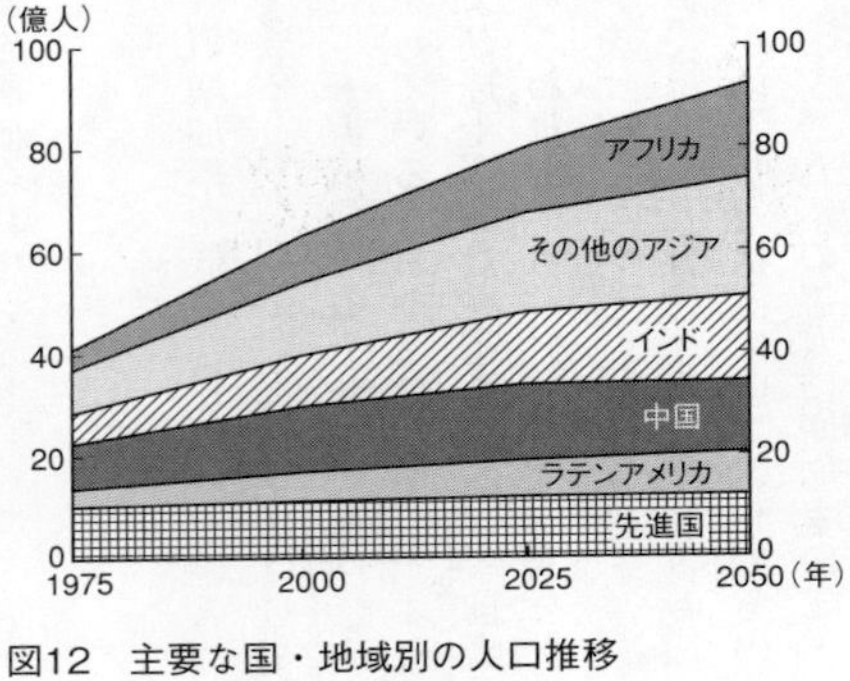


図12　主要な国・地域別の人口推移

| | 面積 | 人口（億人） | | | 人口密度（1km²あたり） | | | 人口比 | |
|---|---|---|---|---|---|---|---|---|---|
| | （$10^6$km²） | 1650年 | 2015年 | 2050年 | 1650年 | 2015年 | 2050年 | 2015年/1650年 | 2050年/1650年 |
| アフリカ | 30.3 | 1.0 | 11.9 | 19.7 | 3.3 | 39.4 | 65.0 | 11.9 | 19.7 |
| アジア | 31.8 | 2.7 | 44.2 | 53.2 | 8.5 | 134.8 | 167.5 | 16.4 | 19.7 |
| 汎ヨーロッパ | 74.0 | 1.1 | 17.7 | 19.7 | 1.5 | 23.9 | 26.6 | 15.5 | 17.9 |
| 世界 | 136.1 | 4.8 | 73.8 | 92.6 | 3.5 | 54.2 | 68.0 | 15.4 | 19.3 |

**表4　世界の３地域別の人口と人口密度、および人口比**

生率がわずかに低下しただけである。典型的な先進国タイプのヨーロッパでは、人口高齢化と少子化の影響が顕著で、人口増加率がマイナスになる年もみられるようになり、二〇一〇〜一五年も人口移入がなければ人口増加率はわずかとはいえマイナスであった。

地域によって異なる人口変化のパターンは、将来の人口の地域分布にも反映される。図12は、一九七五年から二〇五〇年までの推移を、アフリカ、中国、インド、それ以外のアジア諸国、ラテンアメリカ、先進国に分けて示している。この図から、二〇五〇年にインドと中国だけで全人口の三分の一を占めること、アフリカの増加率がとくに高くなること、先進国の人口が占める割合は一三〜一四パーセントになることなどが読み取れる。

最後に、人びとの健全な生存が最も危惧されているアフリカについて、人口と人口密度の長期変化にみられる特徴を検証しよう。アフリカの特徴を洗い出すために、世界をアフリカ、アジア、汎ヨーロッパに三分類した。南北アメリカとオセアニアを含めて汎ヨーロッパとしたのは、これらの地域の人口のかなりの部分が、ヨーロッパ出身者と彼らと混血した人びとで占められているからである。信頼性の高い人口推定がなされはじめた一六五〇年と、二〇一五年（現在）および二〇五〇年の三時点で比較すると（表4）、アフリカは二〇五〇年になっても人口密度がアジアの四割程度であり、一六五〇年から二〇五〇年への人口の増加比もアジアと変わらない。すなわち、アフリカが将来の発展を目指す上で、人口の視点からは特段不利とはいえない。

## 人口ボーナスの恩恵

先進国では、二〇世紀後半から人口が減少する国があらわれはじめた。ヨーロッパの多くの国がそうであるし、日本も今世紀に仲間入りをした。これらの国々では、人口減少に歯止めをかけるさまざまな取り組みがなされており、人口政策を福祉政策や労働政策とうまく連携づけた場合に、人口の大幅な減少の阻止に成功している。ただし、図12にも示されているように、先進国全体としてみると人口はほぼ横ばいで推移すると予測されるので、今後は「人口ゼロ成長」を前提に成熟した社会づくりを目指すのが得策といえよう。

急激な人口減少は、人口構成の著しい変化をともなう場合が多い。とくに日本を含むアジア諸国では、人口転換の際に出生率の低下速度が著しく速かった。その上、欧米諸国に比べると出生率低下が始まった時期に高齢人口が少なかった。日本の一九五〇年、二〇一五年、二〇五〇年の人口ピラミッド（図13）からも、この傾向は一目瞭然であろう。一九五〇年からの変化の過程で、全人口に占める生産年齢人口（一五〜六四歳）の割合が急上昇をはじめ、一九六〇年には六四・一パーセントになった。生産年齢人口割合の上昇は人口ボーナスと呼ばれ、経済成長に有利にはたらくことになる。日本は、生産年齢人口割合が一九六〇年ころから上昇をつづけ、この割合が低下しはじめた一九九〇年代前半まで、人口ボーナスの恩恵を受けたことになる。

人口ボーナス現象は途上国、とくにアジア諸国で顕著にみられている。中国、韓国、シン

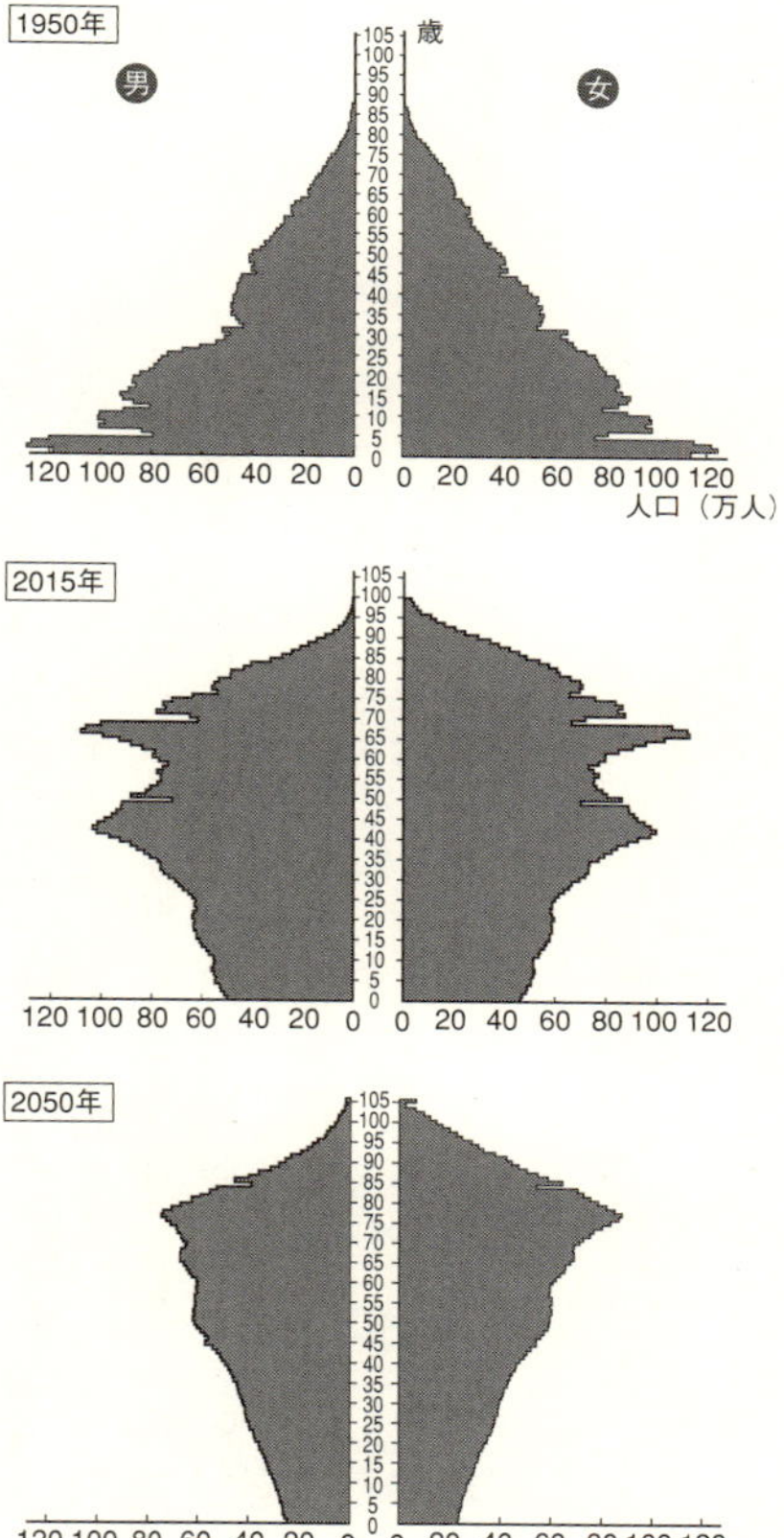


図13　日本の人口ピラミッドの変化　国立社会保障・人口問題研究所ホームページ『日本の将来推計人口』より

ガポール、タイなどの国々は人口ボーナスの恩恵を受け、生産年齢人口割合のピークを二〇一〇年代前半に迎えている。これらの国々から一〇~三〇年遅れて、ベトナム、インドネシア、マレーシア、そしてインドが同じような状況になるであろう。ちなみに、途上国でもアフリカ諸国はアジア諸国などと異なり、生産年齢人口割合が約六五パーセントのピークに達するのは二〇五〇年以降と予測されている。

## おわりに――地球の人口支持力

人間は誕生以来、周囲の環境にはたらきかけ、自然界ではあり得ないレベルに人口を増加しつづけてきた。農耕の開始前に五〇〇万~八〇〇万、産業革命のころに八億であった人口は、現在では七五億を超え、二〇五〇年には九五億を超えようとしている。ここで改めて、地球の人口支持力について考えてみたい。しかし、*"How Many People Can the Earth Support?"*（地球は何人の人間を支持できるか）と題する本を著したアメリカの数理生物学者のジョエル・コーエンも述べているように、この問いに答えるのは不可能に近い。人間がどのようなライフスタイルをとるかで、答えが大きく変わるからである。

ここでは、環境の持続性に着目するエコロジカル・フットプリント（生態系負荷度）分析の結果から考えてみよう。エコロジカル・フットプリントは、各国の国民が①化石燃料などの消費で排出する二酸化炭素の吸収に必要な森林の面積、②道路や建物などに使用する土地の面積、③食糧生産に必要な土地の面積、④紙や木材などの生産に必要な土地の面積など、現在の生活をつづける上で必要なすべての生物生産量をまかなう面積として表される。そして、各国の国民の生活を地球上のすべての人びとが送ると仮定し、地球全体の持続的に利用可能な生物生産量との比から、必要になる地球の数として表されることが多い。

図14に、国際環境NGOが公表している、各国や世界全体の二〇一七年のエコロジカル・フットプリントに基づく、必要とされる地球の数を表している。オーストラリアやアメリカ合衆国の場合には地球が五個以上も必要なように、ドイツ、イギリス、日本など、すべての先進国で、必要とされる地球の数は一をはるかに超えている。地球上の全住民の平均的な生活をあてはめても一を超えており、すでに地球環境にかける負荷が危険なレベルを超えていることを示している。この状況は、森林を含む地球上の土地が本来もっている機能の限界を超え、森林からの二酸化炭素の過剰放出や施肥による耕作地の質の低下を招き、環境から将来得られるはずの便益を使い尽くす危険を示唆している。

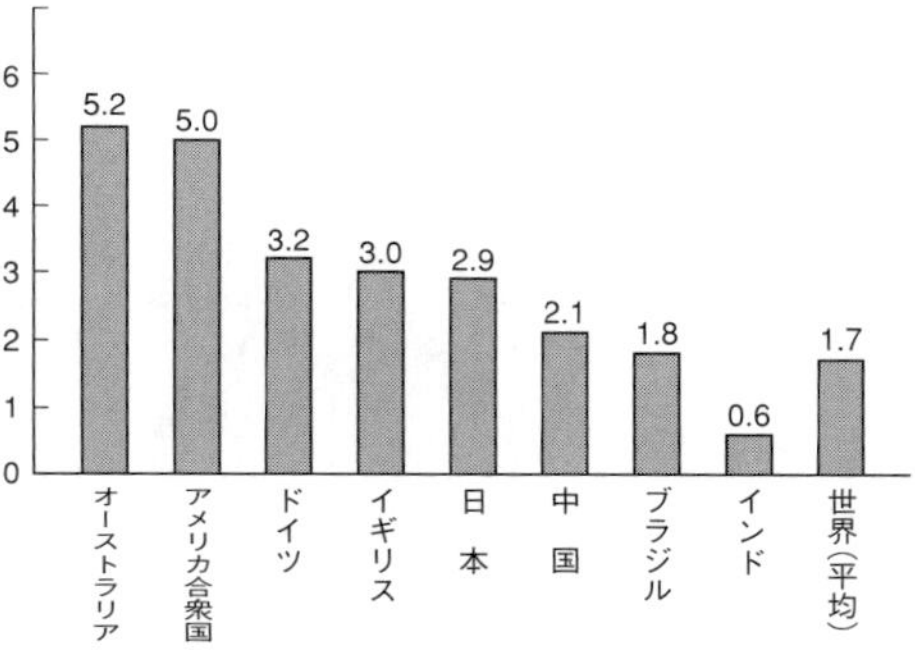


図14　いくつかの国と世界全体のエコロジカル・フットプリントに基づく地球の必要数（2017年）
Global Footprint Networkのウェブサイトのデータに基づき作成

エコロジカル・フットプリント分析には、二酸化炭素以外の温室効果ガスを扱わないことや、鉱物資源についての問題を無視しているなどの限界もある。とくに重要なのは、現代文明を支えているエネルギー源の石油の利用可能量の減少である。石油の生産量が需要量を満たせなくなる時は、「石油ピーク」あるいは「ピークオイル」と呼ばれる。石油ピークがすでに到来したとする説も出されており、そうでないとしても近々到来することは間違いない。この問題の解決には、太陽光、風力、水力などの自然のエネルギーに転換するしかないであろう。

つぎに、人口にも着目し環境負荷を要素分解する、アメリカの生物学者で環境問題に積極的に取り組んでいるポール・エーリックらの考え方を紹介しよう。環境への負荷（impact）を意味するIを、I＝P×A×Tという式で表すのである。ここで、Pは人口（population）を、「豊かさ」を意味するaffluenceの頭文字をとったAは、一人あたりの資源・エネルギーの消費量を指している。最後のTは技術を意味するtechnologyの頭文字をとったもので、消費財を生産・消費する際の消費単位あたりの資源・エネルギーの消失量の技術改善による削減の程度を指している。

負荷（I）を低下させるには、三つの変数の積を現状より小さくする必要がある。人口（P）がしばらく増加をつづけるのは間違いないので、AとTの低下が不可欠になる。そのためには、技術開発と人びとのライフスタイルの変化を、各国の政策と国際協定などと連動しながら推し進めることである。エネルギー源を自然の更新可能なものに転換すること、金属類をはじめとする物質の再利用・再生利用を進めること、資源の無駄づかいを減らすことである。言い換えると、現代文明の特徴ともいえる大量生産・大量消費・大量廃棄から脱却し、環境調和的な循環型社会を構築することである。

最後に、本章のテーマである人口に戻ることにしよう。地球上の人口は、アフリカをはじめとする途上国の人口増加により、今後もある程度の増加は避けられない。しかし、途上国も二一世紀中に、人口増加率の大幅な低下と人口構成の大幅な変化を経験することになろう。大事なことは、各国が人口ボーナスの過程で教育や医療・福祉の充実など社会経済の発展を目指すだけでなく、人口ボーナス後に向けて安定性の高い人口政策を策定できるかにかかっている。先進国の例も踏まえると、「人口ゼロ成長」の社会を目指すべきと考えられる。途上国か先進国かを問わず、望ましい地球上の人口についての考えを深め、それを実現すべきときにきているのである。

**【学術文庫版の付記】**

本章の目的は、人口に焦点をあて約二〇万年に及ぶ人間（ホモ・サピエンス）の生存の歴史を明らかにし、現在および将来を展望することである。そのため、「現在」の世界の地域別人口とその変化のデータは重要な意味をもっている。本書の文庫化が原本の出版からほぼ一〇年後に行われるのにあたり、「現在」を二〇一八年として、すべてのデータを最新のものに差し替えることにした。また、本章で紹介している生態系への負荷の度合いを表すエコロジカル・フットプリントの値も、最新の二〇一七年のデータに差し替えた。これらの修正を行ったが、本章の論旨に変更はない。

原本でも指摘したように、近年の世界規模での人口にみられる特徴の一つは、先進国における人口の高齢化と出生率の低下であり、人口高齢化は死亡率の上昇も引き起こすことになる。ヨーロッパの多くの国や日本では、死亡率が出生率を上回り、人口増加率（とくに、人口移動を含めずに、出生率から死亡率を引いた自然人口増加率）がマイナスになり、人口増加への転換あるいは人口減少幅の縮小が喫緊の課題になっている。これらの国々が自国の人口減少に立ち向かおうとするのは当然としても、本章の最大の関心は、地球レベルでの人間の持続的な生存とそれに相応しい人口である。すなわち、世界人口はアフリカの高い人口増加率を反映し増加をつづけ、今世紀後半には一〇〇億を突破すると予測されているが、このような人口増加は人間の持続的な生存への大きなリスクになると考えられる。

文庫化に際しもう一つ考慮したのは、近年なされた科学研究の成果である。本書の論旨に直接関係しないものの、たとえば、ヨーロッパのいくつかの地域で発見されたネアンデルタール人の化石人骨からＤＮＡが抽出され分析された結果、ネアンデルタール人がホモ・サピエンスとある程度混血したことが明らかにされており、これらの新たな情報に即した修正を行った。

# 第三章　人類にとって海はなんであったか

応地利明

## 「出アフリカ」とモンゴロイドの海洋拡散

### 人類の「移動と定住」

人類の学名は、ホモ・サピエンス、「智慧あるヒト」を意味する。この学名にならって、さまざまに人類の定義がなされている。代表的な例は、ホモ・エコノミクス（「経済人」）であろう。こうした定義の一つに、ホモ・モビリタス（「移動するヒト」）がある。提唱者の片山一道は、自らの意志で全世界の大陸と海洋に移動・拡散していった生物は人類だけだという。この定義にしたがえば、人類の歴史は「移動と定住」の歴史であった。だが、その「移動と定住」は、片山がいうように「自らの意志で」というものばかりではなかった。大西洋三角貿易時代の黒人奴隷、また現代のディアスポラや難民は、なんらかの強制による「移動と定住」である。しかしここでは、「自らの意志」を主たる動機とする人類の「移動と定住」に対象を限定したい。

もし直立二足歩行する猿人の登場に人類の起源をもとめるとすれば、それは約七〇〇万年前にさかのぼる。それ以後、人類の歴史には無数の「移動と定住」があった。そのなかで人類史的な意味をもつ地球規模での「移動と定住」をあげるとすれば、［Ⅰ］現生人類（ホモ・サピエンス）の「出アフリカ」、［Ⅱ］モンゴロイドの拡散、［Ⅲ］ヨーロッパ人の拡散、の三つであろう。

## コーカソイドとモンゴロイド

人類の祖先たちの生息地——動物や植物については原産地というが、なぜかヒトに関してはその表現は使わない——は、ながくアフリカことに東アフリカを南北に縦断する大地溝帯を中心とした内陸サバンナ地帯にあった。一八〇万年ほど前に、ホモ・サピエンスの祖先にあたるホモ・エレクトゥス（「直立するヒト」）がそこをはなれて、はじめてユーラシア大陸に進出する。欧米の古人類学研究者は、これを『旧約聖書』の「出エジプト記」になぞらえて「出アフリカ」とよんでいる。彼らは、東アフリカの大地溝帯を北上して、モーゼ一行とおなじくシナイ半島をへて〈ヨルダン川—死海〉地溝帯に達する。ジャワ原人や北京原人の化石は、彼らが東方アジア一帯にも進出していたことを示している。

そのずっと後、現生人類が「出アフリカ」して、おなじく〈ヨルダン川—死海〉地溝帯に到達したのは一〇万年前以後とされる。そこから彼らは、ユーラシア内部に拡散していく。その拡散範域は、「東洋」・「中洋」・「西洋」のユーラシア三区分とよく対応する。このうち「中洋」とは「東洋」と「西洋」との中間地帯、具体的には南アジアと西アジアさらに中央アジアをふくむ一帯をいう。「西洋」と「中洋」に拡散したのが西ユーラシア人（コーカソイド）、「東洋」に拡散したのが東ユーラシア人（モンゴロイド）である。まず［II］モンゴロイドの拡散をとりあげることにしたい。その中心流は「中洋」を越えて、約六万年前に東南アジア大陸部に到達する。そこから彼らは海と陸の二つに分かれて、さらに進出をつづける。

## モンゴロイドの拡散

当時は最終氷期にあたるウルム氷期がはじまったころで、東南アジア島嶼《とうしょ》部からオーストラリア一帯は、現在とはまったく異なった様相を呈していた。現在は浅海となっている広大な海域が、海水面の低下によって陸化し、二つの大きな陸域が形成されていた。インドネシアの島々を中心とするスンダランド、ニューギニアとオーストラリアとが一体化したサフルランドである。両者の境界は、ほぼカリマンタン島とバリ島とをむすぶ線あたりにあった。植生も現在は熱帯降雨林で覆われているが、当時は森林とともにサバンナ的な植生が優越していた。それは、東アフリカのサバンナ帯に起源したモンゴロイドにとっては、むしろ好条件であった。彼らは、短期間でスンダランドを横断して東海岸に達する。

世界の動物区の重要区分に、アジア区とオーストラリア区がある。両者を分かつウォーレス線は、そこに引かれている。スンダランドとサフルランドとを分ける海は、動物にとっては当時でも移動不能な障壁であったからである。しかしモンゴロイドは、そこを越えてサフルランドに進出していく。その時期は、六万〜四万年前と推定されている。両者を分かつ海域に所在する島々の間隔は最大で八〇キロメートルほどであり、その渡海は筏《いかだ》によっても可能であったろう。

東南アジア大陸部に達したモンゴロイドが選択したもう一つの進出方向は、陸域を北上して北方ユーラシアさらには極北へとむかうものであった。一般に緯度に平行する東西移動にくらべて、緯度に対して垂直方向となる南北移動はより困難である。東南アジア大陸部からの北上ルートは、それまでのユーラシア南縁ぞいの東西移動にくらべて、はるかに困難な適応を要求する移動であった。しかも最終氷期の最盛期での北上である。困難な条件のなかで後退と寒冷適応をくりかえしつつ、モンゴロイドは氷河時代終末期の一万数千年前に北極海沿岸部に到達する。

当時のベーリング海峡一帯は、海水面の低下によってベーリンジア（ベーリング陸橋）とよばれる陸域がひろがっていた。しかし一万三〇〇〇年前ころには、温暖化による海水面の上昇によってベーリンジアは水没しはじめる。その直前の時期にベーリンジアをへて、モンゴロイドはユーラシアからアメリカ大陸に進出する。日本では、縄文時代がはじまるころである。それ以後の彼らの移動は、一気呵成であった。現在のベーリング海峡から南アメリカの最南端フエゴ島までの距離は、約一万四〇〇〇キロメートルに達する。その長大な距離の移動に要した時間は、わずか一〇〇〇年ほどとされている。彼らの南下は緯度に対して垂直方向のものであったが、すでに東方アジアの北上過程で寒冷への適応を完了させていたモンゴロイドにとっては、容易な移動であったろう。完新世にはいって気候が温暖化していったことも、その早い移動に寄与した。

**人類史に登場した「海」**

約五万年前のサフルランド、また約一万年前の南アメリカ最南端へのモンゴロイドの到達をもって、「出アフリカ」にはじまった現生人類の「移動と定住」は一段落する。この時期までの移動は、二つの大きな特徴をもつ。それは、まさに「大移動」という名にふさわしい拡散であったこと、その「大移動」の舞台が基本的に陸域であったことの二点である。オーストラリアまたアメリカ大陸への進出も、当時存在していたスンダランドとサフルランドあるいはベーリンジアという陸域経由のものであった。ここで「一段落」と述べたのは、人類の拡散前線が広大な海洋に到達し、そこでひとまず停止したということである。逆にいえば、このとき海が本格的に人類史に登場する。

ここで海が人類に対してもつ意味とそれへの視座について、すこし考えたい。中国の古典『易経』は「天・地・人」を「三才」という言葉に要約し、すべてのものは「三才」の働きとともに存在するとした。そこから、のちには「地を離れて人なし」という言葉もうまれた。しかしその「地」は直立二足歩行する「人」がたつ陸地のみを意味していて、それには海はふくまれていない。「天文・地文・人文」という場合でも、「地文」は「地の文《あや》」＝「地のかたち」を意味している。「地文」からも海は排除されていて、せいぜい川や湖などの淡水性内水面がふくまれるのみであった。これは、ヨーロッパでも同様で、「地文学」にあたる geomorphology は、本来、海洋を含んでいない。のちに誕生する「水文学 hydrology 」も、主として陸水研究のための分野であった。「天・地・人」の「地」は地球の表面つまり地表を意味するが、地表の七一パーセントを占める海は「地」として認識されてこなかったのである。

したがって「地を離れて人なし」というとき、その「人」は特定の「地」＝陸域に定住するヒトを指している。すでにみてきたように、人類史は「移動と定住」の歴史であった。とすると人類史の語りは、「定住」と「移動」の双方を視座とすることが要請される。人類の「定住」の場が陸域であるとしても、「移動」は陸域とともに海域を重要な舞台として展開してきた。海を語るとき、陸域とは異なって、ヒト・モノ・情報などの「移動」にかかわる伝播・伝来・交換・交流などがキーワードとして前面に登場する。前述したように、人類の拡散前線が広大な海洋に到達したとき、海というもう一つの「移動」の重要舞台が幕開けを告げる。

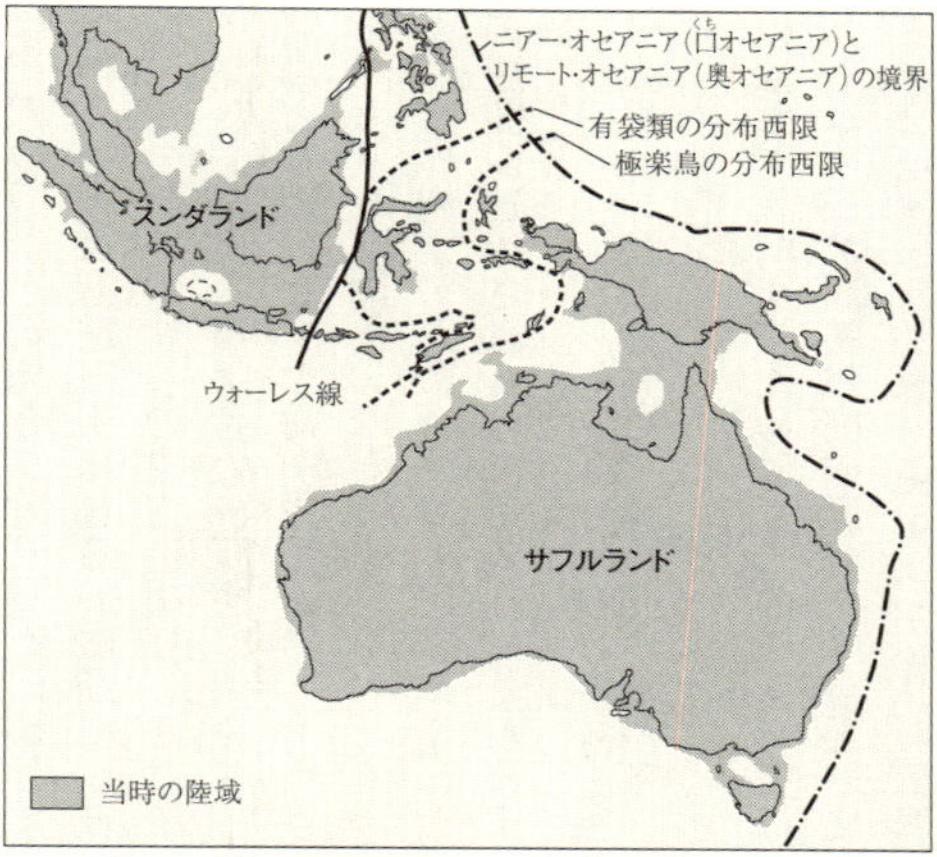

スンダランドとサフルランド　後藤明『海を渡ったモンゴロイド』（講談社、2003年）をもとに作成

### モンゴロイドの太平洋進出

広大な海洋をいちはやく移動空間として人類史に編入していったのは、やはりモンゴロイドであった。オーストロネシア語系集団の太平洋進出である。同言語の祖語復原と分布をもとに、彼らの原郷

は、南中国から台湾とフィリピンにかけての海域と考えられている。約六〇〇〇年前、日本でいえば縄文海進とよばれる温暖期に、彼らは同海域から東南アジア島嶼部へと進出していく。この時期の彼らの東方進出は、かつてのような陸域経由ではなく、カヌーによる渡海であった。文化人類学者の後藤明は、カヌーの出現に重要な役割をはたしたのは、フィリピン諸島とりわけビサヤ海一帯であろうという。そこは「三〇〇〇の島々からなる」と形容されるフィリピン諸島のなかでも、もっとも多島海的な海域である。風力利用のための三角帆また安定性向上のためのアウト・リガー（船外浮材）が開発され、それらを装着したカヌーへの展開が達成されたのであろう。それによって、外洋での迅速かつ安定的な航行が容易となる。

太平洋の島嶼分布は、南西部から南部一帯に偏在している。これらの島々は、ミクロネシア、メラネシア、ポリネシアの三つに区分されてきた。しかし太平洋海域へのモンゴロイドの拡散を説明するために、この三区分とは別個の地理区分が提唱されている。それは、オーストロネシア語系集団の原郷を基点として、ニアー・オセアニア（口《くち》オセアニア）とリモート・オセアニア（奥オセアニア）の二つに区分するものである。両者のおよその境界は、〈フィリピン―ニューギニア―オーストラリア〉の東端海域をむすぶ線とされる。その内（西）側が口オセアニアで、ほぼ東南アジア島嶼部とオーストラリアとをあわせた多島海にあたる。同線以東の奥オセアニアは、ニュージーランドをのぞくと大島嶼はなく、主として火山島や珊瑚《さんご》島の小さな洋島が点在するだけの海洋的世界である。

ロオセアニアの東端にちかいニューギニア北東方に、ビスマーク諸島とよばれる島々がある。そこに、約三六〇〇年前に特有の土器をもつオーストロネシア語系集団が出現する。彼らはラピタ人と命名され、奥オセアニアへの人類の拡散にあたって重要な役割をはたす。片山は、その拡散は三つの段階をへて短期間のうちに進行したとする。その三段階を、後藤が紹介する考古学的資料にもとづくアーウィンの推定到達年代とともに示すと、つぎのように整理できる。①ラピタ人によるトンガ諸島またサモア諸島への拡散――約三五〇〇年前、②ラピタ人の子孫であるポリネシア人によるタヒチ島などのソシエテ諸島への拡散――約二五〇〇年前、③彼らによる太平洋東南端のイースター島への拡散――約一五〇〇年前。そのほかハワイ諸島への拡散は約一七〇〇年前、ニュージーランドへは約一〇〇〇年前とされる。

## カヌーの技術革新

これらの拡散は、船のイノベーションにささえられていた。ダブル・カヌーの登場である。それは、横ならびにした二隻のカヌーを横木と甲板で連結した双胴船で、カニのはさみ形の四角帆をそなえた帆船であった。一七六九年にタヒチ島に寄港したクックは帆走するダブル・カヌーを描いた絵を報告書にのせ、ダブル・カヌーにはアウト・リガーを装着しなくても安定した航行が可能なこと、単帆のものと複帆のものとがあることなどの説明を付している。ダブル・カヌーの出現は、前記の三段階区分でいえば、②段階にあたる約二〇〇〇年前の奥オセアニア南西部海域においてであったとされる。その開発によって、③段階のもっとも海洋的な奥オセアニア深奥部への拡散が可能となった。

現在ではダブル・カヌーは廃絶してしまったが、文化人類学者の須藤健一によれば、全長約三〇メートルの大型ダブル・カヌーは、三〇トンの荷物または三〇人の人間と必要食料・飲料水を積載して数十日の航行が可能であったという。ダブル・カヌーの利用によって、おそくとも一〇〇〇年前ころには、広大な太平洋海域は「モンゴロイドの海」と化していた。「オーストロネシア語系集団の海」、彼らの奥オセアニア深奥部への拡散完了をもって、人類の地球規模での「移動と定住」はひとまずの安定期には

タヒチ島のダブル・カヌー　正面から見たところ。ふたつの胴の上に厚板の横木と広い甲板を渡して連結している

いる。この安定状態を打破したのが、冒頭であげた［III］の一五世紀末から始まるヨーロッパ人の拡散であった。しかしそれについては後述することにして、ここで他の海域に目を転じたい。

**コーカソイドの拡散**

現生人類が「出アフリカ」して〈ヨルダン川―死海〉地溝帯に達したのち、そこから「西

洋」と「中洋」に拡散していったのが、コーカソイドであった。「東洋」にむかったモンゴロイドが東南アジア大陸部で陸域の東限に到達したように、「西洋」とりわけヨーロッパにむかったコーカソイド集団は、そこで陸域の西端に到達する。両者の前面には、ともに大洋がひろがっていた。しかしモンゴロイドとは異なって、コーカソイドはその渚で停まり、ただちに大洋へと進出しなかった。

このようにいうと、一〇世紀末にはグリーンランド、一一世紀はじめには北アメリカ東海岸のニューファンドランドにヴァイキングが到達していたとの反論があろう。しかし人類史からみた場合、モンゴロイドの太平洋進出とヴァイキングの大西洋進出とのあいだには根本的な相違がある。ここで、エクメネという概念を採用したい。エクメネとは、在地資源の持続的な開発・利用をつうじて、人類が永続的に定住している範域をいう。

たとえば南極の観測基地は継続的な居住の場ではあっても、前段の条件を欠いているのでエクメネとはよばない。モンゴロイドのアメリカ大陸や太平洋への拡散は、まさにエクメネの拡大による「移動と定住」であった。これに対してヴァイキングの北アメリカ到達は、永続性のない一過的な現象にすぎなかった。その理由は、すでにそこをみずからのエクメネとしていたモンゴロイドによって、彼らが駆逐されてしまったからであった。

## 「温かい海」と「冷たい海」

### モンゴロイドの海

なぜこのような相違が、コーカソイドとモンゴロイドとのあいだに生じたのだろうか。もちろんロオセアニアが多島海的な海洋であったことが、重要な要因なのはまちがいない。北大西洋は、北端を画して東西にならぶ〈アイスランド―グリーンランド―北アメリカ北東部〉一帯をのぞいて、そのような条件を欠いていた。しかしもっと大きな要因は、「温かい海」と「冷たい海」との対照性にあったであろう。モンゴロイドが拡散した海洋は「温かい海」、「西洋」コーカソイドが渚で停まった海洋は「冷たい海」に属する。この海水温の相違が、人類史にとって重要な意味をもった。

まず「温かい海」をとりあげよう。「温かい海」とは、海水温がおよそ摂氏二五度以上くらいの海を指す。そのため「温かい海」では、被水は体温喪失また身体的苦痛の要因とはなりにくい。被水を気にすることなく、航行可能なのが「温かい海」の特徴である。このことは、浮揚力のある物体であれば、どれもが移動手段として利用できることを意味する。しかもオーストロネシア語系集団が拡散をとげた海域は湿潤熱帯に属し、熱帯降雨林などの森林に覆われている。森林から切りだした丸太材や竹材はそのままで独木あるいは筏、またくりぬいて丸木舟に加工できる。

しかも「温かい海」では被水は苦痛ではないので、舷板などの波よけ装置を必要としない。舷板が不要ということは、舟の重量を軽減できるだけでなく、櫂《かい》を水面に垂直におろして手こぎするのを容易にする。そこから波をかぶるけれども手こぎできる櫂が、漕運手段として結合する。この形式の舟を、〈丸木舟＋手こぎ櫂〉型とよぼう。日本でもなじみぶかいペーロンやハーリーは、それを大型化した例である。しかも〈丸木舟＋手こぎ櫂〉型は、誰でも簡単に造れ、誰もが操船しうる舟である。東南アジア島嶼部は、スンダランドの消滅後も、有帆の〈丸木舟＋手こぎ櫂〉型を日常的な航行手段として往来しあう「海の世界」を形成してきた。太平洋を「モンゴロイドの海」としていく一連の展開には、湿潤熱帯の「温かい海」という生態条件がふかく関わっていた。

**出漁するアウト・リガー船**　船板が低く、漁師が海に入って沖へ押し出す「温かい海」の船。インドネシア、スラウェシ島。著者撮影

## 「冷たい海」の障壁効果

いっぽう「西洋」にむかったコーカソイドが到達したのは、「冷たい海」であった。被水は体温を奪い、最終的には死にまでも追いやる海である。北西ユーラシアも湿潤地帯に属し、落葉広葉林あるいは北方混交林の地帯である。東南アジア島嶼部とおなじく、森林からの用材

「冷たい海」の箱船　舷板に装飾を施し、多くのオールをならべたポルトガル王室御座船。1895年。リスボン、国立海事博物館蔵。著者撮影

確保が容易な空間であった。しかし「温かい海」のように、竹材や丸太材を多少加工しただけの独木・筏・丸木舟では海に乗りだすことはできない。「冷たい海」は、同時に「荒れる海」である。そのため、舟には被水と浸水防止のための波よけ装置の装着が必要であった。

「冷たい海」と「温かい海」の遷移帯に属する日本でも、東アジア海域世界に参入しはじめた弥生時代には、丸木舟に波よけのための舷板をうちつけた半構造船が遠洋航海用に登場する。日本以上に「冷たい海」に属するヨーロッパでは、同様の構造船が必要であった。その原型を提供したのは、箱船であったであろう。

箱船は、波きり板と舷板をもつ船である。舷板は、二つの機能をもつ。一つは、もちろん波よけである。もう一つは、舷板をテコの支点としてオールあるいは艪《ろ》を装着することが可能なことである。「冷たい海」は、〈箱船＋オール〉型とむすびつく。手こぎ櫂の場合とは異なって、オールの利用は支点にあたる舷板の開口部を小さくできると同時に、その上方に舷板をはりめぐらせることも可能である。それは波よけ効果をいっそう高め、積載量を増大さ

せる。それによる重量の増加は、オールの増加と大型化によって対処できる。「温かい海」と「冷たい海」は、そこに到達したモンゴロイドと「西洋」コーカソイドに対して異なった意味をもった。よくいわれるように、「海は障壁と同時に交流の場」という両義的な役割をもつ。この二つの役割のうち、人類にとっては、「温かい海」は交流をより容易にする海洋、「冷たい海」は障壁により特化した海洋であった。

タンザニアのダブル・アウト・リガー船　タンザニアはアウト・リガー船の分布西限である。著者撮影

## アウト・リガーの開発

「温かい海」に乗りだしたモンゴロイドが達成した大きな革新は、前述したアウト・リガーの開発である。それを舷の片側のみにとりつけたものをシングル・アウト・リガー船、また両側にとりつけたものをダブル・アウト・リガー船とよんでいる。船外浮材をとりつけることによって、船の安定性とりわけ横波に対する安定性が増大する。安定性の増大は、船幅をよりせまく、船長をより長くすることを可能にする。それが造波抵抗を小さくし、さらに帆を艤装《ぎそう》することによって、より高速での航行を実現する。とりわけシングル・アウト・リガー船は、三角帆を操作して船外浮材をつねに風上側にあるよ

うにすると、より高速での航行が可能であった。

さらに長距離航海が可能な大型ダブル・カヌーを開発したポリネシア人は、南アメリカ西岸までにも到達していたと考えられる。それを示すのが、サツマイモの太平洋海域への導入である。現在、サツマイモは南太平洋の島々またニューギニアの重要な主食作物となっている。その原産地は中央アメリカのメキシコからグアテマラあたりとされ、四〇〇〇年前ころには南アメリカのペルーでも栽培されていた。その東南アジアへの伝来は、南アメリカの西海岸に到達したモンゴロイドによってなされたと考えられている。

## 東南アジアからインド洋へ

さらにモンゴロイドは、東南アジア島嶼部から西方のインド洋にむけても活動海域を拡大していく。その西限は、インド洋南西端のマダガスカル島東岸部である。そこへの到達時期は七〜八世紀以前とされるが、二〇〇〇年前とする説もある。その拡散も、彼らのエクメネの拡大であった。フランス語とならんでマダガスカル共和国の公用語であるマラガシー語は、オーストロネシア語系に属している。

さらに彼らのインド洋への拡散に随伴したと考えうるものに、無耕起稲作技術がある。それは、東南アジア島嶼部の低湿地にみられる特有の稲作で、名のとおり、移植にさきだつ整地作業で犁や鍬《くわ》といった耕具をいっさい使用しない稲作をいう。もちろん移植したイネが生長しやすいように、整地作業はおこなう。しかしその方法は、まず大型の草刈り刀で水生雑草をなぎ倒してから、水牛の群を水田に追いこむ。水牛たちを追いまわして水田内を周回させ、その体重と蹄《ひづめ》で田土を踏みこませて軟らかくすると同時に、雑草を根ごと埋めこむ方法である。いわば水牛の蹄を耕具とする農法なので、蹄耕《ていこう》あるいは踏耕とよぶ。蹄耕は、現在も東南アジア島嶼部、インド半島東海岸、スリランカ島南西部、そしてマダガスカル島東海岸の湿潤低地に点在しつつ分布する。いずれも、オーストロネシア語系に属するマレー系海民の活動世界である。

さらにアラビア海をかこむインド半島西海岸またアフリカ東海岸では、アウト・リガー船が漁船また小型船舶として使用されている。これも、マレー系海民によって将来されたものである。このようにモンゴロイドの海洋への拡散は、太平洋とインド洋にまたがる「温かい海」の海域世界をつくりあげた。しかしその活動は、喜望岬を周航して大西洋におよぶことはなかったと考えられる。

### 「冷たい海」への挑戦

その大西洋に「冷たい海」から挑戦しようとしたのが、「西洋」コーカソイドであった。彼らは、〈箱船＋オール〉型を大型化していく道、つまり大型構造船の建造をえらんだ。それは、アウト・リガー船にくらべれば、積載量の大きな船であった。しかし「冷たい海」かつ「荒れる海」の北大西洋に乗りだしていくのは、容易ではなかった。平板な世界の果てで海洋が奈落に落ちこむとのキリスト教の世界観も、これに拍車をかけたであろう。もちろんその過程では、前述したヴァイキングによる北アメリカ大陸到達という一過性のエピソードもあった。彼らが形成した海域世界は、北のバルト海や北海などの陸域沿岸の縁海と南の「地中海」(自然地理学では沿岸のほぼすべてが陸域によって囲まれた海を「地中海」とよぶ)にながく限られていた。大型構造船をもとに彼らが大西洋に進出していくのは、一五世紀になってからのことである。その試みがヨーロッパではもっとも「温かい海」に属するポルトガルとスペインから開始されるのは、興味ぶかい。

### 大西洋の「温かい海」

もちろん大西洋にも、東南アジア島嶼部とおなじ湿潤熱帯と「温かい海」が存在する。それは、アフリカのギニア湾一帯と南アメリカのアマゾン低地周辺である。赤道付近をとると、アフリカと南アメリカとのあいだの距離は、経度にして二〇度ほどにしかすぎない。それを東南アジア島嶼部の赤道周辺にあてはめると、シンガポールからティモール島付近までの距離でしかない。しかもここにも、〈丸木舟＋手こぎ櫂〉型の舟が存在していた。しかし大西洋を横断して、南アメリカのモンゴロイドと西アフリカのネグロイドとのあいだには交流はなかったとされる。ブラジルでも、アフリカ側のギニア湾岸でも、湿潤熱帯の主食作物はキャッサバ(マニオク)である。その原産地は、前記のサツマイモとおなじ中央アメリカのメキシコからグアテマラ一帯および北西ブラジルの二ヵ所とされている。定説は、ギニア湾岸のキャッサバは一六世紀になってブラジルからポルトガル人によって伝えられたとする。その説では、ポルトガル人によって南アメリカとアフリカの湿潤熱帯がはじめて架橋されたことになる。

しかしこの定説は、疑問の余地がないのだろうか。ここで一つの経験を提出したい。それは、西インド諸島の最南端にちかいバルバドス島の首都ブリッジ・タウンでの経験である。現在の小さな市街地の背後には、かつてはあきらかに小さな湾入か潟湖であったとおもわれる微低地が公園となって残っている。そのかつての汀線部に、バオバブの巨木が立つ。バオバブの樹齢を推定するのは困難とされるが、その樹齢は約一〇〇〇年と推定されている。バルバドス島にスペイン人が到来したのは一五一八年なので、もしその推定が正しければ、バオバブ樹はスペイン人到来のはるか以前からそこにあったことになる。

バルバドス島のバオバブ巨木　樹高28m、樹冠径25m。ブリッジ・タウン。著者撮影

バオバブは、西アフリカのサバンナ地帯を代表するキワタ科の樹木である。伊良湖岬で柳田国男が拾い、それをもとに島崎藤村が「椰子《やし》の実」を作詞した椰子は、ココヤシであった。ココヤシの果実は堅い殻に覆われ、ながく海を漂流することも可能である。しかしバオバブの果皮は堅さで劣り、種子をつつむ果肉も長期にわたる洋上漂流に耐えることはできないと考えられる。バルバドス島のバオバブ

樹は、漂流ではなく、人間によってもちこまれたのではないか。バオバブをもちこんだ人間が種子を食用としたのち、食べのこした種子が発芽・生長した可能性も想定できる。もちろんバオバブが西アフリカと同様に有用植物として利用されたとすれば、もっと多くのバオバブ樹がバルバドスに存在してもよいとの考えもなりたつであろう。その場合でも問題のバオバブ樹の推定樹齢が正しく、将来者がヨーロッパ人ではないとすれば、彼らの到来以前にバルバドス島と西アフリカとの間のヒトの交流によってもたらされたという推定はなりたつ。

同様の交流を、前述の西アフリカ・ギニア湾岸のキャッサバについても想定することができないだろうか。当時、キャッサバの原産地であるアマゾン盆地から現在のブラジル一帯に居住していたのは、アラワク人であった。彼らは南アメリカの最有力集団で、バルバドス島も彼らの居住地であった。もしキャッサバまたバルバドス島のバオバブ樹が大西洋を介する交流の所産であったとすれば、その一方の担い手はアラワク人であったと考えられる。

## インド洋海域世界の成立とマラバール

### 二つの海域世界

モンゴロイドによる奥オセアニア深奥部までのエクメネ化によって、人類の「大移動」はひとまず完了する。その終期を彼らのニュージーランドへの到達とすると、それは約一〇〇〇年前であった。しかしそれ以前に、人類の「移動と定住」の深化と相互交渉の拡大をもとに、陸域とおなじように、海洋にもヒトとモノと情報が交流しあう空間が出現していた。それが、海域世界である。イスラーム世界史家の家島彦一《やじまひこいち》は、海域世界を「ある程度の時間的な継続性を持って海域内の交流ネットワークが維持されることで、域内の相互交流が緊密となった広域的な歴史空間」と規定し、海域世界がそれ自身の歴史的ダイナミズムをもつ存在であることを強調する。海域世界は、世界の各所に成立する。その成立場となった海洋の性格をもとに、二つに分類できる。

一つは、すでに説明した大陸縁辺の付属海や「地中海」に成立した海域世界である。いわば「陸域にとりこまれた海域」を成立場とする海域世界である。世界の多くの海域世界は、このタイプに属する。ユーラシア大陸では、東部から、黄海・東シナ海を中心とする東アジア海域、南シナ海・東南アジア島嶼部からなる東南アジア海域、地中海海域、バルト海海域など同大陸をとりまいて配列する海域世界が、またアメリカ大陸ではカリブ海海域世界などが、その例である。

もう一つは、大洋を成立場とするものである。これは、前者とは逆に「海域にとりこまれた陸域」からなる海域世界である。太平洋・大西洋・インド洋の三つの大洋のなかで、大航海時代以前に海域世界を形成していたのは、太平洋とインド洋であった。太平洋では、アウト・リガー船また大型ダブル・カヌー船を航行手段とし、奥オセアニアの島々をノード（結節点）とする海洋ネットワーク空間が形成されていた。しかし人類史においてより重要な意味をもったのは、インド洋海域世界であった。

## インド洋と湿潤熱帯

インド洋は太平洋や大西洋にくらべて規模が小さいうえに、本体部分が北と南の両回帰線内に位置しているため、優勢な寒流の流入もない「温かい海」であった。しかも季節によって風向をほぼ正反対に変化させるモンスーンが規則的に吹きわたる海である。その風との摩擦によって海水にも吹送流が生じ、風も海水もおなじ方向に流れていく。これは、帆船の航行にとって好条件であった。しかしインド洋海域世界の成立は、モンスーンが吹きわたる「温かい海」という特性だけでは説明できない。というのは、それらは海域世界の成立にとって重要な自然条件ではあっても、その成立を決定づけるものではないからである。すでに述べたように、海は「移動」の舞台であった。海域世界は、その海域を行きかうヒトとモノの「移動」によって形成される。モノという点でも、インド洋はめぐまれた条件をもっていた。

歴史をつうじて人類の集住地は、非熱帯とりわけ温帯にあった。そのため自己の生態系では入手しえない熱帯とりわけ湿潤熱帯産品への選好は、古代から存在してきた。その好例が、各種の香辛料である。湿潤熱帯の極相は、熱帯降雨林にある。世界でのその分布は、赤道周辺の三ヵ所に集中している。アジアの東南アジア島嶼部とマラバール海岸、南アメリカのアマゾン川流域、アフリカのコンゴ川流域である。このうち南アメリカとアフリカの熱帯降雨林は、ともに大西洋に河口をひらく大河の内陸盆地性の流域に分布する。そのため両者

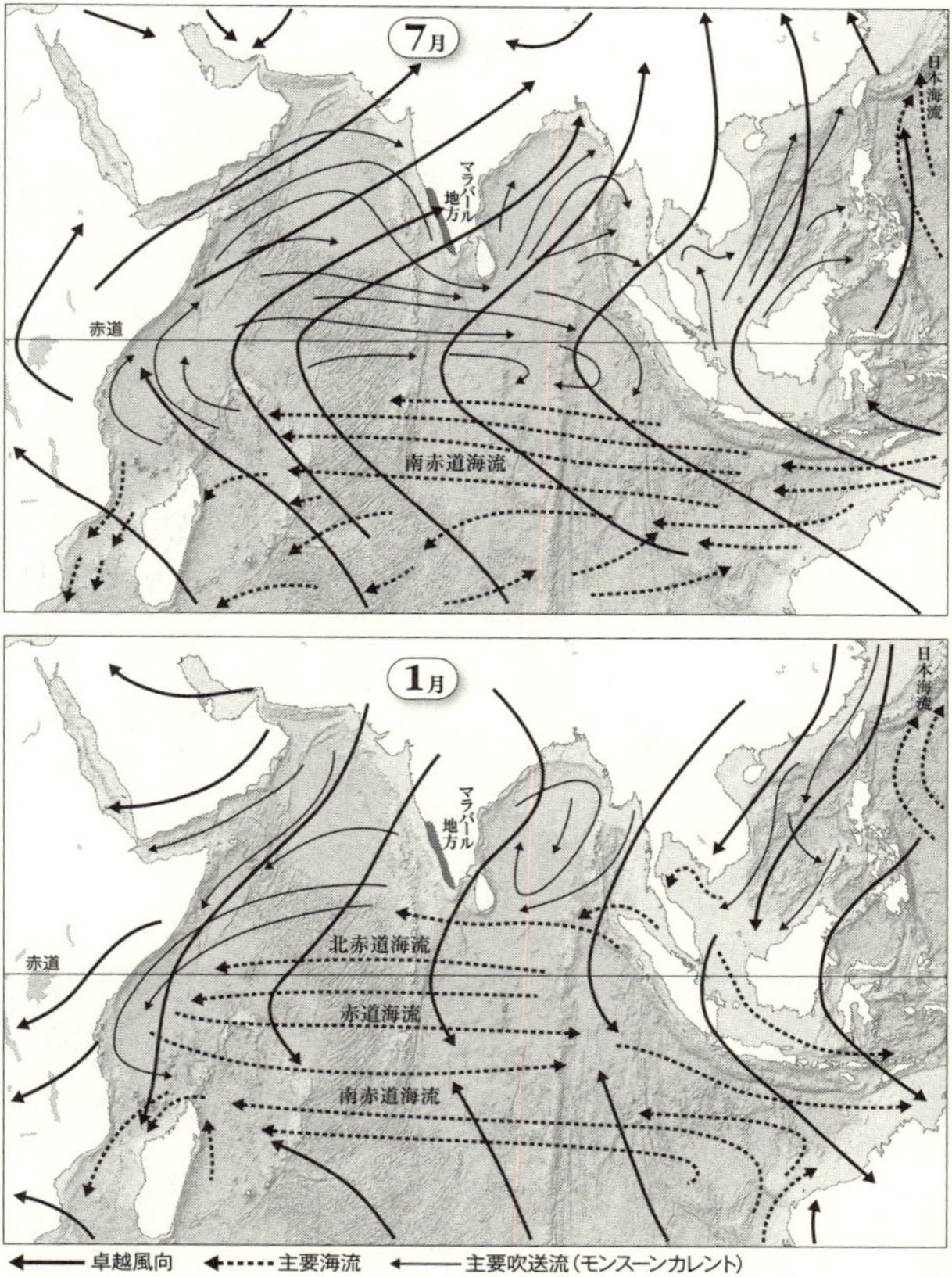


インド洋のモンスーン　卓越風向は*Times Atlas*、他は家島彦一『海が創る文明―インド洋海域世界の歴史』（朝日新聞社、1993年）をもとに作成

の世界交易への参入は、大航海時代にはじまる大西洋海域世界の成立以後のことである。同時代以前の長い歴史をつうじて、東南アジア島嶼部とマラバール海岸が世界における湿潤熱帯産品の唯一の独占的な供給地であった。しかも東南アジア島嶼部もマラバール海岸も、ともに「温かい海」に囲まれたアクセス容易な湿潤熱帯であり、他の二つの熱帯降雨林が大陸内部に陸封されていたのとは対照的であった。

マラバール海岸コーチン旧港の香辛料問屋町　道路に面して並ぶ事務所兼倉庫（上）、入り口は背後の倉庫と水路からの荷揚げ場に通じる（下）

コーチン旧港の香辛料露店　各種香辛料を少量ずつ売っている。著者撮影（３点）

## インド洋の東西結節場・マラバール

さらにインド洋は、他の二つの大洋にはない条件をそなえていた。インド洋は、ほぼ北回帰線あたりで北辺をアジア大陸によって閉ざされた大洋である。それが、インド洋を「温かい海」とした重要な要因であった。しかもインド洋のほぼ中央部には、アジア大陸から赤道方向にむけて逆三角形の巨大な陸塊が打ちこまれている。インド半島である。楔《くさび》状の同半島によって、インド洋は東のベンガル湾と西のアラビア海とに二分される。

インド半島の歴史的な役割は、インド洋を空間的に東西二つの海域に分断すると同時に、両者を統合するという両義的役割にあった。その先端に位置するのが、熱帯降雨林帯を含むマラバール地方である。アラビア海の夏の南西モンスーンも、同地方にむけて吹きわたる。しかもそこは、古代からインド洋交易の代表的な熱帯産品＝コショウの原産地であった。つまりマラバールはインド洋を東西に分断・統合するだけでなく、それ自身がコショウというもっとも重要な湿潤熱帯産品の産出地として、ヒトを誘引する誘蛾灯の役割を果たしてきたのである。インド洋海域世界は、このような多重的な意味をもつマラバールを結節場として形成される。

インド洋を活発な「交流の海＝海域世界」へと変えていった主体は、「中洋」に拡散したコーカソイドと「東洋」に拡散したモンゴロイドであった。彼らは、マラバール地方を交会・結節場として、広大なインド洋海域世界を編成していく。モンゴロイドのインド洋進出についてはすでに触れたので、ここでは「中洋」コーカソイドの活動を中心に検討することにしたい。

### 『エリュトラー海案内記』

古代におけるインド洋海域世界の形成を確認できる文献史料が、紀元一世紀後半にエジプトで成立したとされる『エリュトラー海案内記』である。「エリュトラー海」とはギリシア語で「紅い海」を意味するが、当時の用法では、現在の紅海だけでなくインド洋全域を指す言葉であった。同書は、エジプトからインド半島南端までの港湾事情と商品地理に関する「案内記」で、作者は同海域で実際に活動したエジプト在住の交易商人と推定されている。同書が描く活発な交易活動の背後には、モンスーンの「発見」とその航海への応用があった。同書第五七節は、夏にアラビア海を吹く南西モンスーンが発見者の名にちなんで「ヒッパロスの風」とよばれること、その風をとらえてアラビア半島南西岸からアラビア海を横断してインドへと直航することなどを語っている。

古代中東史家の蔀《しとみ》勇造は、同書の地名記載を当時のギリシア人の世界認識とかさねて、次ページの図のように要約する。「ヒッパロスの風」をうけてインドへといたるアラビア海横断航路の起点が、図のアラビア半島南西部のカネーとアフリカ大陸北東角の「香料取引地」だと同書は述べる。その終着点は、インド北西部のバリュガザ（現在のバローチ）またリミュリケー地方（現在のマラバール海岸）であった。「ヒッパロスの風」を利用する航路が「発見」される以前には、紅海入り口のエウダイモーン・アラビアー（「幸福なアラビア」の意）が、西方からの商人とインドからの商人の交会・交易地点であった。当時はエジプトか

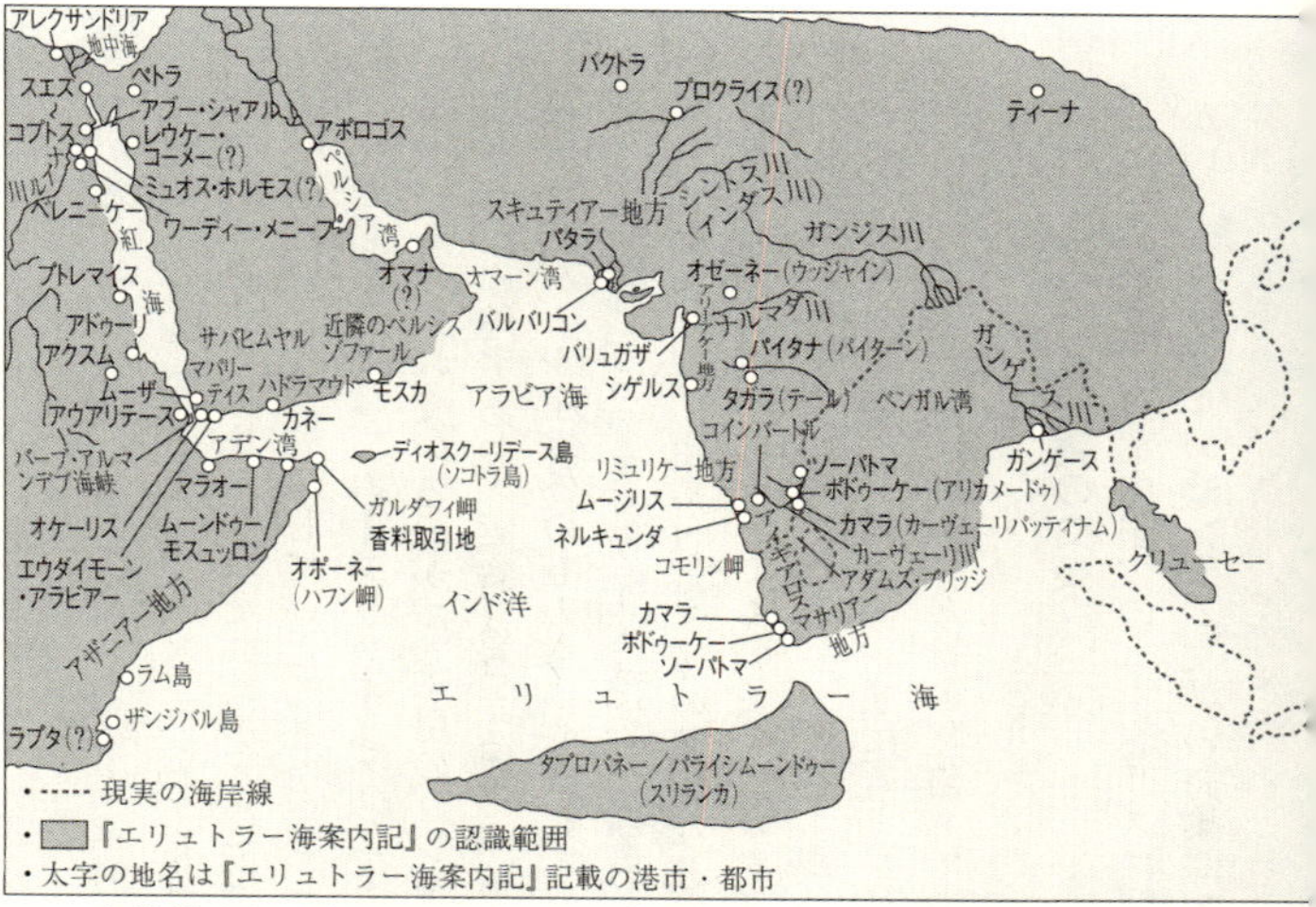


**古代ギリシア人のアジア認識と『エリュトラー海案内記』の記載地名**
インド半島の西岸南端までは地名などが詳しく記され、東岸は一挙に簡略になる。コモリン岬南方の3港市が重出するのは、同書の認識位置と現実の位置がずれていることによる。蔀勇造「エリュトラー海案内記の世界」佐藤次高・岸本美緒編『市場の地域史』（地域の世界史9　山川出版社　1999年）所収をもとに作成

らの商人が、ここから東の外海へと進出することはなかったという（同書第二六節）。エウダイモーン・アラビアーは、現在のアデンあたりであったとされる。

同書は北西インドの港市バリュガザに数節をあてて、くわしく説明する。それは、「インドの門戸」ともいうべき当時のバリュガザの重要性を示している。北のバリュガザとならぶ港市として語られているのが、マラバール海岸に位置するムージリスである。同書第五四節は、「ムージリスも……（アラビアや）ギリシアの船によって繁栄し

ている。それは河に臨んでいて、……［河口］からそこまでは二〇スタディオンである」（蔀訳）と述べている。ムージリスは、現在ではインド半島南西部のマラバール海岸に位置するパッタナムに比定されている。この記載は、ムージリスがギリシアをふくむ西方世界との交易拠点として繁栄していたことを語っている。

また第五六節は、ムージリスをふくむマラバール地方の重要な輸出商品を列挙する。その筆頭にあげられているのが、「大量のコショウ」である。マラバールは、前述したようにコショウ原産地であり、当時はコショウの独占的な供給地であった。その輸出商品リストには、マラバール産以外のものもふくまれている。ガンジス川流域からのナルドス（香料の一種）、内陸部からのニッケイ・透明石（宝石類）・ダイヤモンド・サファイア、さらにクリューセー島（マレー半島付近）産の鼈甲《べっこう》などである（蔀訳）。これらの記載は、マラバール地方が地元産の香辛料などにくわえて、ガンジス川流域さらには東南アジアの諸産品の集散地でもあったことを語っている。マラバールは、インド洋海域世界を分断し統合する役割をはたしていたのである。同書は、逆にムージリスに輸入される商品を列挙する。その筆頭にあげられているのが「極めて多量の貨幣」である。

## コショウと金銀貨の交換

『エリュトラー海案内記』のムージリスに関する記載は、別の意味からもひじょうに興味ぶかい。古代タミルのサンガム文学の詩集『アハナーヌール』に、つぎのような詩句が見いだされるからである。「ペリヤール川の流れをあわ立て、金貨を積んだきれいなヤヴァナの船がやってくる。胡椒を積んでもどって行く。ムジリの波止場は賑やかだ」（辛島昇訳）。この詩にうたわれるヤヴァナは、古代タミル語でギリシア・ローマ人を指す。またムジリは、ムージリスである。この詩句と『エリュトラー海案内記』のムージリスの記載は、東と西からの合わせ鏡のように同じ像をむすんで、ギリシア・ローマ人のマラバールへの来航とそれによる繁栄を語っている。両者は、マラバールから西方への重要商品がコショウであり、それへの決済対価として西から持ちこまれたのが金銀の貨幣であったことを述べている。

『博物誌』の著者プリニウスは、『エリュトラー海案内記』の時代を生きた軍人政治家であった。彼がローマ帝国からインドへの金銀貨の大量流出をなげいたことは、よく知られている。これに類似した状況は、はるか後代の一八世紀にも起こる。このときには、イギリスでは「インド熱」とよばれたインド産綿製品への熱狂的なブームが起こり、それへの決済手段として貴金属貨幣が大量にインドに流出した。それが、産業革命の一因となる。ローマ時代の金銀貨幣は、インド半島各地の港市遺跡や王都だけでなく、東南アジア大陸部からも出土している。

## 「西の船」と「東の船」

『エリュトラー海案内記』は、インド半島の西方と東方で船の構造が相違することも記している。西方では、アフリカ大陸北東部のソマリアあたりで「縫い合わせて造った小舟や丸木舟がある」こと、またペルシア湾湾頭のオマーンあたりでは「（アラビア半島南西岸から来る）マダラテと呼ばれるこの土地特有の縫合小舟」（蔀訳）のことなどが語られている。一方、コモリン岬の東方では「非常に大きな丸木舟をくびきで繋《つな》ぎ合わせたサンガラと呼ばれる別の船」（蔀訳）のことを述べる。インド洋の西部海域では小型の縫合船、また東部海域では大型の丸木船と、両海域のあいだで船が相違していたのである。縫合船とは、広幅の厚板材が入手困難なため、幅のせまい板材を細縄などでつないで船板とした船である。また大

**コモリン岬周辺のカッタマラム漁船**　カッタマラムは「結んだ木」の意で、角材を縄で結び合わせた組み立て式筏船。乗り手はうつ伏せの姿勢で船外に伸ばした両手で手こぎする。まさに「温かい海」の船。著者撮影

**アフリカ東海岸キルワを行くダウ船**　インド洋海域世界で広く使われてきた三角帆の木造縫合船。キルワは同海域世界の南西端にあたる重要港市で、アラブ人航海商人の進出限界でもあった。著者撮影

型丸木船は、巨木丸太材をくりぬいた船であろう。この相違は、インド洋西部海域ことにその北部を占めるアラビア半島一帯は乾燥地帯に属し、東部海域は湿潤熱帯の森林地帯に属するという生態系の相違と対応する。しかし乾燥地帯ということから、インド洋にそうアラビア半島南岸部をその内陸の沙漠地帯と同一視することはできない。

## 「緑のアラビア」

のちの議論とも関係するので、ここでアラビア半島南岸部の気候的な特質についてふれておきたい。アラビア半島内部のルブアルハリ沙漠を筆頭として、西アジアは沙漠のイメージとむすびつく。くわえてその気候の特徴は、ごく少ない降水が冬に集中する点にある。全体として西アジアは、冬雨型乾燥地帯に属する。そのなかでの例外が、アラビア半島南岸一帯とりわけ南西端である。そこは山地がひろがり、夏に吹きよせる南西モンスーンが山地とぶつかって地形性降雨をもたらす。アラビア半島南西端は、西アジアでは例外的な夏雨型のやや湿潤な地帯である。その山地は夏には緑で覆われ、「緑のアラビア」とよばれる。

「緑のアラビア」は、「緑」の量と南北幅をしだいに縮小させつつ、アラビア半島南岸にそって東方へと延伸していく。さきに『エリュトラー海案内記』が、同半島南西端を「幸福なアラビア」と記載していることを紹介した。それは、乾燥地帯のなかにあって「緑のアラビア」が「幸福なアラビア」でもあることを物語っている。同書が縫合船について語っているのは、「幸福なアラビア」においてである。それは、この一帯で縫合船の原材料が調達可能であったことと関係していよう。

インド洋海域世界の縫合船については、家島の歴史文献を渉猟した周到な研究がある。それによると、同海域で縫合船の原材料として重用されてきたのは「緑のアラビア」で栽培されていたココヤシであった。ココヤシは無枝の直立樹であって、樹幹はマスト、板材は船板、葉柄と葉は帆、果実の胚乳をつつむ繊維は縫合用の細縄に加工された。このように縫合船の建造に必要な原材料は、ほぼすべてココヤシから調達できた。しかし家島によると、「緑のアラビア」へのココヤシの導入は一一世紀以後のこととされる。西アジアの乾燥地帯に自生するナツメヤシの樹幹は、船材には利用できない。したがって『エリュトラー海案内記』が記載する縫合船がココヤシ樹を原材料としていた可能性は小さく、ナツメヤシ以外の自生樹木が利用されたのであろう。もしかすると、マラバールからの移入熱帯材に依存していたのかも知れない。

『エリュトラー海案内記』がコモリン岬の東方で述べるサンガラ船の記載は、丸木舟を横ならびにして連結させた丸木舟の双胴船を想起させる。その記載は、すでにふれたモンゴロイドの奥オセアニアへの拡散を可能にしたダブル・カヌー（一三四頁の写真参照）をおもわせる。太平洋海域でのダブル・カヌーの開発は、『エリュトラー海案内記』と同時期にあたる約二〇〇〇年前の奥オセアニア南西部の海域においてであったとされる。とすると、この時期に太平洋海域で開発されたダブル・カヌーがベンガル湾海域で利用されていたとするのは無理であろう。家島が推定するように、アウト・リガー船を双胴船として記載した可能性もあろう。

## 中国側の同時代史料

さきに東南アジア大陸部でも、古代ローマ貨幣が諸遺跡から出土していることを述べた。しかしそれをもって、ギリシア・ローマ人自身が東南アジア大陸部にまで進出していたと即断しえない。その理由は、マラバール南端のコマレイ（コモリン岬、インドではカニヤークマリとよぶ）から東方になると、『エリュトラー海案内記』の記載が一挙に簡略となるからである（一五一頁の図参照）。それは、当時のギリシア・ローマ人の活動領域がコモリン岬あたりまでで、同岬から東方には及んでいなかったことを物語っていよう。

興味ぶかいことに、同書からうかがえるギリシア・ローマ人の進出東限と合わせ鏡の関係にある同時代史料が、中国で見いだされる。やはり一世紀に著された『漢書《かんじょ》』「地理志」の「粤地《えつち》」条の記事である。それは、南越（華南）の港市から南西方向にむかうルートの解説である。まず港市を出立して南に海路で五ヵ月、さらにおなじく海路で四ヵ月と二〇日で諶《しん》離《り》国に到着する。そこからこんどは陸路で一〇日行き、さらに海路で二ヵ月以上いくと黄支《こうし》国に達する。さらにその南方には已程不《いていふ》国があり、漢の訳使（通訳）はそこで引き返すことなどを語っている。

この記事で注目されるのは、海路ばかりの記載のなかで一ヵ所だけに陸路の記載があること、しかもその所要日数は一〇日と他の個所にくらべて非常にみじかいことである。結論からいえば、それは、中国南部から船で南行してタイ湾に入り、マレー半島の最狭部を陸路で横断したのち、ふたたび海路でベンガル湾を直進して南インドに達する行程を語っているとしか考えられない。

当時のベンガル湾と南シナ海とをむすぶ幹線交易ルートは、現在のようにマラッカ海峡経由の海路ではなく、マレー半島がもっともせばまるクラ地峡あたりを陸路で横断したのち、タイ湾を海路で東行するのが一般であった。東南アジア考古学の研究者は、これをタイ湾ルートとよぶ。赤道無風帯に位置するマラッカ海峡は、風だのみの帆船にとっては通過困難な海域であった。現在も同海峡は海賊の出没で知られるが、当時は、それ以上に危険な悪所であった。そのため同海峡を避けてマレー半島の最狭部を陸行するルートが、一般に採用されていた。たとえば当時の重要交易品であったインドからのメノウ製ビーズは、クラ地峡からタイ湾と南シナ海の沿岸一帯さらには広東で出土しているが、マラッカ海峡沿岸からは発見されていない。それは、タイ湾ルートが当時の幹線交易路であったことを物語っている。

また『漢書』「地理志」の記載ルートの最終到達地を南インドとする理由は、「黄支国」にある。漢文史料の「黄支国」は、一般に南インド南東部のカーンチープラムに比定されている。「黄支国」のつぎにあげられている「已程不国」は、カーンチープラムのさらに南方のコモリン岬付近にあった港市国家と考えられる。注目されるのは、『漢書』がそこで「漢の訳使が引き返す」と述べていることである。それは、そこから西方は中国語の通訳が不要な世界、いいかえれば中国人の進出範囲外であったことを意味していよう。

## すみ分けの東西分界

この『漢書』「地理志」の記事は、前出の『エリュトラー海案内記』の記載とまさに合わせ鏡の関係にある。インド半島先端部を境にして、西方はギリシア・ローマ人の活動領域、東方は中国（と東南アジア）からの諸集団の活動領域というすみ分け的状況の存在を想定させる。もちろんインド半島からも、東西両方向にヒトまたモノが動いていた。西方に関しては、『エリュトラー海案内記』第二六節は、アラビア半島南西端の紅海湾口部付近で（かつては）「インドからエジプトに来るものはなく」、（エジプトからも）「ここまでしか来なかった」（蔀訳）と述べ、第三〇節のアラビア半島南西部の港市記載でも、そこでのインド人の存在を述べている。

逆にインド半島から東方にむけては、前述のメノウ製ビーズやローマ貨幣などのモノの移動は確実にたどれる。ヒトに関しても、インド古代史家ロミラ・ターパルは、インドから東南アジア方面へ最初に進出していったのは交易利益をもとめる商人であって、彼らの進出が東南アジアの諸王国の建国説話に反映しているとする。たとえば一〜七世紀にメコン川下流域で繁栄した扶南《ふなん》（プナム）国に例をもとめると、現地出土のサンスクリット語碑文史料も、中国の漢文史料（『梁書』）も、ともにインドからのバラモンと現地の王女との結婚によって建国されたとしている。

## 「大海域世界」の形成と「文明圏帝国」

### インド洋海域世界の広がり

ここで『エリュトラー海案内記』と『漢書』「地理志」をもとに、一世紀ころのインド洋海域世界の広がりについて考えたい。『エリュトラー海案内記』は、エジプトからインド半島南部までの海域世界についてくわしく記載していた。またインド洋海域の各地から古代ローマの貨幣が出土していて、同海域が地中海世界と密接にむすばれていたことを示している。一方、『漢書』「地理志」の記載からは、中国人通訳がマラバールあたりまでを活動領域としていたことが判明する。

このようにユーラシア大陸の南縁をとりまいて、〈東アジア海域―東南アジア海域―インド洋東部海域（ベンガル湾）―インド洋西部海域（アラビア海）―地中海海域〉の各海域をつらねる交易ネットワークが、すでに紀元前後の時期に形成されていた。家島は、この広大な海域のつらなりを「大海域世界」とよぶ。連珠文のように非連続的連続の関係で連環する大海域世界のなかで、もっとも重要な連環輪がマラバールであった。しかしマラバールの地位は、あくまでも個々の海域世界が自立しつつ連珠文的につらなる連環輪の一つであった。「大海域世界」は、特定の〈中心―周縁〉あるいは〈支配―従属〉関係にもとづく集権的な編成とは無縁な世界であった。

もちろん「大海域世界」の成立は、その東西両端の陸域を占める大帝国の存在を重要な契機としていた。一世紀をとれば、東端には漢帝国、西端にはローマ帝国があった。このことは、関係陸域での帝国の形成と連動して「大海域世界」が機能していたことを物語る。敷衍していえば、各海域世界の関係陸域で帝国の形成がすすむほど、「大海域世界」の交流が活性化していくことを意味する。その条件の実現にあたって大きな役割をはたしたのは、インド半島南部と西アジアであった。

## 「海のインド」、「陸のインド」

インド半島南部からの活性波動源は、ベンガル湾をふくむ海洋国家・パッラヴァ王国の成立であった。インド亜大陸では、その全域を版図とする大帝国の形成は近代になってはじめて達成される。一九世紀の「植民帝国」イギリスによる英領インド帝国である。その理由は、インド半島南部が北部インドの諸帝国に編入されることなく、独立を維持しつづけてきたからである。

近代にいたるまでインド半島南部一帯が独立をたもちつづけた要因は、そこがヒンドゥー文明圏に属しつつも、「海洋インド」という開放性と北インドのアーリア人に先行する先住民集団であるドラヴィダ的諸要素を背景に、独自の性格を保持してきたからである。この点も、インド亜大陸と中国との重要な相違点の一つである。中国でも、広東を中核とする華南一帯は、歴史をつうじて「海の中国」ともいえる独自性をもちつづけてきた。しかし前漢代の武帝による中華帝国への編入以後、「海の中国」は政治的独立性をうしない、中華帝国の南方海域への門戸と化していく。一方、インド半島南部の「海のインド」は、北方の「陸のインド」と政治的に一体化することなく、独自の国家を生みだしつづけてきた。パッラヴァ王国は、その初期の好例である。

パッラヴァ王国の名は四世紀に初出するが、その根拠地カーンチープラムは、『漢書』が述べる「黄支国」に比定されている。同王国は五〜七世紀に急速に勢力を拡大して、ベンガル湾に面するインド半島南半部一帯に版図をひろげる。パッラヴァ王国は、中国の諸王朝などにくらべると、領域的にはごく小さな帝国にすぎなかった。しかし同王国は、インド洋海域世界の拡充にあたって大きな役割をはたす。その背後には、五〜六世紀の南インドで新たに生成しつつあったヒンドゥー文化複合の展開があった。それが、同王国の積極的なインド洋東部海域世界への進出とともに東南アジアに伝播していく。その経路は、前述のタイ湾ルートをつうじてであった。

## シュリーヴィジャヤ帝国とマラッカ海峡

ヒンドゥー文化複合の東南アジアへの伝播と受容を、フランスの東南アジア史家セデスの提唱以来、「インド化」とよんでいる。「インド化」は、単に宗教のみにとどまらず、思想・儀礼・都城・建築・彫刻さらには稲作農耕技術にまでおよぶ広汎な文化変容であった。現在も東南アジアの文化の基底にインド的要素があるといわれるのも、この時期の「インド化」

に由来する。「インド化」によって東南アジアも自己形成をとげ、それを基盤に二つの強大なヒンドゥー帝国が生成する。一つは大陸部のクメール帝国、もう一つは七世紀に成立するシュリーヴィジャヤ・シャイレーンドラー帝国である。インド洋海域世界という観点からみると、より重要な意味をもったのは後者であった。シュリーヴィジャヤ・シャイレーンドラー帝国は、現在のスマトラ島南東部のパレンバンを根拠地として、マラッカ海峡両岸一帯を支配する海洋国家として成立する。同帝国の覇権確立と周辺海域の支配によってマラッカ海峡の安全航行が実現し、タイ湾ルートにかわって同海峡が幹線航海ルートとして登場する。「シュリーヴィジャヤ・シャイレーンドラー帝国のもとでの平和」は、「大海域世界」に二つの重要な果実をもたらす。第一はマラッカ海峡をへて東進する海のルートで、それによってインド洋海域世界が東南アジア島嶼部の熱帯降雨林帯と直結されたことである。すでに述べたように世界に存在する三つの熱帯降雨林帯のうち、大航海時代以前に人類の交易史に参入していたのは東南アジア島嶼部のそれのみであった。そこが、当時の世界における唯一の湿潤熱帯産品の供給地であった。そこへの西方からの直航ルートの開通である。

　第二は、マラッカ海峡をへて北東行するルートで、それによってインド洋海域世界から中国世界への直航が可能となった。広東が、「大海域世界」の東端港市として繁栄する。唐代の六七一年にインドへの求法《ぐほう》の旅に出発し、六九五年に帰国した義浄《ぎじょう》は、このルートを往復している。東南アジア島嶼部の熱帯降雨林帯また中国世界へといたる二つのルートは「海の回廊・マラッカ海峡」に収斂し、同海峡は、マラバールとならぶ「大海域世界」の新たな結節場として登場する。同海峡とその周辺海域には、シュリーヴィジャヤ・シャイレーンドラー帝国の首都パレンバン、さらにはマラッカ、そして近代にはペナンまたシンガポールといった重要港市が、以後の歴史をつうじて簇生《そうせい》していく。

## イスラーム・沙漠・海洋

他方、「大海域世界」の西部に目を転じると、ここでも重要な変化が生まれていた。それは、七世紀はじめにアラビア半島からおこり、数十年間で西アジア一帯を統一して成立したイスラーム帝国の出現である。イスラームは沙漠からおこった宗教であるが、その基本に、陸域だけでなく海洋を包摂する世界観をもっていた。『クルアーン』（コーラン）第五五章「お情けぶかい御神」は、「二つの海を解き放ってあい逢わせ、しかも間に障壁を設けて互いに分を守らしめ給う」（井筒俊彦訳）と述べる。ここに述べられている「二つの海」はインド洋と地中海、「障壁」は西アジアを指すと解釈されている。家島は、この啓示は、西アジアが東のインド洋と西の地中海の両海域世界が重合する場、つまり「大海域世界」の結節場であるとの海洋的世界観を述べているとする。

「イスラーム」という言葉からただちに沙漠を連想する日本の「常識」からすると、『クルアーン』の海洋の強調は意外かもしれない。沙漠は水の極度な過少空間、海洋は水の極度な過剰空間であって、両者は対極的な空間だからである。そのような対極性のみに注目しないで、ここでヒト・モノの「移動」を視座として、沙漠と海洋について考えることにしたい。

じつはネットワークの形成という点からみると、沙漠と海洋は同形的ですらある。両者は、ともに人間にとっては広漠たる砂礫《されき》あるいは水にみちた空間である。そのなかに、沙漠ではオアシス都市、海洋では港市が点として存在する。それらの点をむすぶ線が隊商路あるいは航路であり、それを往来するのがラクダまた船である。

この構成は、オアシス都市と港市をノード、隊商路と航路をエッジとするネットワーク構造といえる。ラクダと船を運搬手段としてネットワークを流れていくのが、ヒト・モノ・情報である。オアシス都市また港市も、ともに水質のよい飲料水の安定供給を重要な機能としていて、その供給可能量がノードの成立基盤として大きくはたらいていた。オアシス都市と港市は交易ネットワークのノードであるだけでなく、その集散機能をもとに周辺一帯を領域とする政治権力の拠点へと成長する。それが、オアシス都市国家であり、港市国家である。

## 二つの「船」——沙漠のラクダと海の船

もちろんこのような同形性だけでなく、両者のあいだには異形性も存在する。まずネットワーク構造の可変性である。港市をむすぶ航路は、必要におうじて経路を自由に変更できる可変性をもつ。これに対してオアシス都市をむすぶ沙漠の隊商路は固定的であり、このような可変性に欠ける。そのためネットワーク構造のかたちでいえば、沙漠はツリー型であって、おなじルートの往還を基本とするのに対して、海洋はサーキット型であって、往復と同時に異なったノードへの直進・周回も可能である。

さらにもっとも重要な異形性は、輸送力の相違にある。ラクダ・キャラバンと船とをくらべると、両者の積載運搬量は大きく相違する。そのため海洋の船は、重量大・単価小の日常生活財も運搬して交易品へと転化しうる。しかしラクダのキャラバンは積載力が小さいため、重量大のモノは輸送対象とはできない。この積載運搬量の相違が、交易のあり方に大きく影響する。沙漠のラクダ輸送は、輸送負担力の小さな軽量かつ高価な商品、具体的には奢《しゃ》侈《し》・贅《ぜい》沢《たく》品を主体とせざるをえない。「シルクロード」という名からただちに絹あるいは正倉院御物を連想するのは、沙漠のラクダによる交易が本来そのような奢侈・贅沢品に特化していたからである。極端にいえば、それは、交易ネットワーク上のオアシス都市の庶民生活とは無縁のものであった。

これに対して海洋の船舶輸送は、奢侈・贅沢品だけでなく多様な日常生活財も対象とする。たとえば各種の食料品・燃料材・安価な綿製品などである。それは、奢侈・贅沢品の交易と同時に港市の日常生活と密着した輸送であった。多様な交易品を積載できるという船舶輸送の特質は、沙漠とは異なって航路を自由に設定できるという海のネットワークの可変性と相乗しあって、海域世界の活動をいっそう活性化していく。

## イスラーム帝国の出現

本題にもどるとイスラーム帝国は、陸域だけでなく、このような意味での海洋をとりこんだ帝国でもあった。とりわけメソポタミア平原とペルシア湾に根拠地を移して七五〇年に成

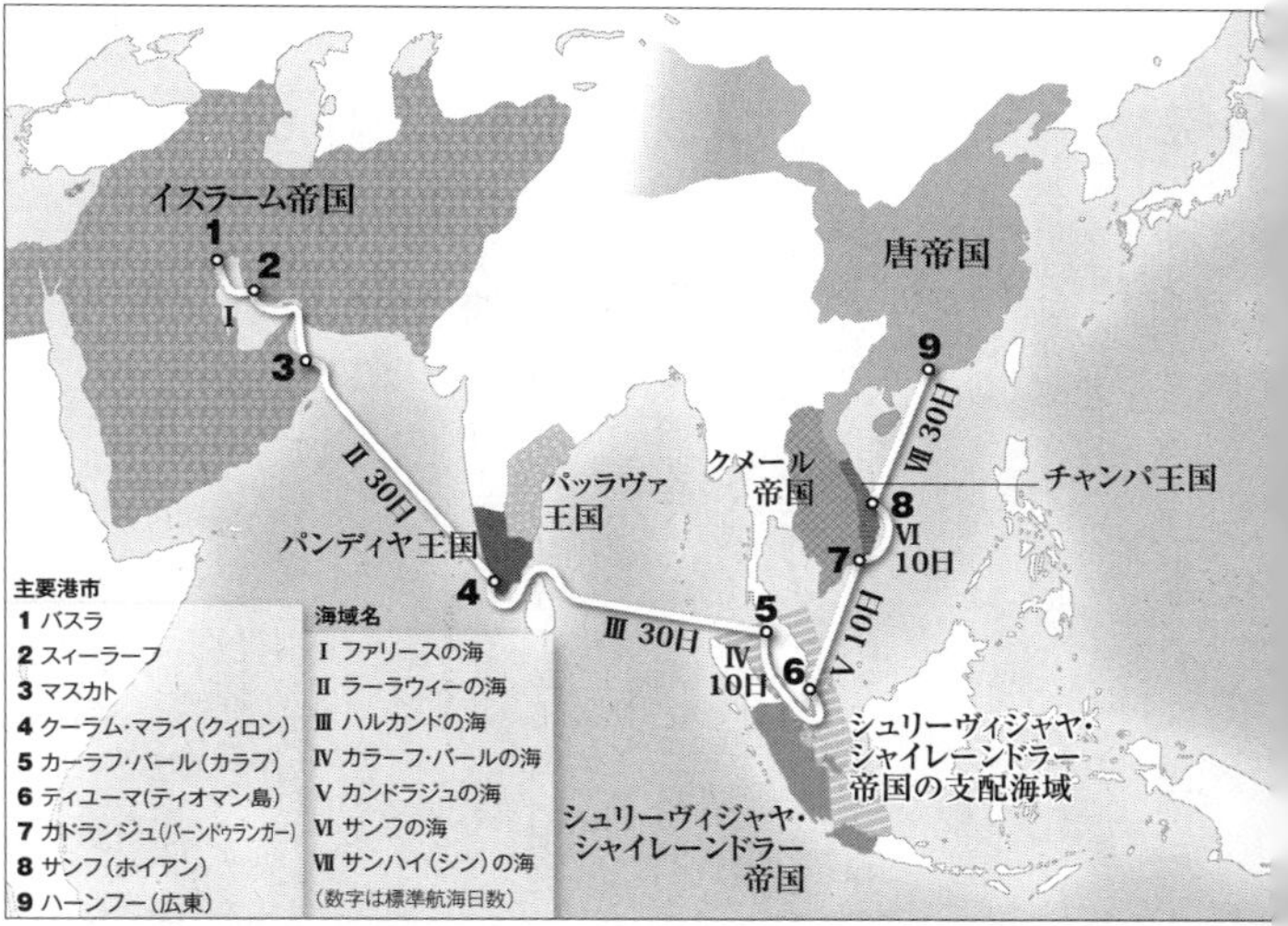


８世紀頃の文明圏帝国と海上ルートの所要日数　〈ペルシア湾―中国〉間のムスリム航海商人の海域認識と航海に要した日数を示す。家島彦一訳注『中国とインドの諸情報１』（平凡社、2007年）およびM.Penkalaにもとづき作成

立したアッバース朝は、その性格が顕著であった。日本でもよく知られている『千夜一夜物語』の「船乗りシンドバッド」の航海奇譚は、イスラーム帝国がもつ海洋帝国としての側面を物語っている。シンドバッドは、同王朝の首都バグダードの豪商であったとされる。

こうして八世紀中期には、文明圏を基盤として「大海域世界」の関係陸域に諸帝国が成立していく。それらを、「文明圏帝国」とよぶことにしたい。八世紀後半をとって東方からみると、東アジア世界には唐、東南アジア大陸部にはクメール、同島嶼部にはシュリーヴィジャヤ・シャイレーンドラー、インド半島には先述の留保を付してパッラヴァ、西アジアと地中海南岸一帯にはイスラーム、そして地中海北東部にはビザンツという諸帝国が、「文明圏帝国」として関係陸域と海域を包括して成立する。それによって「大海域世界」にまたがる「文明圏帝国のもとでの平和」が実現され、「大海域世界」内の相互交流がいちだんと活性化する。

**ペルシア湾、スィーラーフの繁栄**

ペルシア湾北岸中部のスィーラーフ（前頁図の主要港市2）は、八〜一〇世紀に、東は広東、西は東アフリカ中部海岸のキルワにまでおよぶ「大海域世界」の広大な交易ネットワークの結節点として繁栄する。家島によれば、スィーラーフは当時のインド洋海域世界で最大の国際交易港であったという。九世紀後半から一〇世紀初のスィーラーフあたりのアラブ・ペルシア系航海商人の著作とされる『中国とインドの諸情報』は、彼らの海域認識とスィーラーフから広東への航海ルートを記載する。それを整理すると、前ページの図のようになる。

同書から、彼らが「大海域世界」の内部を七つの海域に区分していたこと、各海域の東端に目標とする主要港市が位置していること、それらの港市が各海域の連結結節点をなしていたこと、「順風ならば」ペルシア湾を出てから広東までの所要日数は約一二〇日であったことなどがよみとれる。

またそれらの主要港市では、交易と同時に、かならず井戸から「真水」・「良水」が補給できることを記載している。航海時の飲料水調達が良港成立の重要条件であったことを物語る。図で主要港市が海域境界帯に位置していることは、これらの条件によって説明できる。

アラブ・ペルシア系航海商人たちはスィーラーフと広東を往還し、当時の広東は「大食《たーじー》船」・「波斯《はし》船」また「天竺《てんじく》船」などが参集する国際港市であった。しかし逆に中国商人また中国船が、この時期にスィーラーフをはじめとするペルシア湾の港市を訪れることはなかったとされる。中国商人の進出西限は、古代とおなじくマラバールであった。〈インド洋を東西に二分すると同時に、両者を統合する〉というマラバールのもつ地理的要衡性が、この時期にも東方からの進出に関しては持続していたことを示す。

**ジャワ島ボルブドゥール遺跡の帆船レリーフ**
階段状ピラミッドの回廊を飾る浮き彫りのひとつで、南インドからジャワへの植民者の渡航船と思われる「天竺船」が風をはらんで帆走している。２本の主帆柱と１本の副帆柱に加え、大きなアウト・リガーを備えた構造船であることがわかる。８世紀〜９世紀中期。著者撮影

## 東と西の農耕「インド化」

これまで〈「大海域世界」における東西交流の結節場〉というマラバールのもつ性格を強調してきた。しかしマラバールをふくむインド半島南部は、たんに外方からの交流ベク

トルを交会させるだけでなく、そこを起点として周辺海域に独自のベクトルを放散するセンターでもあった。すでにふれたパッラヴァ王国の成立期からはじまる東南アジアの「インド化」は、その東方への発信を示す好例である。ここでは話題を農耕に限定して、〈インド半島＝インド洋海域世界における発信センター〉の役割の一端を述べたい。

この時期の東南アジアでの農耕の「インド化」は、日本では長粒米としてしられるインディカ型イネの伝播である。それ以前の東南アジア大陸部の稲作は、日本などとおなじ短粒米のジャポニカ型イネを主体としていた。この時期に東南アジアの稲作農耕は、広大な平原さらには過湿なデルタに進出していく。それを可能にしたのが、インド半島からの低湿環境への適応力の大きなインディカ型イネの導入であった。しかもその導入は、整地過程の犂耕《りこう》技術をはじめとする一連のインド的農耕技術複合をともなっていた。付言すれば、インディカ型イネは、一二世紀ころに東アジア海域世界をつうじて、「占城（チャンパ）米」の名で中国江南に、さらに「大（太）唐米」の名で日本にも伝来する。日本でも、それは海岸部の新規干拓田用のイネとして導入されていく。

またインド半島は、同時期の西方に対しても、農耕技術の発信センターの役割をはたす。「大海域世界」最大の港市スィーラーフの繁栄は、ゆたかなメソポタミア平原を根拠地とするイスラーム帝国・アッバース朝の外港という機能を基盤としていた。当時のメソポタミア平原のゆたかさは、農業的には、チグリス・ユーフラテス川を用水源とする灌漑《かんがい》の拡充、それによる夏冬二毛作の成立にあった。しかし基本的に冬雨型の乾燥地帯に属する西アジアの栽培作物は、ムギに代表される冬作物にほぼ限定されていた。西アジアに欠けていた夏作物を供給したのが、インド半島であった。この時期にインド半島からインディカ型イネ、サトウキビ、ワタ、各種のマメなどの多様な夏作物が伝播し、それをもとにしてメソポタミア平原の灌漑地帯に夏冬二毛作を基軸とする農業集約化が実現する。つまりインド半島は、インド洋海域世界の東西両方向への農耕イノベーションの発信センターであった。

## モスレムの海

「文明圏帝国による平和」は、帝国自体の変転があったとしても、一〇世紀以後も持続した。一三世紀のユーラシアの海陸にまたがるモンゴル帝国の成立は、「大海域世界」の交流をさらに活性化させる。同帝国の最盛期にあたる一三世紀末にいわゆるマルコ・ポーロが、中国からの帰途に海路でマラバールに来訪する。彼は、同地の産品をくわしく記すと同時に、現在のカナノール付近とされるエリに中国船が来航することを述べている。また一三四二年にマラバールを訪れたイブン・バットゥータも、中国からのジャンク船が来航するのはヒーリー（前記のエリにあたる）までとしている。彼自身も、その南方のカリカットで中国のジャンク船に乗りかえて東方に出立する。

しかし一三六八年のモンゴル帝国の解体は、「大海域世界」の構成を大きく変える端緒となった。それは、とりわけ「インド化」された東南アジアで顕著に進行した。これ以後、東南アジアの島嶼部はイスラーム化し、また大陸部は南方上座部（小乗）仏教化していく。これらの変容は、それぞれアラビア半島とスリランカからの海の交流ルートをつうじてほぼ平和裡に進行したものであった。とりわけ島嶼部のイスラーム化は、交易機会へのより確かな参入という海域世界の行動原理にささえられたものであった。こうしてインド洋は、以前にもまして「モスレムの海」という性格をつよめていく。

この時期にもマラバールは、「大海域世界」の交会・結節場でありつづけた。マラバールのこの性格は、さらに大航海時代の到来まで持続する。東の中国から一四〇五年に第一回南海遠征に出立した鄭和《ていわ》も、また西のポルトガルから一四九七年に喜望岬を周回してインドへの到達をめざしたダ・ガマも、ともに当時のマラバールの中心港市カリカットに最終目的地を設定していた。

## 「西洋」コーカソイドの海洋進出

### 中国とポルトガルの「挑戦と応答」

ここで、「西洋」に拡散したコーカソイドの海洋進出についてみることにしたい。彼らが停まった前面の海は、「冷たい海」であった。その海上活動は、ながく縁海や「地中海」を中心とした「陸域にとりこまれた海域」にかぎられてきた。地中海や北海・バルト海である。「西洋」コーカソイドが眼前によこたわる大西洋へと本格的に乗りだすのは、一五世紀になってからである。「温かい海」に属する南太平洋やインド洋へのモンゴロイドまた「中洋」コーカソイドの進出にくらべて、その進出ははるかに遅れる。

彼らの海洋進出が、人類史的意味をもつ地球規模での「移動と定住」として小論の冒頭であげた［Ⅲ］ヨーロッパ人の拡散である。それに先行する［Ⅰ］現生人類の「出アフリカ」と［Ⅱ］モンゴロイドの拡散が、ともに人類の無住地帯へのエクメネ拡大であったのに対して、［Ⅲ］は、圧倒的な軍事的優位を背景とする既存エクメネ空間への海からの「移動と定住」であった。それが、「西洋」コーカソイドによって遂行される。

すでに指摘したように大西洋への進出は、「西洋」のなかではもっとも「温かい海」に属するポルトガルとスペインによって開始される。ここでは、ポルトガルのインド洋海域世界への進出に話題を集中したい。

その進出は、歴史の文脈を無視して小説風にいえば、二重の意味での中国からの挑戦に対するポルトガルの応答であった。その最初の意味は、世界図における「挑戦と応答」である。中国で流布していた地図をもとに、一四〇二年に朝鮮王朝で世界図が作成される。「混《こん》一疆理《いっきょうり》歴代国都之図」である。同図は、アフリカを海に囲まれた大陸として描いた現存最古の世界図とされる。「西洋」では、すでに古代ギリシアのヘロドトスが、その著『歴史』でアフリカが大洋に囲まれているのは「常識」だという意味のことを記していた。しかし一五世紀初頭の「西洋」では、サハラ以南のいわゆるブラック・アフリカは未知なる存在であった。このような状況のなかで環海大陸アフリカの描出が、アフリカからとおく離れた「東洋」でなされるのである。それは、地図史上での「東洋」から「西洋」への挑戦であった。

これに対するポルトガルのまさに一〇〇年後の応答が、一五〇二年に作成された「カンティーノ図」であった。同図は、実測によってアフリカを環海大陸として描出すると同時に、彼らの「インドへの海道」を誇示したものであった。

### 鄭和の南海遠征

第二の「挑戦と応答」はより直接的で、インド洋海域世界をめぐる明代中国の挑戦に対するポルトガルの応答であった。明代中国は、初期においては、海陸にまたがるモンゴル帝国の継承をめざして、一四〇五年から鄭和の指揮のもとで南海遠征を開始する。それは、大明帝国が成立したことを告知し、中国への朝貢をうながすための示威航海であった。明代中国は、インド洋海域世界に「われらの海」として参入していったのである。鄭和の南海遠征は、一四三三年までの二八年間に七次にわたって実行された。

その遠征の画期性は、中国艦船が東方からマラバールを越えて、インド洋西部海域世界に深く乗りいれた点にある。これは、マラバールまでが中国のジャンク船の活動範域という古代以来のインド洋海域世界の秩序分担を東方から打破する動きであった。すでに「モスレムの海」となりつつあったインド洋の東部と西部の両海域世界を、単一の海域世界に中国から再編する試みであった。鄭和自身がユンナン（雲南）出身のモスレムであり、同海域世界のイスラーム・ネットワークに参入するのは容易なことであったであろう。

一四一三〜一五年の第四次遠征では、彼らは東アフリカに達している。その最遠到達地

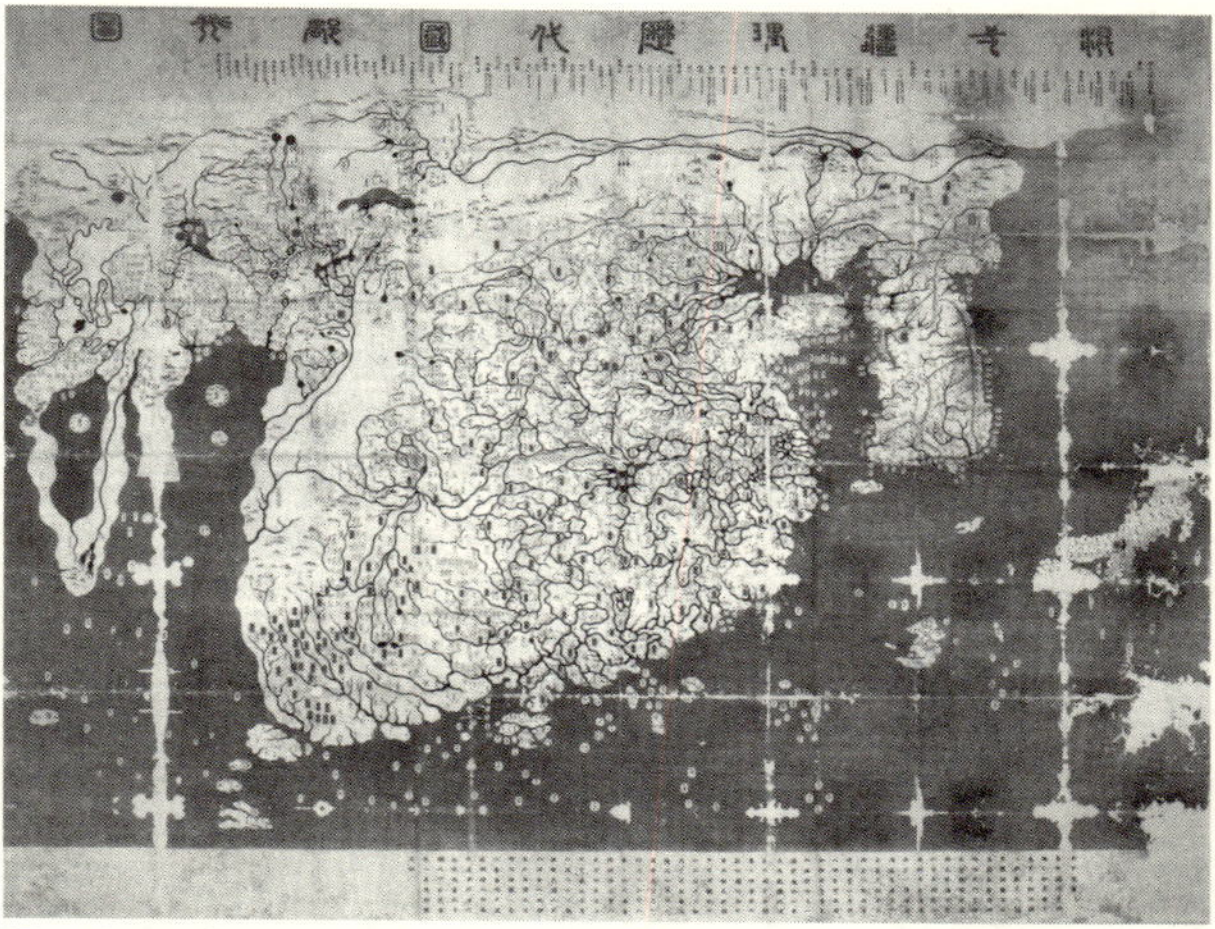

混一疆理歴代国都之図　14世紀半ばの中国製のふたつの地図を、1402年に朝鮮王朝が合成・増補し作成した世界図で、アフリカを環海大陸として描く現存最古の世界図。左端がアフリカ大陸。島原市・本光寺蔵

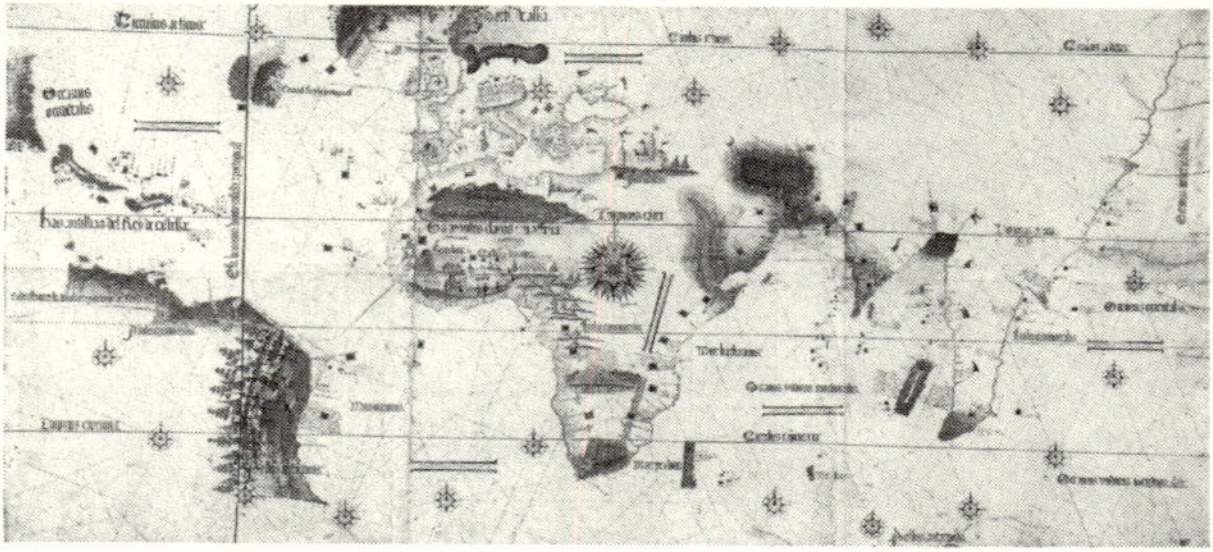

カンティーノ図　アメリカ大陸東部から東南アジアまでを描く。実測にもとづく世界地図としては現存最古のもの。1502年。イタリア・モデナ市、エステンセ図書館蔵

マリンディの海岸に立つダ・ガマ建立の十字架　二重基壇上に立つ。すでに彼らの到来の84年前、さらに76年前、66年前にも、鄭和の宝船艦隊がこの沖合を埋めつくした。著者撮影

は、現在のケニア北部海岸のマリンディ（麻林）であった。このときマリンディは、中国に朝貢使節団を派遣する。彼らは、キリンをともなっていた。「キリン」はマリンディでの通称であるが、発音が「麒麟《きりん》」という中国での架空の瑞獣とおなじということで大歓迎された。さらに鄭和の艦隊は、一四三一〜三三年の第七次つまり最終遠征の際にもマリンディを訪れる。

## 西からの「インドへの海道」

これに対して、逆に西方からインド洋海域世界さらには「大海域世界」東端にまで進出しようとしたのが、ポルトガルであった。すでに一三四一年にカナリア諸島の探索を開始して以来、ポルトガルも「インドへの海道」を模索してきた。鄭和の最遠到達地マリンディは、ポルトガルにとっても記念すべき場所であった。そこは、ダ・ガマが第一回航海で到達したアフリカ大陸の最遠地点であった。彼らは、マリンディ王にインド人の水先案内人をあっせんしてもらって、カリカットをめざしてインド洋横断航海に出発する。カリカットは、鄭和の第一〜第三次遠征での到達目標であった。ダ・ガマも、鄭和を追うかのように、そこを「インドへの海道」の最終目的地とした。インド洋海域世界をめぐる

中国とポルトガルの「挑戦と応答」である。

　ダ・ガマがマリンディを出発したのは、鄭和艦隊の最後の訪問から六六年後のことであった。このときには、マリンディでは鄭和の大艦隊の記憶も残っていたであろう。彼らは、ダ・ガマたちの船があまりに小さいことに驚いたかもしれない。しかし明代中国は、永楽帝の死後、「南海遠征」を中止する。以後、中国の大艦隊がインド洋海域世界に派遣されることはなかった。

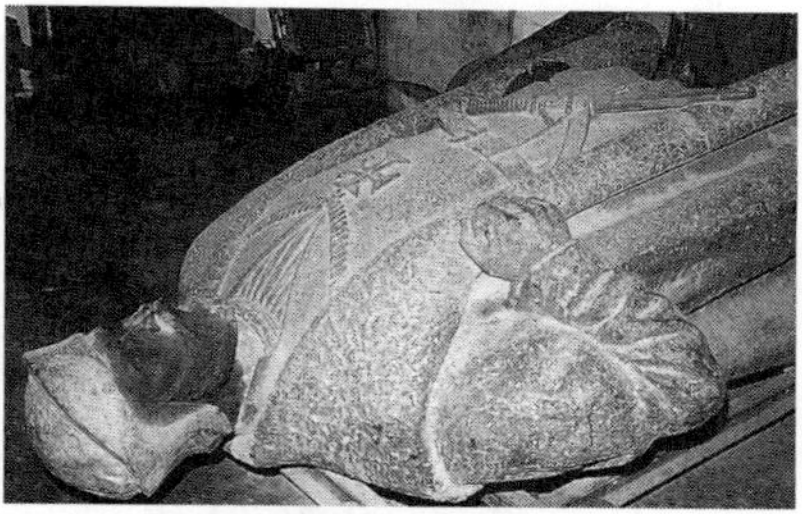

**モザンビーク島のダ・ガマの銅像**　撤去され、博物館倉庫に放置されている。彼は残忍な行為の数々により、インド洋海域世界では悪名たかい。しかし16世紀の同じポルトガルの詩人カモンイスの銅像は、いまもインド洋をのぞむ海岸に立つ。著者撮影

　ダ・ガマの成果をもとに作成されたのが、一五〇二年の「カンティーノ図」であった。同図は、各地の地名とともに商業情報をこまかく記入している。そのなかで、とりわけ大きくあつかわれているのがカリカットとマラッカである。マラッカに関する説明のみを紹介すると、「この都市にはすべての商品があり、ここからカリカットに送られてくる。すなわち丁字《ちょうじ》、安息香、沈香《じんこう》、白檀《びゃくだん》、蘇《そ》合香《ごうこう》、大黄《だいおう》、象牙、非常に価値のある宝石、真珠、麝香《じゃこう》、精妙な磁器、その他の多くの商品など、これらのほとんどは、外部とりわけ中国方面から運ばれてくる」

と記している。ここには、「大海域世界」における交会・集散結節場マラバールの中心港市カリカット、インド洋東部と東南アジアの両海域世界の結節点マラッカ海峡の中心港市マラッカの重要性、さらには中国の存在の大きさが指摘されている。ダ・ガマ以後のポルトガル人のインド洋海域世界への進出がマラッカをめざしたのは、当然であった。

一五〇九年に、ポルトガル艦隊がマラッカに来航する。このとき彼らは、マラバールを境とするインド洋海域世界の東西秩序を無視して、ポルトガルのカラック船でベンガル湾海域世界に乗りいれる。かつて鄭和が中国のジャンク船で東方からおこなったとおなじことを、彼らは西方からおこなったのである。しかし鄭和の遠征がインド洋海域世界のイスラーム・ネットワークと共生するものであったのに対して、一五一一年のポルトガルのマラッカ攻略は同ネットワークの壊滅・奪取をめざしたものであった。その延長上に、一五五七年のマカオ定住権の獲得があった。そしてそれへの中国の応答が、一九九九年のマカオ返還の実現である。このとき中国とポルトガルの「挑戦と応答」は、ピリオドを打った。

### ヨーロッパ列強の海域進出

ポルトガルのインド洋海域世界への進出は、歴史をつうじて持続してきた「大海域世界」を解体させ、ヨーロッパ列強による新たな世界システムの権力的再編の端緒となった。ポルトガルについで、ヨーロッパ列強が「大海域世界」とりわけインド洋海域世界に進出してくる。それをめざして、一七世紀になると東インド会社がヨーロッパ各国に設立されていく。

イギリス（一六〇〇年）、オランダ（一六〇二年）、フランス（一六〇四年）、デンマーク（一六一六年）、さらに一八世紀になってのオーステンド（ドイツ、一七二二年）、スウェーデン（一七三一年）などである。いずれも自身の商館を各地に設置し、「大海域世界」は「ヨーロッパ人の海」と化していく。

その進出は、当初は重商主義的なものであった。彼らは、歴史をつうじて「大海域世界」が形成してきた既存の港市だけでなく、地元産品の集散と搬出の便をもとめて沿岸各所に商館を建設していった。その一例として、オランダがインド洋・東南アジア・東アジアの諸海域に建設した主要商館の分布図を一八一ページに示した。図は臨海部に位置する主要商館のみを示しているが、いかに多くの商館が存在していたかが分かる。

東南アジア史家リードは、この時代を「大交易時代」とよぶ。ヨーロッパ列強だけでなく、「大交易時代」の利益をもとめて在地国家も変容していく。その典型的な例が、タイである。タイ族が最初に建設した国家は、スコータイを根拠地として一二二〇年ころに創始されたスコータイ王朝であった。スコータイは、北部の山地が尽きて内陸平原へと移行する地点に位置している。一三五一年に同王朝にかわって成立したタイ族の王朝は、根拠地をアユターヤーに移す。アユターヤーは、チャオプラヤー川へと二つの支流が合流する河川交通の結節点であると同時に、大型帆船の遡航限界に位置する。アユターヤーは、すでに一四世紀ころからチャオプラヤー川水系の交易センターであった。アユターヤー王朝は、同地の交易機能をデルタの稲作とならぶ経済基盤とした商業国家でもあった。さらに現王朝のチャクリ朝は、一七八二年にデルタ末端の臨海地バンコクを根拠地として創始される。〈スコータイ↓アユタヤー↓バンコク〉というタイ族国家の政治中心の移動は、地形的には〈内陸平原↓新旧両デルタの境界↓臨海の新デルタ先端〉という立地遷移であると同時に、海域と港市を舞台として活発化する「大交易時代」へのタイ族国家の積極適応であった。

## 海の技術革命と現代

### 蒸気船の登場

この重商主義的な状況は、一九世紀になると大きく変化していく。その動因は、〈輸送技術の革新＝蒸気機関と輸送手段の結合〉であった。具体的には、海域における蒸気船、陸域における蒸気鉄道の登場である。蒸気船は、風や海流に依存しない自力航行、風待ちなどの休航期間の短縮と運行の定期化、船の大型・高速化、航続距離の増大などを実現した。それらのイノベーションは、次ページの図に示されるような帆船時代の稠密な商館網さらには港市配置を不要なものとした。

さらに蒸気船に対応するため、港市にはあらたな条件が要求される。それは、水深が大で大型化した蒸気船の出入港が容易なこと、近代的な埠頭や給炭・給水施設の建設が可能なこと、また港湾の大規模化にみあった大きな後背地が存在することなどである。これらの条件をみたしうる港市は、かぎられている。帆船時代の港市は、海賊をはじめとする外部からの

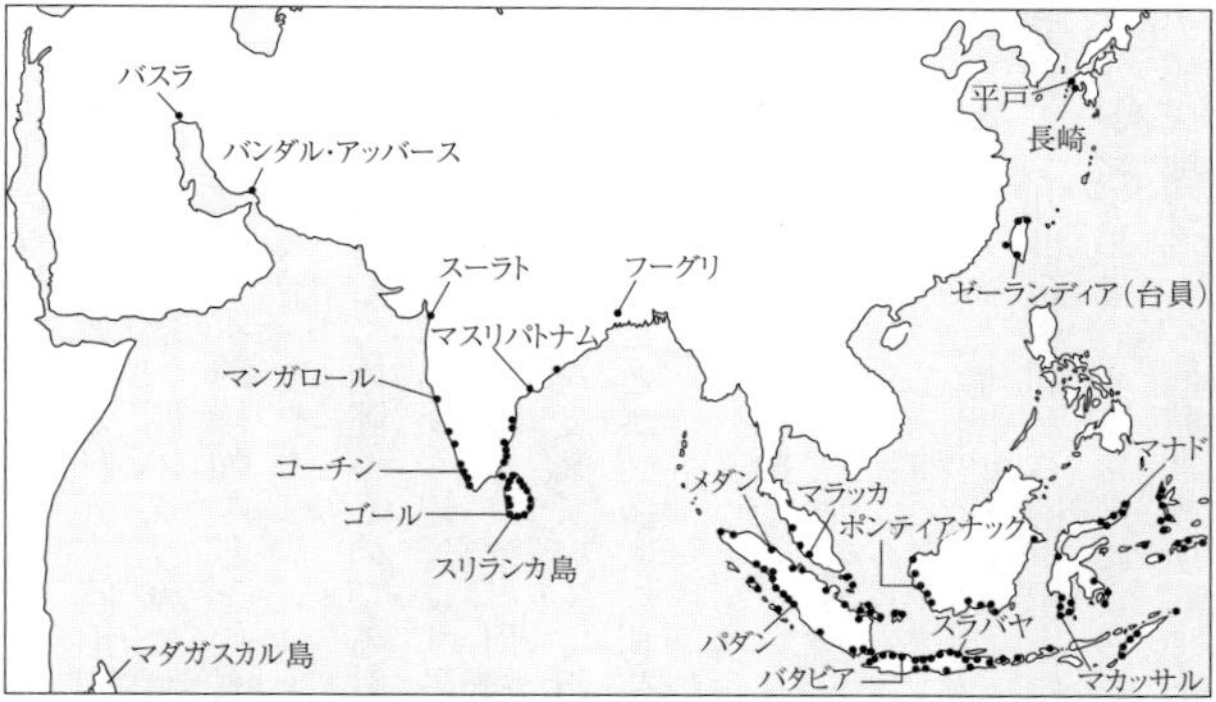


**インド洋海域世界周辺のオランダの主要臨海商館**　すべてが同時期に存在していたわけではない。西アジアの海岸に分布が少ないのは、オランダの航海路がマダガスカル島の沖合からスリランカ島に直行し、東インド領（現インドネシア）へ向かうためである

襲撃や略奪をさけて、陸域に接する小島嶼や小河川の河口部に位置するものが多かった。それらの港市は、蒸気船が要求する「良港」条件を満足させることはできない。

この趨勢のなかで、うしろに後背水路がつらなり、後背地も狭小な海岸平野にかぎられるマラバールの諸港市は、かつての栄光をうしなっていく。その結果、「良港」条件をもつ少数の特定港市への投資の集中、いいかえれば港市の淘汰が本格的に開始される。このとき選択された「良港」は、大々的な築港工事によって近代的港湾へと成長する。インド半島でいえば、ムンバイ、チェンナイ、コルカタである。

築港工事は、近代的埠頭の建設と同時に、埠頭への鉄道ひきこみ線の建設を重要な目的としていた。近代的な港湾施設をもつ新たな港市は、海域と陸域の双方での蒸気力利用の交通輸送機関が接続する水陸結節点として登場する。このとき、島嶼に立地していた重要港市も放棄され、大陸沿岸への移動を余儀なくされる。アジアではその好例はないが、アフリカでは、西アフリカにおけるサン・ルイからダカールへの移動、またモザンビークからマプートへの移動などを代表例としてあげうる。蒸気鉄道は、陸域において、前記の帆船から蒸気船へのイノベーションが海域において実現したものと同じ役割をはたす。近代港湾を起点として内陸へとのびる鉄路は、その沿線一帯の農産物や鉱産物などの第一次産品の開発・搬出を容易かつ迅速にする。後背地空間が大きく、潜在的内陸資源の発見・開発可能性が大きいほど、ヨーロッパ列強の国益にかなうことになる。このことは、内陸地帯のもつ政治経済的意味を変えていく。近代港湾を起点として内陸一帯を自らの領域つまり植民地として支配することが、多大な利益をうみだしていく。

## 点から面への支配転換

このとき、ヨーロッパ列強の大海域世界への関与のありかたが大きく変換する。〈港市＝点〉をつうじての交易機会への参入という帆船時代の重商主義的な関与から、〈植民地＝面〉の支配という蒸気機関時代の帝国主義的な関与への変換である。その結果、「大海域世界」でも、一九世紀中期から同世紀末にかけて、イギリスによるインド亜大陸、フランスによるインドシナ半島、オランダによるジャワ島以外の外島などの植民地化が進行する。アフリカの植民地分割も、同時期の所産であった。一九六〇年代に「離陸（take off）」概念を提唱したアメリカの経済学者ロストウは、日本をふくむ当時の先進国にとっては、「鉄道の時代」の到来が「離陸」の指標となることを提唱した。しかし非ヨーロッパ諸国の多くにとっては、「鉄道の時代」の到来は「植民地化」の指標であった。

港市の累々たる淘汰のうえに、新たな港湾都市が近代的な埠頭施設と鉄道起点施設を兼備して成長していく。一方、点から面への支配の転移いいかえれば植民地支配は、異民族統治のためのあらたな装置を必要とする。このときヨーロッパ列強がもちこんだのが、「法による支配」であった。「法による支配」は、紙片に印刷された法令だけでなく、法の権威を顕現する装置を必要とする。その可視的な顕示施設が、権力的支配のための政庁・総督官邸、その権力行使を担保する高等法院などの公共建造物であった。これらの壮大な権力施設は、ヨーロッパでの正統建築を基本モデルとし、現地の建築ボキャブラリーを付加して建設される。コロニアル建築である。港湾都市は、支配権力の所在を顕示する権威主義的建造物と一体となって、近代植民都市へと進化する。

**コロニアル建築**　ニューデリーのインド連邦政府政庁（旧英領インド帝国政庁）。ヨーロッパ古典様式とインド在来様式との混成。ムガル様式の入り口を囲む枠石列には、「自由は、人民に降下してくるものではない。自らを高めることによってのみ、人民は自由に到達しうる。自由は、努力によって得られ、謳歌できる恩寵である」と刻されている。著者撮影

第二次世界大戦後、かつての植民地は地球規模で独立を達成した。それらの新興独立国家は、旧宗主国の領域・人民をひきつぐ継承国家として出発する。と同時に、旧宗主国が建設した近代植民都市を首都として継承する。それを母体として、一極集中と過剰都市化をともないつつ、近代植民都市はメトロポリスへとさらに増殖・巨大化していった。ムンバイ、ジャカルタ、ホーチミンなどにみられるように、その趨勢は、二一世紀になってますます加速されつつある。それが、海と陸での蒸気力利用の交通輸送機関の登場がもたらした現在における重要な帰結である。

### ヨーロッパ人の拡散による世界再編

ここで、人類の「移動と定住」の第三段階とした［III］ヨーロッパ人の拡散がもたらした地球規模での帰結についてふれておきたい。ごく一部をのぞいて、彼らの「移動と定住」は、海をつうじてなされた。それによって、長い人類の歴史をつうじて構築されてきた世界編成が大きく変貌した。その波動中心・ヨーロッパを別にすると、変貌の度合いをもとに、現代世界はつぎの三つの空間に分類できる。

①北方アジア・南北アメリカ・オーストラリアのモンゴロイドの拡散空間――「西洋」コーカソイド集団の圧倒的な軍事力また彼らが将来した感染症によって、先住のモンゴロイド集団は致命的な打撃をうける。彼らの「移動と定住」によって人口も極度に減少し、「西洋」コーカソイドの圧倒的な優位のもとに「新ヨーロッパ」あるいは「拡大ヨーロッパ」という

名称がふさわしい空間へと一変する。

②アフリカのネグロイド集団の拡散空間——南アフリカなどをのぞいて、「西洋」コーカソイド集団の「移動と定住」はほとんどなかった。しかし彼らの到来によって、国家形成などネグロイド集団の自生的な歴史展開が否定された。その重要な衝撃が、奴隷交易によるネグロイド集団の分断と人口減少であった。一九六〇年代の独立達成は、歴史展開を無視して、「西洋」コーカソイドによって人工的に分割・扶植された植民地空間の領域と統治権の継承にすぎず、国民統合なき「領域・主権国家」群の創出にとどまった。そこに、現在までつづく貧困と「破産国家」的情況の根源がある。

ラゴスの旧黒人奴隷取引所　ポルトガル南西端のラゴスは大航海時代の拠点港市で、早くも1441年にヨーロッパ最初の黒人奴隷取引所が開設された。著者撮影

③北方をのぞく「東洋」のモンゴロイドと「中洋」コーカソイドの拡散空間——少数の地域、たとえばマレー半島、ミンダナオ島、パレスティナなどをのぞいて、「西洋」コーカソイドの到来によって先住民社会が決定的に変貌することはなかった。彼らによる植民地化も、それを歴史のなかの一エピソードと化しうる強靭な社会を持続した。

## 「海＝自由な空間」の終焉

いっぽう海も、陸域の変貌と無縁ではありえなかった。人類史をつらぬく「移動と定住」のうち、陸域は「定住」に、海域は「移動」に特化した歴史の舞台であった。〈支配―従属〉関係からみれば、この関係への包摂が容易なのは「定住」である。「定住」にくらべて捕捉しがたい「移動」は、〈支配―従属〉関係から相対的に自立しうる余地が大きかった。「移動」に特化した海域は、陸域よりも自由が許容される人類の舞台であった。

海は領域観念とは無縁の自由の空間であり、港市はその海域と陸域との接点であった。多様な目的で海に乗りだしたさまざまな人間集団が参集して、多様な交易・交流に従事する場が港市であった。言語・習慣・通貨・商慣習などを異にする彼らの利害を調整しつつ、交易活動を円滑におこなって港市としての機能を十分に発揮していくためには、陸域の〈支配―従属〉関係とは異なった工夫が要請される。インド洋から東南アジアへとおよぶ海域世界の港市に共通するその工夫が、自治的な港市管理者のもとで港市を運営するシャー・バンダル（ペルシア語で「港の王」の意）制であった。同制度の詳細は港市によって相違していたが、植民地化以前の東南アジアの諸港市でのシャー・バンダルの基本的な役割と任務は、つぎのように要約できる。

①来航した船長・交易商人と接見して彼らの来歴・目的・積み荷などを確認したうえで、港市支配者に身元を保証する。

②取引の監督責任を負うとともに、課税額を決定し、徴収する。

③港市での通運制度とその運営の責任を負う。
④港市の倉庫と保管商品を管理し、その保管責任を負う。
これらのシャー・バンダルの役割は、陸域支配者の統治行為の代行という側面もあったが、①〜④の遂行にあたっては自治的な権限をもち、それらをつうじて港市の円滑な運営にあたっていた。

このような植民地化以前のインド洋〜東南アジア海域の諸港市のシャー・バンダル制からただちに連想されるのは、中世から近世への過渡期における堺である。当時の堺を語るとき、自治的な都市運営がかならず言及される。その運営にあたって中心的役割をはたしたのは、納屋《なや》衆または会合《えごう》衆とよばれる堺在住の豪商たちであった。彼らは、背後の陸域を貫く〈支配—従属〉関係から相対的に自立し、自治的な港市の運営をおこなっていた。もちろんそれは領主権力から完全に自立したものではなかったが、当時の堺が自治都市・自由都市的な特質をもっていたことは否定できない。堺は、シャー・バンダル制を共有しあうアジアの諸港市の系譜につらなる自治的都市であった。東南アジアの港市のシャー・バンダル制も、また堺の自治制度も、ともに植民地化あるいは近世権力の確立のなかで変質・消滅し、陸域の支配権のもとに編入されていく。それは、海また港市の活動を担保してきた自由の喪失であった。この趨勢は、陸域が植民地として囲いこまれていったのと同様に、陸域国家による「海のエンクロージャー」へと進展していく。領海の設定、さらに領海外の距岸二〇〇海里までの排他的経済水域の設定が、その例である。

「海のエンクロージャー」の背後には、「移動」に特化した人類の舞台であった海のもつ意味の変化がある。とくに第二次世界大戦後、海を舞台とする「移動」はかつてのようにヒトとモノの双方に関わるものではなくなった。現在ではヒトの「移動」の中心舞台は、空に移ってしまっている。海は、極端にいえばヒトの「移動」とは無縁な存在と化してしまった。それが、海を単にモノが移動し、水産資源をふくめて資源としてのモノをもとめる空間としてしまった。本来は自由な公海であるべき海域への排他的経済水域の設定は、それを端的に示している。

**【学術文庫版の付記】**

この章では、海洋をめぐる現在の動向として、「海のエンクロージャー」の進行と「海＝モノの移動と資源獲得の場」への転化を指摘した。原本刊行後も、この二つは一体化して、さらに展開を加速させつつある。ごく狭小な島嶼であれ、その領有が周辺一帯に広大な排他的経済水域の設定を保証し、同水域の水産・鉱産資源の独占利用を許容する状況が、その背後にある。

二〇一四年に、中国は一帯一路構想を提唱した。そのうちの「一帯」は「二一世紀海上シルクロード」構想ともよばれ、中国から東アフリカまでの沿岸一帯を関係範域とする。その範域は、まさに一五世紀前半の鄭和の南海遠征の活動域と一致する。同構想は、海を介して沿岸諸国をむすび、経済協力をつうじて中国を中心とする巨大経済圏の形成をめざすとされる。その意図も、鄭和の南海遠征が大明帝国の成立を告知し、海陸にまたがるモンゴル帝国の継承を宣明する示威航海であったことを想起させる。しかし、巨額借款などをつうじて関係港湾の排他的用益権を中国が獲得するという動きがすでに生じている。それは、かつての大英帝国などヨーロッパ列強が租借地《そしゃくち》という名で港湾を支配した時代を連想させ、経済力による新植民地主義への動きともよびうる。

海洋自体も、深刻な複合疾患に苦しみつつある。その病態は、タバコをめぐる受動喫煙とおなじメカニズムで発生している。非喫煙者の受動喫煙被害は、室外との空気循環がまったくない密室空間で最大となる。地球は、完全な閉鎖系の密室空間だ。その密室のなかで、海域は、陸域が排出する二酸化炭素やメタンなどの温室効果ガスによる温暖化を一方的に受動喫煙する関係にある。その具体的な病態の一つが海水温の上昇で、平均海水温は二〇世紀をつうじて摂氏〇・五度上昇したと推定されている。〇・五度というと微少な上昇との印象を与えるが、広大な海水面全体の推定上昇値であり、まさに巨大な熱量を海洋が受動喫煙したことを意味する。

海水温の上昇は、「モノ」の移動空間としての海に新たな付加をもたらした。北極海の交通利用、つまり北極海航路の実現である。それは、かつて大航海時代への参入に遅れをとった北欧諸国が、喜望峰周回航路に対抗して開発しようとした航路であった。もちろん、その企図は成功しなかった。海水温上昇による北極海の融氷進行が、その開発を可能にした。ホッキョクグマの駆逐という犠牲のうえに、LNG（液化天然ガス）タンカーや貨物船が就航しつつある。

しかしこれは、海水温上昇がもたらす数少ない効用にすぎない。海水温の上昇は、海水の熱膨張をもたらす。それは、海水面の上昇と直結する。極域での融氷進行とあいまって、海水面は二〇世紀の一〇〇年間に年平均一・七ミリメートル上昇したと推定され、その上昇は今後もさらに加速していくとされる。それは、珊瑚礁島嶼を領域とする太平洋やインド洋の洋島国家の消滅という事態の発生さえ予測させる。日本の臨海大都市のゼロメートル地帯――厳密にはゼロメートル以下地帯――にとっても、それは深刻な問題となろう。

海水温の上昇はエルニーニョ現象また巨大台風の発生頻度を高め、それらを常態化しつつある。海水温とは、海の表層部分つまり海水面から十数メートルの範囲内の水温をいう。その上昇は、深層の低温海水との循環によって吸収されるとの観測もあった。しかし近年の研究によると、二一世紀になってから深層海水でも水温の上昇が観測され、海の複合疾患が不可逆的な段階へと進みつつあることを示している。その重篤化はたんに海にとどまらず、病原の陸域さらには人類への海の逆襲となりつつある。それは、〈海―人類〉関係史が新たな段階に入ったことを意味していよう。

# 第四章　「宗教」は人類に何をもたらしたか

森本公誠

# はじめに

## 日本人の宗教観の喪失

読者のみなさんは「宗教」という言葉から何を連想されるであろうか。おそらく、お寺や神社を思い浮かべる人、今世界で何かと話題になるイスラームを思い起こす人、かつてのオウム真理教のような怪しげなカルト教団をイメージする人、自分は無宗教だから関係ないと思う人、人によって実にさまざまな反応があろう。今から半世紀以上もまえのことであるが、筆者が学生のころには、マルクスの「宗教はアヘンである」という言葉やレーニンの「宗教は毒酒である」という言葉が流行していた。すでに僧籍に身を置いていた筆者としては、友人からこの言葉を聞くと、一部納得する反面、人類の歴史からすれば、そうとばかりもいえないのではないかと、アンビヴァレントな気分になったものである。第二次世界大戦の敗北から一〇年足らず、まだ戦後の混乱期を脱していない頃のことであった。

小学五年生で敗戦を迎えた筆者は、それまで天皇は現人神《あらひとがみ》であり、米英は鬼畜であると教えられ、それを信じきっていたが、敗戦をさかいに、小学校の先生がアメリカ万歳と唱え、天皇自身が自分は神ではないと宣言されたと聞いて、いったい大人たちの言うことはどちらが本当なのか、今まではうそだったのか、大人は信用できない、と子供心に不信感を抱いたものである。

振り返ってみれば、何事もいったんは疑いの目でもって眺めてみようという考え方は、このとき体に染みついたのかもしれない。したがって同僚の学生たちはむろんのこと、立派な大学教授までがマルクスやレーニンを崇拝し、ソヴィエト連邦万歳と叫ぶのを聞くと、胡散臭い話だと付いていく気になれず、しかしそうかといって、むろん対抗できる理論の持ち合わせがあるわけでもなく、『資本論』の新書版解説書を読んだりしたものだった。

明治維新以来、日本人の精神的支柱をなしてきたのは国家神道であった。それが敗戦後の日本を統治した連合国軍総司令部（ＧＨＱ）によって禁止され、日本政府は政教分離を徹底するよう迫られた。このことは、すでに敗戦によって精神的虚脱感に襲われていた大半の日本人をいっそう虚無感に追いやった。日本人の宗教観の喪失は決定的であった。むろん、人々はこうした状態から立ち直ろうとさまざまな道を模索した。ところが、とりわけ知識人たちのあいだで支配的となったのは、これまでの国家神道への反動からか、宗教は否定されるべきものとする考え方であった。

これに拍車をかける形になったのが憲法で規定された、国家および公的機関による宗教教育の否定で、条文の法解釈は宗教そのものを否定しているかのような誤解を生むことになった。宗教は古臭いものとなり、自分は無宗教だと誇らしげに標榜する知識人が多かった。だが、知識人がすべての日本人を代表しているわけではなかった。戦後にいわゆる新興宗教が続々と生まれたことは、心の救いを求める人々が如何に多かったかを示している。

## イスラームとの出会い

何事も功罪半ばするというが、おそらく宗教もそうした類なのであろう。キリスト教やイスラームの歴史に例を求めるまでもなく、われわれ日本人に身近な宗教観ですら、戦前から戦後にかけてのその価値観の落差は激しいものであった。筆者が同輩たちの宗教否定に反撥したのは、未熟ながらも一僧だったためなのか、それとも、もし僧侶でなければやはり時代の風潮に流されたか、今となってはわからない。ただ大学も専門課程に進んだとき、仏教にまつわる諸学を専攻せず、イスラーム研究を目指したのは、キリスト教や仏教にはない未知の世界をイスラームに感じたためである。イスラームは第二次世界大戦後の混乱した世界にあっても、なお人々の生活に深くしみこみ生きいきと脈打っているらしいと聞き、イスラームという宗教にはいったいどんな魅力があるのか、その意義を自分なりに究めてみたいと思ったのである。

もっとも宗教としてのイスラームにこだわりはもっていたが、イスラームの何を専門的に学ぶのかとなれば話は別である。イスラームはすでに一三〇〇年の歴史をもち、その間イスラームという宗教社会は、小規模な教団国家を巨大なイスラーム帝国へと発展させ、やがて国家としては分裂を重ねながらも、特色ある文化社会を築き上げた。この事実を踏まえれば、宗教としてのイスラームそのものよりも歴史の観点からイスラーム社会を見れば、イスラームの現実的な姿がより明らかになるのではないか、つまり、現実に起こった時間という篩《ふるい》にかければ、イスラームの実態がより明らかになるのではないか、そのように当時は考え、その方法論として社会経済史を選んだ。それが筆者のイスラーム研究の出発点となった。

それから半世紀以上が経ったが、今やイスラーム教徒は世界に一三億ともいわれる膨大な人数にふくれあがった。世界の人口のうち、四人に一人はイスラーム教徒である。しかも現代の地球上では、かつてのようなキリスト教圏とかイスラーム圏とかの棲み分けの区別がなくなり、アメリカやヨーロッパのようなキリスト教圏にも多数のイスラーム教徒が住んでいる。

たとえば、フランスにはイスラーム教徒が多く住んでいるが、その人口は五〇〇万人に達し、フランスの人口のうち一一パーセントを占めるに至っている。しかもイスラーム教徒はフランス社会に同化せず、集団的自己主張の傾向が強く、独自の社会を構成するとされる。出生率も高い。元来はキリスト教国であるフランス社会のなかに、イスラーム教徒としての生活習慣を持ち込むことから、しばしば軋轢《あつれき》が生じている。

## 「文明の衝突」回避の試み

このように複雑かつ巨大化した宗教集団を形成するうえで、イスラームが果たした役割は大きいものがあるに違いないが、その宗教としての真義を把握するのは容易なことではない。そのうえ、一九八九年のベルリンの壁崩壊後、東西冷戦構造が解消したことから、世界の未来についての新たな不安と期待が沸き起こった。それを受けてか、二一世紀は冷戦構造

世界宗教者平和会議　2006年、京都国際会館。左端はイランのハタミ元大統領。写真提供・共同通信社

の代替として、宗教と政治が複雑に絡み合った『文明の衝突』の時代に入ると予測する学者がアメリカに現れた。コロンビア大学のハンティントン教授で、その著書が出版されたのは一九九六年である。彼のいう文明には宗教が大きな要素を占めている。

二〇〇一年九月一一日、アメリカに起こった同時多発テロはアメリカ人に衝撃を与えた。米国大統領は「文明を取るかテロを取るか」と世界に迫り、アフガニスタン空爆、さらにはイラク戦争へと雪崩を打つかのように武力制圧を試み、これに世界の多くの国が巻き込まれた。アメリカ大統領の脳裏にあったテロとは、イスラーム文明のことだったのであろう。ハンティントン教授の予測どおりのことが起こったとアメリカ人は考え、世界の多くの人も「文明間の対立」という構図が顕わになったと理解した。

だがイスラーム世界からはすでに一九九八年に反応があったのである。二一世紀がそうした文明間対立の時代にならないようにと、イランのハタミ大統領が国連総会の場で、文明間対話なるものを提唱し、国連もこれに応えて二〇〇一年を文明間対話年に設定していた。皮肉なまわり合わせというべきか。その後、この文明間対話や宗教間対話は、イラクでの戦闘や世界各地の爆弾テロの間にあっても、さまざまなレベルで行われ、相互の理解が図られた。

## 文明間対話の意義

むろん、そうした対話が何がしかの困難さや対立を伴うのはやむをえないであろう。互いに宗教観や世界観を異にする者が話し合うわけであるから、相手の考えにそれ相当な理解をもっていたとしても、みずからの信念、あるいは信仰にこだわりが出てくるからである。そこで文明間対話の手法を否定的に評価する論者も多い。なるほど、こうした対話が世界を動かす政治力になるとは現況では思えないが、人々の良識に、あるいは良心に訴えようとする人が存在することだけでも、対話の意義はあろう。筆者の経験からすれば、それ以上の価値があるように思える。

**日本・イラン両国が進める文明間対話**　外務省の要請によりイランを訪問した著者（右から２人目）は、各地の大学や研究所で仏教に関連する講演やシンポジウムを行い、イランを代表する宗教学者、哲学者との質疑応答も活発に繰りひろげられた。2003年１月

対話は双方に寛容と忍耐を要求する。そうでなければ実りある対話の実現は困難である。ディベイトを意識しない対話であれば、その過程において、相手の思想には歴史的に裏打ちされた体系が深く根付いていることも明らかになっ

てくる。世界宗教といわれるような普遍的宗教ほど見事な体系を備えているが、実はその体系そのものは歴史的過程を経て出来あがった産物である。体系は一見ゆるぎないもののように思われるかもしれないが、決して絶対的なものではない。長い歴史をもつ宗教ほど、その宗教が依拠した時代や社会によって価値観は揺れ動いている。

われわれは世界の歴史のなかで、近代が産業革命を端緒として、欧米の指導のもとに始まり、近代的資本主義に裏打ちされた列強が世界を制覇したことから、欧米の価値観を普遍的価値観として受容してきた。歴史観においても然りであった。だがこれからは、われわれ人類の歴史を過去であれ未来であれ、もはや欧米の歴史観を基準値として推し量ることは許されないであろう。まして、人類の歴史のなかで宗教が果たしてきた役割を短文のなかで一概に論じることは、宗教への誤った理解を招きかねないし、偏った印象を与えかねない。

宗教は人間に内在する心性《しんしょう》に係わる問題であるだけに、その表象は複雑多様であるが、歴史で扱われる宗教は、社会や国家や政治との係わり合いで論じられることが多い。それは普遍的価値を有する宗教ほど帰依者が多く、彼らが精神的共同体、つまり教団を構成することから、勢い既存の社会や国家との緊張関係をつくりだすからである。また宗教のなかにはイスラームのように、成立後の早い時期に緊張関係を解消して、国家的教団を形成し、宗教と国家が一体のものとして発展する場合もある。本稿でも若干の例を取り上げることにするが、それはあくまで宗教に絡む歴史的課題を解く一つの鍵になればと思えばのことである。

## 世界史におけるキリスト教徒史

### キリスト教が内包する排除の原理

宗教といえば、一般的には個人の魂に係わることだと考えがちである。だがわれわれ日本人が二〇世紀半ばまで経験したように、宗教はかならずしも個人のレベルで収まるものではなく、むしろ歴史上では国家と結びつくことが多い。同一の宗教であっても、国家権力と結びつく以前と以後とでは、国家内の人民に与える影響は際立った差異を見せる。宗教的価値観の不連続が生まれるといってもよい。

世界最多の信徒を抱えるキリスト教の場合、当初キリスト教はローマ帝国内に信徒を獲得していく過程で、ローマ官憲による迫害を受けながらも、皇帝崇拝、オリエント起源のミトラス教、ギリシアのアルテミス神・エジプトのイシス神といった地母神崇拝など、帝国各地のさまざまな信仰との混淆を排除してきたが、西暦三一三年のミラノ勅令によって公認されるや教会組織は皇帝権との接触を強め、三八〇年のテオドシウス帝による国教化、さらに三九二年の異教禁止令によって変質した。注意すべきは、キリスト教が内包する排除の原理がこれで決定的となったことである。絶大な皇帝権を背景にしたキリスト教徒は、被害者から加害者へと立場を変え、帝国全域で異教・異端を迫害し、ギリシア・ローマ以来の神像の破壊運動を巻き起こした。

たとえば、アレクサンドリア総主教の求めに応じて、テオドシウス帝がエジプトの非キリスト教の宗教施設・神殿を破壊する許可を与えると、総主教はキリスト教徒を扇動し、暴徒と化したキリスト教徒はヘレニズム時代の繁栄の象徴であったアレクサンドリアのセラピス神殿や図書館など、異教の記念碑や神殿を破壊した。このような異教徒への迫害と破壊活動は四一二年、キュリロスがアレクサンドリア総主教に就任するといっそう激しさを増し、長年アレクサンドリアに在住していたユダヤ人は追放され、四一五年には当時もっとも著名だった女性哲学者ヒュパティアが虐殺された。

彼女は哲学者テオンの娘で、まれにみる知性と美貌と謙虚さを備え、アレクサンドリアの新プラトン派学園の校長として哲学・数学・天文学を講義し、多くの学生を魅了した。ところが四旬節のある日、総主教の手下の修道士たちが、馬車で学園に向かっていたヒュパティアを引きずり下ろし、教会に連れ込んだあと、残忍な方法で殺害した。これを契機に、学者たちは身の危険を感じて去り、学問の中心地としてのアレクサンドリアは輝きを失った。

## 寛容性獲得への長い歴史

その後のキリスト教が辿った歴史はよく知られているが、あえて項目的に列記すると次のようになろうか。

暗黒の時代とされる中世ヨーロッパ。これについては暗黒でもないとの説もあるが、キリスト教が与えた影響は計り知れず、むなしい擁護論に聞こえる。

十字軍によるイスラーム世界との接触。これでキリスト教徒は強烈な異文化を知る。イスラーム世界からの地中海制海権の奪還。イスラーム世界ではもはや大型船を造るための木材が得られなかった。

地中海沿岸イスラーム諸都市への海賊的襲撃と富の収奪。イタリア諸都市を中心とするキリスト教徒をなべてフランクと呼んで、イスラーム教徒は恐れた。高品位のイスラーム金貨をはじめ、目ぼしい金銀類がなくなると、イスラーム教徒の男女を略奪して、奴隷として売るか身代金を強要した。歴史家イブン゠ハルドゥーンは『自伝』に、セウタ（現在のモロッコ北部の海港都市）のある有力者がジブラルタル海峡でキリスト教徒の船に拉致され、これに同情したマリーン朝スルタン゠アブー゠サイード（在位一三一〇～三一）が金貨三〇〇〇枚の身代金を支払ったと報告している。中世のヴェネツィアは奴隷市場として有名なところであった。

イタリア諸都市の香辛料貿易等による富の蓄積とルネサンスの勃興。イスラーム世界との暴力的接触で得た資金は、エジプトを経由するアジアとの香辛料貿易を可能にし、イタリア諸都市は巨万の富を得て、それは芸術にと転化された。

イスラーム圏となっていたイベリア半島のキリスト教徒によるレコンキスタ運動。七世紀、アラビア半島を出て周辺諸国の征服に向かったイスラーム教徒は、長駆北アフリカを経て、八世紀半ばにはイベリア半島のほぼ全土を手中にしたが、後ウマイヤ朝（七五六～一〇三一）が滅亡すると、キリスト教徒は再征服を強め、イスラームの最後の砦グラナダ奪回後はレコンキスタのエネルギーをアメリカ大陸の発見と征服に向けた。

アメリカ大陸先住民の大量虐殺とキリスト教化。スペイン人の鉄砲のまえにインディオはなすすべはなく、彼らの帝国は崩壊し、やがてインディオたちは魂まで征服され、肌黒のマリアを信仰する。

ヨーロッパにおける宗教改革と新旧キリスト教徒の相剋。ルターによる贖宥状《しょくゆうじょう》（かつては免罪符とも）販売の問責に端を発した教会批判のうねりは、燎原《りょうげん》の火の如くヨーロッパ全土に広がり民衆を巻き込んでいくが、領主または国家の宗教を奉じなければならないという原則により、ヨーロッパの大部分は、カトリックかプロテスタントかいずれかの選択を迫られた。それはついで、どちらに正義があるかをめぐって、双方が血みどろの戦いを挑むもととなる。

フランス革命と政教分離。特権階級である聖職者と貴族の支配に、第三身分である平民は苦しめられていたが、革命が起こると、運動は聖職者の追放、教会への激しい略奪と破壊、さらにはミサの禁止、教会の閉鎖へと発展した。このことにより、国家は教会から独立すべきだとする（laïcité）、国家と宗教の分離と信教の自由の思想が芽生えた。またアメリカは独立によっていち早く政教分離の原則を樹立した。もっとも、ここでいう政教分離の真意は教会からの独立ということで、日本で言われる政教分離とは多少ニュアンスが異なる。

乱暴は承知のうえで、キリスト教の長い歴史を俯瞰してみたが、その底流にあるのは宗教的正義にもとづく排除の原理と異質な他者に対する不寛容である。カトリック教会が他宗教との対話を重視するようになったのは比較的近年に過ぎない。教会からの頸木《くびき》を断ち切ることによって、異文化異宗教に対する寛容性を学んだように思える。ここに、長い歴史から学んだこととして、近代国家では国教の制度を廃止し、国民に信教の自由を保障するという原則が確立したのである。

## 日本近代史における国家神道

**廃仏毀釈運動**

キリスト教の歴史で見てきたような、排他的な原理を伴った形での国家と宗教の結合は、わが国の場合、明治期の国家神道に顕著に見ることができる。この国家神道の起源は、江戸時代中期に古事記・日本書紀や万葉集などの古典の文献学的研究をもとにした国学にあった。記紀神話への新たなアプローチを通じて、国学者は儒教や仏教が渡来する以前の日本の文化的精神的原像はかくあったと主張し、日本人としての同一性を訴えた。これは一つの思想運動への流れ

廃仏毀釈で破壊された仏像　政府の奨励のもと、各地で神官、国学者が寺院を襲い仏像・仏具を破壊した

エミール・ギメ蒐集の仏像　ギメ東洋美術館別館・パンテオンブディック（仏教諸尊ギャラリー）には、失われたとされていた法隆寺の勢至菩薩（上の写真左）など、ギメが1876年に日本に旅行した際持ち帰ったコレクションが展示されている。下は京都・教王護国寺（東寺）の立体曼荼羅の縮小複製で、ギメが日本滞在中に注文して造らせたもの。野田有紀子撮影

を生むものであった。

国学思想は本居宣長《もとおりのりなが》・平田《ひらた》篤胤《あつたね》を経て復古神道の唱道となって展開し、幕末期にそれは尊皇攘夷《じょうい》論となって幕藩体制を揺るがすことになった。政治イデオロギーと化した尊皇攘夷は、薩長を中心にしたいわゆる勤皇の志士たちによって尊皇倒幕へと変質し、明治維新によって天皇を中心とする新政府が成立した。その直後の明治元年（一八六八）、政府は天皇の神権的権威の高揚を図るうえから、律令制に倣った神《じん》祇《ぎ》官《かん》を設け、これに復古神道説を主張する国学者や神道家を登用し、新たな宗教政策を行わ

せた。

それは具体的には日本人の伝統的な信仰形態であった神仏習合を否定するもので、祭政一致の制度のもと、すべての神社を神祇官に所属させ、僧形による神社勤仕の禁止、仏像・仏具による神体・神器の禁止、神職者による仏教葬儀の禁止と続き、神仏判然令によって、神仏分離が確定した。それは神道以外の宗教を排除するものであった。この結果、仏教はもはや新時代には不必要なものとして宗教的価値観を喪失し、これを是とする人々が各地で廃仏毀釈《きしやく》運動を巻き起こした。多くの寺院は廃絶の憂き目に遭い、信仰の拠り所であった仏像が廃棄された。これは幕末の尊皇論が国家的権威を保証されたことによる帰結である。フランスのギメ東洋美術館に収蔵する六〇〇体の仏像、四〇〇軸の仏画は、創設者のエミール・ギメが明治九年（一八七六）に来日し、わずか三ヵ月の滞在で蒐集したものであるという。廃仏毀釈の嵐があってこそのコレクションと考えられる。

このような廃仏毀釈の展開や仏教側の抵抗もあって、明治政府は神祇官による神道国教化政策の行き過ぎを認め、その後は宗教政策上の試行錯誤を重ねたが、国民の宗教意識の統合という、その意図するところは変わりなく、国家と神道を結びつけたより強固な神道国教化を模索した。それが天皇を現人神とした軍事優先の国家主義を根幹とする国家神道であり、第二次世界大戦に敗れるまで、大半の日本人の精神的支柱となったものであるが、その政策過程の実態はそう単純ではない。

## 明治憲法下の神道

神道国教化政策に大きく立ちはだかったのは、憲法制定という、近代国家の樹立を目指す以上は避けて通ることのできない大原則であった。明治憲法が起草されるとき、近代国家の一つの要件として、政教分離にもとづく信教の自由を盛り込まねばならなかったが、すると、これは維新当初から政府が採ってきた神道の国教化政策に矛盾することになる。

明治憲法（大日本帝国憲法）第二八条の条文は「日本臣民ハ安寧秩序ヲ妨ケス及臣民タルノ義務ニ背カサル限ニ於テ信教ノ自由ヲ有ス」となっている。「臣民タルノ義務」とは何か、その範囲についての疑義はあるが、これで制限付きながら信教の自由は保障されている。ただ神道そのものについては、憲法上は宗教的優先権が保障されているわけではない。臣民は神道であれ仏教諸派であれキリスト教であれ、いかなる宗教もみずからの信条として選べるのである。

そこで神道を特別扱いとするために政府が採った手段は、「神道は宗教でない」との国家的立場にもとづく法解釈を下すことであった。現時点で考えれば、これは一種の詭弁といえるかもしれない。こうすることによって政府は、神社と神社で行われる祭祀への敬礼、つまり国家神道を国民に強いたが、それは憲法第二八条に抵触するものではない、つまり本条で規定する「信教」に当たらない超法規的な宗教だからとされたのであった。他方、国家神道の枠内に収まらない神道は教派神道と規定して、それを憲法で保障する信教のなかに包括させた。こうして宗教でないとされた全国の神社は、内務省神社局が所管して、官幣社・国幣社といった国家制度上の序列化のもと、新たな神社の造営や従来からの神社の造替《ぞうたい》を国家予算で行った。

明治憲法下の小学校元旦　学校教育では、元旦などの儀式の際に教育勅語を読み上げ、御真影に敬礼することとされた。『風俗画報』第64号（明治27年、東洋堂発行）より

## 教育勅語の神聖化

国家神道を国民に徹底化するための手段は学校教育にあった。明治憲法が発布された翌年の明治二三年（一八九〇）、明治天皇が臣民、今でいう国民に直接語りかけるという形で、教育に関する勅語、いわゆる教育勅語が発布された。

　現代人からすれば難解な勅語であるが、その内容はかいつまんでいえば、①天皇家の先祖は日本国家の創設にさいして、道義を重んじる国家の樹立を心がけたが、〔これに応えて〕臣民もよく忠孝につくし、心を一つにして美徳を発揮してきた。これこそが我が「国体の精華」であり、実に「教育の淵源」である。②よって汝ら臣民は父母に孝行し、兄弟は仲良く、夫婦は仲睦まじく、友人とは信頼しあい、人に対して恭《うやうや》しく自分の行いは慎み深く、人々には博愛の心で接し、学業に励み仕事を身につけ、才能を磨き人格を高め、進んで世のため人のために尽くし、憲法を重んじ法律を遵守し、③また臣民は一たび国家の一大事になれば、正義と勇気をもって国家に奉仕し、永遠なる陛下の御運が栄えるよう助力しなければならない。これは単に天皇の忠良なる臣民としての務めであるばかりでなく、汝らの先祖が残した美風を顕彰することでもある。④かかる教えはまさしく、我が天皇家の祖先が残された教訓であり、皇族も臣民もともに守るべきものであって、古今東西を問わず誤りなきものである。⑤朕は汝臣民とともに、このことを胸中に銘記して忘れず、汝らと一体となってその徳の道を歩むことを願うものである（番号は筆者が便宜上付した）。

これが明治天皇から発布されると、文部省は小学校での式典にさいし奉読することを義務づけ、同時にすべての官公私立学校での宗教教育を禁止した（明治三二年文部省訓令第一二号）。キリスト教はむろんのこと、伝統的な仏教や他の諸宗教による信条が教育現場から排除され、教育勅語のみが重視されると、教育勅語の神聖化は時の勢いとなる。昭和時代に入ると、教育勅語は国民教育の基礎と位置づけられるに止まらず、次第に神聖視され、天皇皇后の御真影を祀る奉安殿に納められた。生徒たちは毎朝、学校の校門近くに建てられていた奉安殿に一礼してから、教室に向かったものである。

よく教育の原則は、知育・徳育・体育の三本柱からなっていると言われるが、勅語を一見すれば徳育に重点が置かれていることがわかる。②で説かれる徳育は人類に共通する徳目も多く、問題はこうした伝統的な道徳観を天皇の名のもとに神聖視して、国家神道の一翼とし、これを国民の基本的道徳としたことであろう。「宗教にあらざる」宗教と政治が一体となり、国民に画一的な思想が教え込まれれば、その結果は歴史のよく知るところである。

天皇制は長く続いているにもかかわらず、明治維新後のいわば立憲君主制という政治体制は勝算のない戦争を続け、第二次世界大戦の敗北とともに崩壊した。多くの国益と人命が失われたことは言うまでもない。七七年という、日本の歴史では比較的短期間ではあるが、一つの時代を画したことになるので、この時代を仮に「明治王朝」と名づければわかりやすいかもしれない。

しかも日本人の精神的支柱となっていた教育勅語は昭和二三年（一九四八）、衆・参両議院において排除・失効を確認する決議がなされた。主権在民の民主国家樹立を目指す新たな時代精神からすれば、教育勅語はむろん相容れないものであるが、これによって日本人は倫理観の拠り所を失った。その影響は大きく、いまだに及んでいるかもしれない。「明治王朝」の歴史は現代の日本人ばかりでなく、国家とは何かを考えざるを得ない世界の人々にとって、一つの教訓を与えているように思える。

## 聖武天皇にみる「支配者にとっての宗教」

### 律令国家の建設

ヨーロッパにおけるキリスト教史でも見られたように、近代以前には「人民は支配者の宗教に従う」のが原則であった。だが支配者自身も血の通った一個の人間である。わが国では戦前、明治憲法の解釈として、国家の統治権は天皇にあるとの説に対して、統治権は国家に属し、天皇はその最高機関であるとする、天皇機関説が起こった。この学説はやがて政治的には排除されたが、いずれにしても国家が支配者に要求する理念は、支配者にとって精神的に厳しいものがあろう。時として支配者は国家の存亡を賭けた苦渋の決断を迫られることがある。ここに支配者自身にとっての宗教とは何かの問題が潜んでいる。このような視点に立ちながら、支配者の一例として奈良時代を象徴する聖武天皇を取り上げてみたい。

国家神道と類似の表現として、奈良時代の仏教を指してしばしば「国家仏教」と言われることがある。この言葉は「国家神道」から連想すると、奈良時代は国家と仏教が密接に結びつき、国家は仏教を国家の宗教と定めて他の宗教を排除し、仏教を人民に強制したかのような印象を与える。むろんそうではない。ふつう日本古代史の学界では、「律令国家仏教」を略して「国家仏教」と名づけているにすぎず、国家仏教は律令国家の最高主権者である天皇が公的に仏教を受容したことに対応している、と理解されている。当時の国家という語は天皇を指すこともあったから、これは専門家のあいだでは無理のない用語かもしれないが、一般の人々にとっては誤解を招きかねない呼称と言わねばならないであろう。

奈良時代の政治体制は何よりも律令制である。天皇を中心とする日本の支配者層は、百済再興のために派遣した大軍が六六三年、白村江《はくすきのえ》の海戦で唐・新羅《しらぎ》の連合軍に大敗して以来、危機感を強め、国内の支配体制を強化するために、急ぎ中国の律令制を継受した。その最初の事業が天智天皇九年（六七〇）に作成された全国的規模の戸籍であった。その後、壬申《じんしん》の乱（六七二）に勝利した天武天皇は、結果として独裁的な権力を手中にし、それによって皇親政治の確立と律令国家の建設を目指したが、同時にみずからの権威の高揚にも努めた。宗教的絶対的権威に裏付けされた意味での「天皇」号を称したのは、天武天皇が初めてであり、その遺志を継いだ持統天皇は、即位式に当たり群臣から拍手《かしわで》による拝礼を受けた。生身の人間のまま神となったのである。

法典の編纂作業はこの両天皇の治世中も続けられ、それは文武天皇の大宝元年（七〇一）、大宝律令となって結実した。八世紀前半の日本は、「国《くに》」と呼ばれる六〇余りの地方行政区に分かれていたが、支配者層が目指したのは天皇大権を基盤とする中央集権政治であった。それは要するに、各地方の民を中央政府のもとに把握して一元化支配を図るものであり、そのために、全国的規模で戸籍が作成され、軍事のための動員令、土地は国家のものであるという公地公民の観念にもとづく一種の土地貸与制度（班田収授法）、政策実行のための膨大な官僚群の養成などの諸政策が施行された。

この大宝律令は当時の日本社会では考えられないような高度な統治技術を含んでいた。それは中国の支配者層がとてつもなく長期の支配の経験から学んだものであった。このような中国の律令制を継受するといっても、日本の実情に合わない部分は改変しなければならない。中央の官僚機構もその一つで、唐制では尚書省《しょうしょしょう》・中書省《ちゅうしょしょう》・門下省《もんかしょう》の三省が中心となり、それぞれ皇帝に直属していたが、大宝律令ではこの三省の権限をあわせもった「太政官《だいじょうかん》」が設けられた。

また「宗教」に関していえば、唐では尚書省の下に祭祀を司る祠部《しぶ》が置かれたが、日本では祠部に相当する「神祇官」を太政官から分離して並置させた。これは一見、神祇を重視しているようにも取れるが、実際は神祇を律令官僚機構のなかに取り込み、いわば神主を神官として官僚の一翼を担わせ、これによって古来の神々に仕える者たちを国家の統制下に置くことを意味した。しかも神祇官の分離は、太政官を古来の神々の呪縛から解き放ち、現実的な世俗機関として機能することを可能にしたのである。

## 仏教に対する国家統制

このように神道に対する国家統制は、仏教についても同様に図られた。仏教は「鎮護国家」の理念のもと、国家に奉仕すべきものとされた。ただ中国が国家権力による仏教教団の直接的統制を意図したのに対し、日本では仏教教団の統制機関として、治部省《じぶしょう》の下部機関「玄蕃寮《げんばりょう》」の管轄下に、京内は僧綱《そうごう》、地方は国師《こくし》という組織を設け、それぞれに僧侶が任命された、教団を自治的に統括した。

それでも、僧尼たちを統制下に置こうとする国家の意思には変わりなく、「僧尼令《そうにりよう》」という全二七ヵ条からなる法律で僧尼たちを取り締まった。民間布教を進め、信者の力により土木事業などを推進した行基集団が弾圧を受けたのも、この僧尼令違反に問われたからである。僧尼令は、「律令」という体系的な法の目指すものと、法の適応を受ける現実の社会とのあいだに乖離《かいり》をきたした典型といえるであろう。仏教教団の活動は、仏教の理念上からもそのような限られた範囲に止まるものではなかったからである。

このように、国家が進めてきた法にもとづく新たな政策は、聖武天皇が即位するころ、すなわち四半世紀も過ぎると、次第にその政策の矛盾が露呈し、本籍地を離れて逃亡する農民が出るなど、大きな社会問題が起こりつつあった。これに対して律令政府は、開墾すれば三世代だけ私有を認めるという開墾奨励法（三世一身の法）を、さらには開墾地の永久私有を認める法律（墾田永年私財法）を制定し、土地に対する国家の権利を譲渡して民有権を容認していった。

## 聖武天皇の政治

聖武天皇はこのような時代背景のもとに、神亀《じんぎ》元年（七二四）、二四歳で即位するや次々と新しい政策を出していったが、その政治の手法を見ると、一〇年間の皇太子時代に学んだ帝王学によると思われるものが多い。当時の支配者層の子弟は、押しなべて「経史」を学ん

冕服姿の聖武天皇　小泉淳作画（2006年）。東大寺蔵

だが、経史とは儒教の経典と中国古代の歴史書のことである。聖武天皇は経史のうち、『史記』『漢《かん》書《じょ》』『後漢書』の三史に関心が深く、とくに前漢の第五代文帝（在位前二〇二～前一五七）の治世を手本としていたふしがある。即位の翌年に出した死刑・流刑の軽減策はその典型で、罪人に憐れみを掛けるという聖武天皇の姿勢は、天皇が儒教の「徳をもって治める」という徳治主義を政治の基本方針としていたことを物語っている。

ところが為政者として、いかに自分が正しい政治をしようと思っていても、自分の手足となって働く官人たちが正しく統治していなければ、政治の実績は顕れない。天皇は即位後まもなく、官人に対する監督が重要だと気づき、官人の勤務の実態把握、綱紀粛正と行政の実績に応じた賞罰、官人制度改革を手がけた。おそらく、保守派を代表していた長屋王はこれに抵抗し、疎まれることになったのであろう。聖武天皇は、「経史」の素養を身につけた新しいタイプの官僚を登用することで、人事権を掌握した。結局この流れのなかで、皇親政治を担った長屋王は排除された。

班田収受という当時の経済体制の根幹を成す口分田《くぶんでん》の班給の全面見直しを経て、みずからの政治に自信をつけた聖武天皇は、天平四年（七三二）の新年朝賀の儀において、唐の皇帝と同様の冕冠冕服《べんかんべんぷく》で身を包んだ。こうすることで、日本国に君臨する天皇の姿を内外に誇示し、一六年ぶりとなる遣唐使派遣を決意したのである。

ところがこの直後、その年の夏から旱魃・飢饉・地震・疫病と、毎年のように天災が日本を襲った。とりわけ天平九年（七三七）の天然痘の大流行は多くの死者をもたらし、国民は悲惨な状態に追い込まれた。飢餓に陥った人々は生きていくために罪を犯すことも多かったようで、天皇はこのような民に憐れみの心を注ぐことになるが、同時に、内面では心の萎えを感じざるを得なかった。それは中国の政治手法を継受した結果として、「天地の異変は君主の失政に対する天帝の咎《とが》めである」とする災異思想が取り込まれており、天皇はこれに苦しめられたからである。

## 儒教から仏教へ

聖武天皇は天平六年（七三四）、「多くの民が罪を犯すことになった責任は自分一人にあり、諸々の庶民の与《あずか》るところではない」（『続日本紀』②二八一）と詔《みことのり》して、高齢者や身寄りのない者を中心に、飢餓に陥った人々の救済を事細かに指示した。その具体的な救済策が実際に全国規模で実施されたことは、現存している正倉院古文書によっても確かめることができる。ここには、天災などで困った状態に陥った人を助けるという、いわば政治の原点に

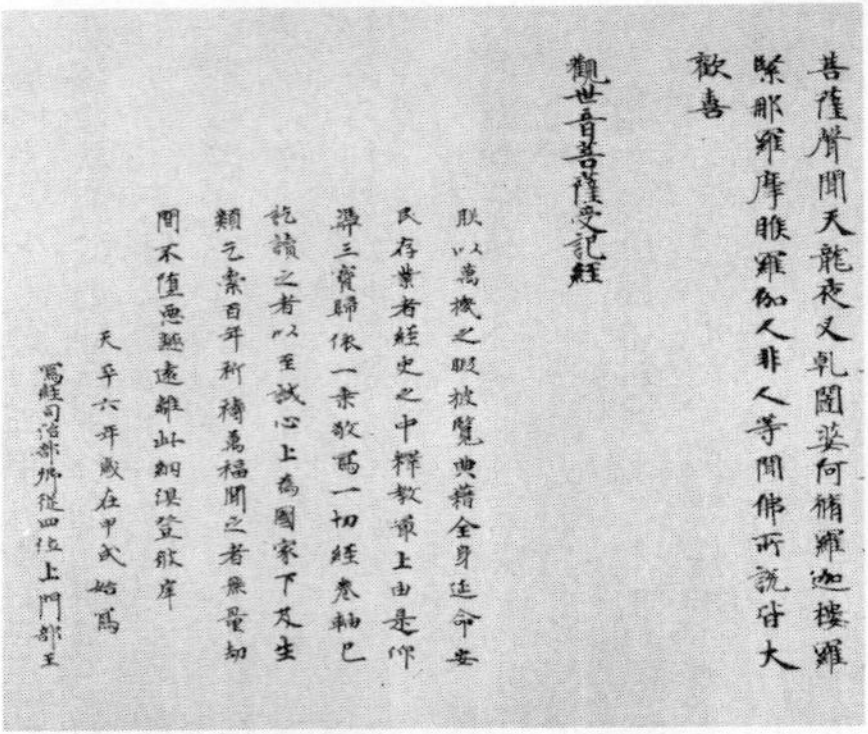
菩薩聲聞天龍夜叉乾闥婆阿脩羅迦樓羅
緊那羅摩睺羅伽人非人等聞佛所說皆大
歡喜
観世音菩薩受記經
朕以萬機之暇披覧典籍全身延命安
民存業者經史之中釋教最上由是仰
憑三寶歸依一乘敬寫一切經巻軸已
訖讀之者以至誠心上為國家下及生
類乞索百年祈禱萬福聞之者無量劫
間不墮惡趣遠離此網俱登彼岸
天平六年歳在甲戌始寫
寫經司治部卿従四位上門部王

聖武天皇勅願一切経願文　「経史之中釈教最上」とある。『観世音菩薩受記経』根津美術館蔵

当たるものが見られるのであるが、その理念は打ち続く天災に見舞われたころから、儒教でいう徳治から仏教にもとづく救済へと変化していった。このことは天平六年の勅願一切経《ちょくがんいっさいきょう》巻末の願文《がんもん》にも「経史の中、釈教最上」とあって確かめることができる（『東大寺要録』7-8、根津美術館蔵『観世音菩薩《ぼさつ》受記経』他）。

聖武天皇がここでいう「釈教」、つまり釈迦の教えというのは、天武・持統両天皇による『金光明経《こんこうみょうきょう》』（東大寺では伝統的に「きんこうみょうきょう」と読む）重視の流れを受けたもので、聖武天皇は即位の翌年、全国の寺院に『金光明経』の読誦《どくじゅ》を、さらに神亀五年（七二八）には『金光明経』の最新訳、一〇巻本の『金光明最勝王経《こんこうみょうさいしょうおうきょう》』を六四部書写し、その全国への頒布を命じている。

『金光明経』というのは、釈迦が国王のような国家の支配者のために説かれたとされる経典で、そこには「国家」とは何かの問題が含まれている。この経典によれば、国王のもつ統治権は世界の中心に高く聳える須弥山《しゅみせん》頂上の神々、すなわち帝釈天ほか三三の神々によって与えられているとされ、一種の王権神授説を認めることができる。

みずからの統治権を神から与えられている以上、国王はその統治の責任を神に対して負わねばならないわけで、それは取りも直さず、王たる者はそれなりの気構えをもって政治に取り組まねばならない、ということになる。その気構えについて、「もし世に悪事がなされていてもこれを看過し、正法をもってその罪を矯正しなければ、悪の原因が増長して、国内に姦闘が多発し、三十三天は瞋恨《しんこん》の心を起こすであろう」とか、「むしろ身命を捨つるも、眷《けん》属《ぞく》を愛せざれ」とかの文言があって、国王に対する厳しい義務が要求されている。

『金光明経』の内容にこれ以上触れるゆとりはないが、天平九年の天然痘の大流行は、聖武天皇が『金光明経』を政治の基本方針に据えることを決定付けた。すなわち、天皇はこの年の一〇月、大極殿において国家行事として律師《りつし》道慈《どうじ》らに『金光明最勝王経』を講説させ、さらに天平一三年（七四一）にはこの経典を根拠に、全国に国分寺を建立する詔を出した。天皇は天災で疲弊した民を救済するには、精神的支柱となるべき仏教思想を啓蒙するしかないと考え、国分寺をその手段とした

国宝『紫紙金光明最勝王経』　聖武天皇は釈迦の教えを重視し、国分寺を建立、塔内に紫紙金字の金光明最勝王経を収めさせた。奈良国立博物館蔵

のである。

具体的にいえば、国分寺に二〇人の僧侶を住まわせ、月のうち六日間は六斎日《ろくさいにち》といって、山海の生き物を禁猟、つまり休日とし、その日には国分寺に参集して僧侶たちから仏教の話を聞き、うち一四、一五の連日には、一日一夜の八斎戒《はっさいかい》といって、人々に八つの戒を一昼夜だけでも守ることを勧め、僧侶と同様の生活をさせることで、みずからの生活に対する反省の機会としたのである。

## 盧舎那大仏の造立

だが聖武天皇が採った人々の救済と、国家繁栄への手段はこれだけに止まらなかった。それは『華厳経《けごんきょう》』という経典を拠り所に、日本国の安寧はむろんのこと、動・植物すべての繁栄を願うという趣旨のもと、その象徴としての盧舎那仏《るしゃなぶつ》の大像を新たな首都の国分寺に造立することであった。『金光明経』が国家の支配者のために説かれた経典だとすれば、『華厳経』は人々の救済を使命とする菩薩のために説かれたものである。そこには釈迦の大いなる〈さとり〉の世界が描かれており、盧舎那仏とは釈迦のさとりの瞬間を象徴するもので、姿かたちがなく、光に満ち溢れて宇宙いっぱいに広がっており、しかも永遠に存在しているとされる。

聖武天皇は、このような姿かたちのない宇宙的な釈迦が苦悩する人々を救済するために姿を現すことがあるという教説に従って、その造立を思い立ったわけで、そのためには、みずからをその経典に説く「菩薩」であると位置付け、造立の趣旨に賛同する者は自分の友（これを「知識」という）でもあるとして、たとえわずかなものであっても持ち寄って造立に役立てるようにと民に喜《き》捨《しゃ》を呼びかけた。

だが聖武天皇の大事業に大きな問題が立ちはだかった。その第一は、新都の造営に要する莫大な費用と、恭仁京《くにきょう》・紫香楽宮《しがらきのみや》・難波京《なにわきょう》のいずれを首都とすべきか、確定されないことによって起こった政情不安であった。また第二は、大地震が発生して、紫香楽で始まった大仏造立半ばの工作物も倒壊するという、またしてもの災異であった。災異思想に縛られている当時の人々にとって、聖武天皇が進めている計画は天神地祇《てんじんちぎ》の瞋恨を招いたと理解したであろう。太政官以下の官人や平城の四大寺の僧侶たちに勧められ、天皇は天平一七年（七四五）五月にようやく平城京へ還都した。

東大寺盧舎那大仏　聖武天皇の発願により、苦悩する人々の救済のために造立された。752年に開眼。著者撮影

## 黄金産出という祥瑞

それでも、聖武天皇は盧舎那大仏の造立まで断念したわけではなく、事業は早くもその年の八月、『華厳経』講説の道場となっていた金鍾寺《こんしゅじ》、かつ大

和国の金光明寺で再開された。のちの東大寺である。その後造立事業は順調に進み、天平二一年（七四九）初めには大仏本体がほぼ出来上がった。そうしたおり、陸奥から黄金産出の知らせと見本が届いた。

当時、日本では金は産出しないと考えられていて、鍍金《ときん》用の黄金をいかにして確保するか、天皇自身悩まれていたときである。聖武天皇は大いに悦び、これまでの苦悩は、大いなる感謝に変わっていた。天皇は四月一日、東大寺に行幸し、未完の盧舎那仏をまえに北面して勅を読み上げさせた。「三宝の奴と仕へ奉る天皇が」で始まるこの勅には、天地自然が初めて自分の意思に応えてくれたという思いが込められている。

天皇は黄金産出を祥瑞・災異思想にもとづく「大瑞」と理解し、「朕一人でこの貴い大きな瑞祥を受けられようか。天下と共に押し頂いて慶ぶのが道理であると思う」と述べ、慶びを分かち合う意味で、次々と官人に対する叙位や罪人への大赦、産金功労者への褒賞を行い、また年号も天平感宝と改めた（『続日本紀』③六五〜七九）。

こうして閏五月二〇日になると、天皇は「花厳経を以て本と為し、一切の大乗・小乗の経・律・論、抄・疏・章等、必ず転読・講説し、悉く尽くし竟へしめよ」と詔して、東大寺ほか十二大寺に絁《あしぎぬ》・綿・墾田地などを施入した（『続日本紀』③八三）。天皇はこれまで具体的には言及しなかったが、ここで初めて『華厳経』という経名を明示したのである。しかも、これを根本経典だと宣言したということは、聖武天皇自身が『華厳経』に対するそれ相当な理解者であったことを意味する。そのうえ注目すべきは、『華厳経』以外の一切の諸経を排除することなく、すべての経典や論書を研究し尽くすよう僧侶たちに戒めていることである。

なるほど聖武天皇は天平六年、民の安寧を願う政治の指針には、経史よりも釈教が最上であると選択したことがあった。しかし、それは何も儒教や中国の史書の教えを排除するということではなかった。聖武天皇にとって、儒教の徳治はつねに念頭にあったし、皇祖神をはじめ、日本古来の神々への配慮も決して怠ることはなかった。聖武天皇の政治思想には、多様な教えにそれぞれの意義を認めるという包容力を感じさせるが、少なくとも『華厳経』に説く「盧舎那仏」に帰依し、その大仏造立を発願した結果としての黄金産出を仏恩と感じたことは確かである。それは「華厳経為本」の詔を「太上天皇沙弥勝満《しゃみしょうまん》」の名において出しているからである。

## 聖武天皇の出家・譲位

『続日本紀』によれば、孝謙天皇が即位するのは七月二日のことであるから、閏五月二〇日に譲位して太上天皇になったとすれば、空位期間が生じることになる。この点についての学者の意見は錯綜しているが、「太上天皇沙弥勝満」という名乗りには、出家と譲位という二つの問題が含まれている。現神《あきつかみ》、すなわち現人神たる天皇が出家するというのは、当時としては異常な事態であり、初めての事例である。

これまでは災異思想に縛られて、天地の凶事が起こればみずからの責任でないかと苦悩してきた。それがこのたびは仏法に帰依したがための慶事なのである。そのことを感謝し、このうえは出家して仏道を究めたいというのが天皇の心境だったに違いない。しかし、出家の身で天皇の地位に留まることが果たして可能だろうか。

聖武天皇にとっての『華厳経』は、これまでも内面的には行動原理の源泉となっていたが、その最終章「入法界品《にゅうほっかいぼん》」には、如来出現の話を聞いた父王が、王位を太子に譲ったうえ、如来のもとで深遠な説法を聞いて菩提心を起こし、在家のままでは法の真理を会得することは困難だとして、出家するという故事が語られている。おそらくこのような経文に照らしてみずからの行動の規範となし、出家即譲位の考え方を取ったのであろう。これは同時に、出家して太上天皇となったという姿勢を見せることによって、当時の支配者層のなかで、皇太子阿倍内親王の即位に抵抗しようとする動きを、先手を打って抑えるという政治的判断も働いたと考えられる。

聖武天皇の譲位を受けて、孝謙天皇は準備期間ののち、七月二日に大極殿で即位、年号も天平勝宝と改元された。盧舎那大仏がまだようやく巨体を現したに過ぎない未完の段階において、黄金産出を好機として、仏法への帰依の表明、天平感宝への改元、現人神としての天皇の立場を離れることを意味する出家、内親王への譲位、孝謙天皇の即位、天平勝宝という新たな改元と、一気呵成に重大な問題を処理した聖武天皇の政治手法は見事と言わざるを得ないが、そこには聖武天皇が支配者としての地位にこだわらず、一個人としてのみずからの宗教心に従おうとした姿を認めることができるのである。

## イスラームの歴史とイブン＝ハルドゥーンの分析

### 世界三大宗教の違い

キリスト教・イスラーム・仏教は世界の三大宗教であると言われる。キリスト教は二〇億、イスラームは一三億という膨大な数の信者を抱えている。だが仏教徒は三億数千万程度とされ、ヒンドゥー教徒よりはるかに少ないから、人数が問題なのではない。これらの宗教は民族を超え、地域を越えて広がり、文化的社会的な影響が大きく、その普遍性から世界宗教だとされているのである。

それにしても、キリスト教とイスラームは唯一神信仰という点で共通項にあるが、仏教には絶対唯一神という観念はもともと存在せず、その点では異質の宗教と言わざるを得ない。時代や地域など背景のまったく異なる宗教を機械的に比較することは慎まねばならないが、それでも、それぞれの宗教の根本的な差異が、創始者の経験した強烈な宗教体験の内容如何によって生じることは間違いないところであろう。

イスラームは、西暦五七〇年頃、アラビア半島のメッカに生まれたムハンマドという一商人によって始められた。四〇歳のときに突然神の啓示を受け、啓示はその後およそ二〇年間にわたって断続的に下った。その神の言葉を集めたものが『コーラン』である。ムハンマドに下された最初の啓示は「誦《よ》め、創造主の御名において、いとも小さい凝血から人間をば造り給う。誦め、……」（九六章一節以下）か、あるいは「これ外衣にすっぽりくるまったそこな者、……」（七四章一節以下）かであると言われているが、いずれにしてもそこには絶対他者としての神と向きあうムハンマドがいる。

この点、仏教の始祖ブッダが〈さとり〉という宗教体験を経験して、「われに師はない。我に似た者はいない。神々を含めた世界のうちに、われに比肩しうる者は存在しない」（パーリ『中部』）と語ったというのとは根本的に異なる。そこには誰の助けも借りずに悟ったというブッダの確信がある。宗教には、神の啓示とは対照的な無師独悟という概念もあることに、あらかじめ留意しておく必要があろう。

## ムハンマドの教団

さて、神の使徒であると同時に最後の預言者でもあるとの確信を得て布教を始めたムハンマドは、若者を中心に次第に信徒を獲得したものの、メッカの支配貴族クライシュ部族の迫害を受け、六二二年、ヤスリブ（のちのメディナ）への移住を強いられた。しかし、メディナに移ってからはあらゆることが激変した。それまで異常なまでに終末論的で緊張感にあふれていた神の啓示は、善人には素晴らしい天国を約束するといった明るいものに変わった。

現実世界でも神の啓示に象徴されるかのように、信徒たちはムハンマドを絶対的な指導者と仰いで結束を固め、イスラーム共同体（ウンマ）を成立させて、それは教団国家といえるものにまで発展、バドルの戦いなど、いくつかの戦闘を経てかつての故郷メッカを併呑し、

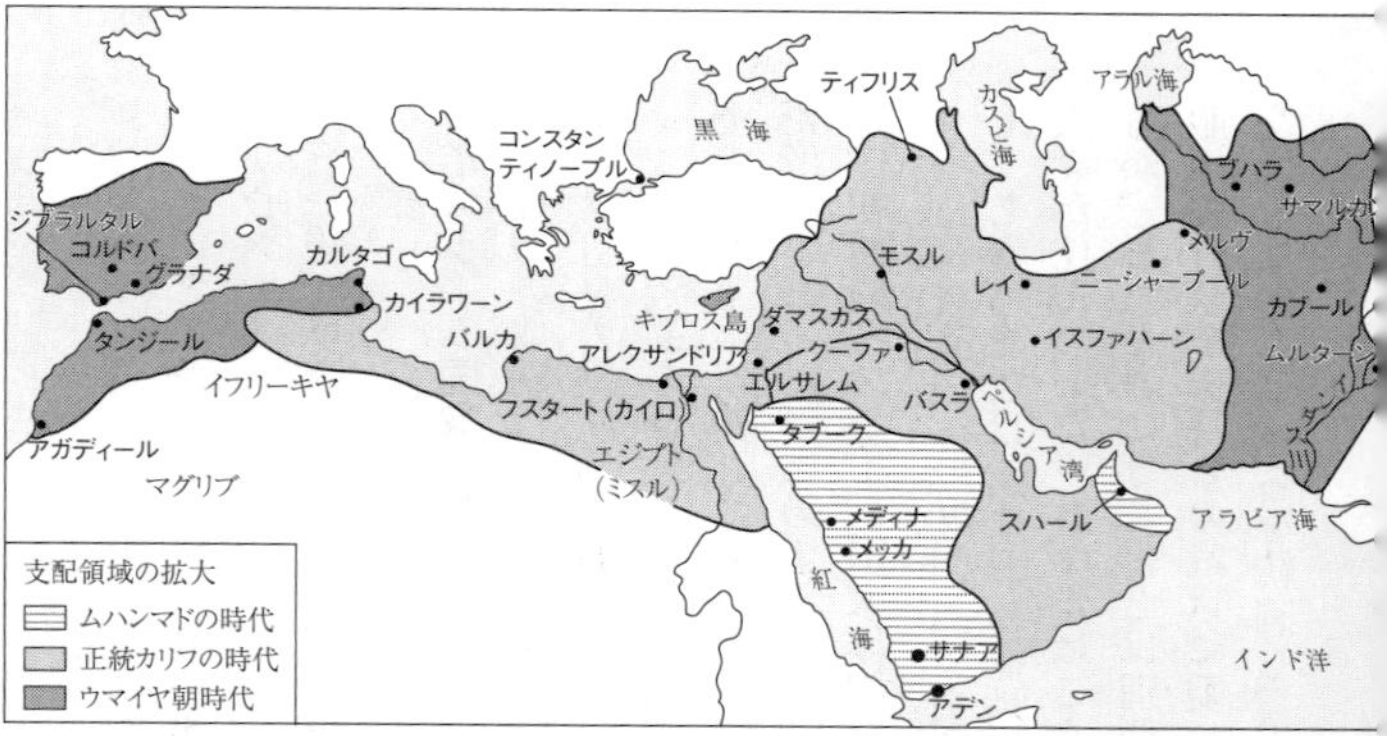


**イスラームの拡大**　ムハンマドの教団はアラビア半島を統一後、１世紀ほどの間にその支配領域を東西に拡げた

アラビア半島を統一するまでになった。宗教上の始祖自身が剣を振るって戦うという事態を受けて、国家と宗教が一体となったイスラームの政治形態がここに生まれたのである。

六三二年の預言者ムハンマドの死は、イスラーム共同体に分裂の危機をもたらしたが、もっとも古い信徒であるアブー＝バクルが「神の使徒の代理」、すなわちカリフとなって分裂は回避された。アブー＝バクルの役割は預言者の遺志を継承することであった。ムハンマドの死によってアラブ諸部族は同盟という契約関係が解消されたとして、イスラーム共同体から離反する動きを見せたが、アブー＝バクルは首謀者を徹底的に排除し、アラブ諸部族をイスラーム共同体のなかに引き戻した。このことがアラブ統一の民族的エネルギーを生み出し、それは大征服となってアラビア半島の外界へ向けられ、第二代カリフのウマルに引き継がれた。

アラブ軍はウマルの在位一〇年間に、ビザンツ帝国の支配下にあったシリア、エジプトを征服して西はバルカ地方まで、東はイラク全土を征服したあとイラン本土に入り、ホジスターン、ジバール両州を征服した。さらに第三代カリフ－ウスマーンの治世前半には、ササン朝ペルシア帝国の大部分はアラブ軍の手中に帰し、六五一年、皇帝ヤズドギルド三世が暗殺されてササン朝が滅亡した。

## イスラーム国家体制

大征服の成功は、ペルシア・ビザンツ両帝国の長年の抗争による疲弊もさることながら、アラブ自身の民族的発展とイスラームとの結びつきによるところが大きかった。大征服事業は、東西貿易の経験から得た組織力と結束力をもつ都市民出身の教団指導者たちが、これまで部族闘争に終始していたアラブ遊牧民に規律と統制を与えて、その戦闘力を巧みに利用した所産であった。このようなアラブの組織化にもっとも貢献したのはカリフ－ウマルであるが、初期のイスラーム国家体制を確固たるものにしたのもウマルであった。

大征服の結果、これまでの小規模な教団国家はいまや広大な版図をもつ大帝国へと発展し、しかもそこに含まれる諸地域には、人種も言語も慣習も、文明度も政治体制も異なる人々が住んでいた。ウマルはこうした征服地に対し、全権をもつ総督（アミール）を派遣するか、またときには総督とは別個に、財政担当の徴税官（アーミル）を派遣して、征服地の行政を総督らの裁量に委ねた。しかしその一方で、これら代理者たちとたえず書簡を交換しながら、彼らを統制し、命令に服させ、それによって帝国にある種の統一性を与えた。

ウマルはイスラーム国家体制の樹立に多大の貢献をなしたが、ペルシア人の一奴隷の私怨に斃れた。後を継いだのは、ウマルが指名した六人の長老のなかから選ばれたウスマーンであった。アラブの大征服は広大な領土と莫大な富を教団にもたらしたが、征服戦争に従事するアラブ戦士たちは、征服によって得られた果実の分配をめぐって不満を抱いた。急進的な不満分子はその矛先を各地の総督に向け、やがてはカリフ゠ウスマーン自身に向け、カリフは殺されてしまった。これを契機にイスラーム教徒同士が争う第一次内乱が勃発し、シリア総督のムアーウィヤによってウマイヤ朝が開かれた。

ウマイヤ朝の政治体制の基本はアラブが特権的な支配階級として、被征服民たる異民族を統治することで、被征服先住民の改宗を奨励することは、カリフ゠ウマル二世を除いてなかった。このことからのちのアッバース朝と区別してアラブ帝国と名づけられる。その最大の国家目的は、征服地先住農民からの租税の徴収と、アラブ゠イスラーム教徒に対するその分配であった。過酷な税金に先住農民は離村・逃亡したり、アラブ人を頼って改宗したりした。アラブが集住する征服地の都市にはこうした逃亡農民があふれ、不穏分子を生み出すもとになった。

イスラームは第一次内乱以来、激しい政治的分裂を経験し、そのことが新たな思想を生み、さらには学問を生むことになったが、その舞台になったのはクーファやバスラといったイラクの新しい都市であった。コーランを中心としたアラビア語の研究にはじまり、それは神学や法学の分野に及んだ。一方メディナでは、預言者ムハンマドについての知識の蒐集がはじまり、いきおい広大な征服地に散らばった預言者の教友たちを訪ねるという知識探求の旅の盛行となった。こうした探求の旅は、やがて大征服も含めた最初期のイスラーム教徒の事績も対象とするようになり、これがイスラーム歴史学の萌芽となった。

## イスラーム社会の変容

このような学問興隆のなかで、イスラーム法の成文化運動が起こると、法学者たちはみずからの法解釈とはあまりにも異なる現実のウマイヤ朝体制に批判の矢を向けはじめた。それはウマイヤ家カリフ位を否定し、イスラーム国家の最高権威者の地位を預言者の血をひく者の手に戻すという、イスラーム大衆の声となって渦巻き、これに乗じたアッバース家が革命運動を成功させた。

アッバース朝体制の真の建設者は第二代カリフ＝マンスールであった。彼の体制づくりはウマイヤ朝末期に起こったイスラーム社会の内的発展、つまりイスラームによる統一化への波をそのまま制度化することで、アラブ至上主義にもとづく地方分権体制を廃して中央集権による統一的支配体制を確立した。これはアブー＝バクルによるカリフ制成立以来発展してきた初期イスラーム国家体制の一種の完成型といえるもので、後世のイスラーム教徒が回帰すべきものとして描くイスラーム社会体制は、この時期のカリフ体制を基本としている。

アッバース朝がウマイヤ朝に比して、真にイスラーム帝国だとされるのは、この王朝の支配者たちがイスラームという宗教ないしはイスラーム法のもつ統一性の原理を現実の国家統治のうえに適用しようと努力した時代だったからである。だがカリフみずからが聖俗両権を兼備して統治するというアッバース朝の支配体制は、実態的には一〇世紀の半ばで崩壊し、カリフは宗教的権威を保持するのみで、政治の実権はブワイフ朝など、軍事的支配者の手に握られた。ここに一種の政教分離の現象が生まれ、いわゆるディーン（宗教）とムルク（王権）並存の時代へ、さらには軍事的支配者による聖俗両権掌握の時代へとイスラーム社会は大きく変容するのである。

またイスラーム世界そのものも、分裂を重ねて複数のカリフが生まれ、もはや一つに統一されることはなくなった。加えて十字軍や遊牧民など、東西の各地で異民族の侵入を受け、かろうじて命脈を保っていたアッバース朝カリフ位は、一三世紀半ばのモンゴル軍によるバグダード陥落で断絶した。そのうえイスラーム世界は、内部的にも政治勢力が抗争を繰り返し、いっそう混迷を深めていった。こうした危機的状況の時代に、歴史家イブン＝ハルドゥーンが登場するのである。

## イブン＝ハルドゥーンの登場

イブン＝ハルドゥーンは一三三二年、北アフリカのチュニスに生まれた。先祖は南アラビア出身でセビリャの支配貴族だったこともあった。幼くして諸学を修め、政治家を夢見て北アフリカ・イベリア半島の諸王朝に仕え、一時は小国ながらも執権者になるなど、波瀾万丈何の政治生活を送ったが、その悲哀を味わって煩悶した。変転きわまりない政治の背後に、何か必然的なものは存在しないのか。人間の思慮深さや人間の知識は国家の興亡に寄与することができないのか。政治的野心は自滅につながる盲目的な欲望に過ぎなかったのか。政治に携わりながらも悶々とした日々を送ることおよそ九年、ようやく政治の世界から脱出して、人間社会の解明という課題解決のための学究生活に入った。

イブン＝ハルドゥーンは、みずからの政治の失敗が現実の社会そのものについての認識不足に起因していると気づき、改めて人間社会の本質を究めるための素材として歴史を選んだ。これまでのイスラームの歴史観では、歴史は次々に起こる出来事の途切れとぎれの連鎖であるとされてきた。つまり時間は連続していないのだと考えてきた。それをイブン＝ハルドゥーンは因果律的に連続する時間の流れと捉え、そこに一定の法則を見出そうとしたのである。

「なるほど歴史は、外面的には政治的事件、諸国家、遠い過去に起こった先例などの報告以上のものではない。しかもそれは優雅に語られ、……情況の変化が人間関係に如何なる影響を及ぼすか、どのようにしてある国家がその境域を広げるか、そしてその国家が勃興し、やがて滅亡するときがくるまで、どのようにして地上にその生命を保たせたかを示してくれる。だが内面的には、歴史は思索であり、真理の探究であり、存在物そのものやその起源の詳細な説明であり、また諸事件の様態とその原因に関する深い知識である。したがって歴史は、哲学に深く根ざしており、哲学の一分派にかぞえるのが適切である」

歴史における内面の探究に必要な歴史書をはじめ、イブン＝ハルドゥーンは法学・哲学・帝王学などさまざまな書物をひもといたが、意に適う学問を見出すことができなかった。しかし、やがて一つの確信を得て、みずからが「新しい学問」を創設し、それを「文明の学問」と名づけた。それはきわめて独創的な方法論による一種の社会哲学ともいうべきもので、その著『歴史序説』にまとめあげられている。

## イブン＝ハルドゥーンの文明論

イブン＝ハルドゥーン（1332〜1406）　歴史と人間社会の本質を究める「文明の学問」を創設した

「文明」とは、彼の言葉で言い換えれば「人間社会」のことである。イブン＝ハルドゥーンの学問探究の目的は、人間が営む社会の本質とそのさまざまな表象を解明することであり、なかでも国家の生成発展を分析することであった。彼は当時の混迷する政治の渦中にあって、再三にわたる失敗から反省の目で国家というものを捉えようとした。それは当然のことながら、国家という枠を乗り越えて、人間社会全体の把握へとつながるものだったのである。

彼によれば、人間社会はそのおかれている地理的環境の差異によって、さまざまな様相を呈するのであるが、概して言えば、遊牧的社会を基盤とする文明と都市的社会を基盤とする文明とに大別されるとし、おのおの生計手段の求め方の相違から、後者よりも前者のほうがより強力な結束力をもつ社会集団を形成しやすく、そこに内在する連帯意識（アサビーヤ）が歴史を動かす動因となるとする。遊牧生活を送っている連帯集団は支配権への志向をもっていて、やがて発展し都市に根拠をおく支配国家を征服、新しい国家を建設するが、都会に生活の場をおいたこの集団は、文明の発展とともに連帯意識を喪失、やがて新たな連帯集団に征服される。

イブン＝ハルドゥーンは、このような連帯意識を基軸とする歴史の展開をイスラーム圏のみならず、圏外の文明についても視野に入れてさまざまな分析を試みている。とくに宗教に関していえば、支配権の獲得に宗教的要素が加えられる場合について、宗教は連帯意識に対して助長的役割を果たすことはあっても、支配権獲得の基本的要素とはなりえず、宗教宣伝といえども、連帯意識なしには成功しないとしている。むろん彼の脳裏には、イスラームという宗教が厳然として存在する。

ここで詳細を述べることはできないが、イブン＝ハルドゥーンはイスラーム史に特有のカリフ制と君主制とに関する政治論を展開している。それはみずからが導き出した国家に関する一般論が、真に法則としての価値をもち、それがイスラーム世界に受け入れられるためには、その理論をイスラーム史に適用して、みずからの新学問の正当性を証明しなければならないと考えたからである。

### 支配権力論

彼の政治論の基本原理は支配権力論にある。人間は社会的結合の必要性にもかかわらず、自己保存の本性から互いに闘争し、権利侵害を行い、果ては無政府状態に陥る危険性をもっていて、それでは文明は破壊される。そのような状態を抑制するのが連帯意識に裏打ちされた王権であるが、王権は人間の闘争本能を抑圧することを本務とする以上、それ自身強力な支配権を備えて専制化しようとする傾向をもつ。専制化した主権者は自己の意志を人民の能力以上に強制するから、そうした主権者の支配下にある人民の生活は破滅の危険にさらされる。すると人民は進んで専制的な支配者に服従しないようになり、不服従が目立ってくると、暴動が起こったりして、その王権自身も崩壊する。そこで、主権者の専制化を抑制するために、大衆が認め従うような「政治的規範」、いわゆる法が制定される必要が生まれる。この政治的規範には知性によるものばかりでなく宗教によるものも含まれる。

イブン＝ハルドゥーンは、このような推論を重ねて政治形態の分類を想定し、そのうえで、理想としては最高の政治形態であるカリフ制も、現実の世界ではかならずしも絶対的なものではなく、他の歴史事象と同様に変容を蒙ると主張し、そのような意味において、イスラーム史をカリフ制から君主制への変遷の歴史として把握することに成功した。イスラームにおける政治論では絶対視しがちなカリフ制をイブン＝ハルドゥーンは見事に相対化したといわねばならないだろう。

# これからの宗教

## 歴史認識をどう活かすか

人は誰しもみずからがもつ信仰や価値観に誇りをもち、そこに生きる意義を見出そうとするであろう。それは、ときには自己の価値観の絶対化を促し、他者に対する配慮はおろか、他者に対する優越の感情を芽生えさせる。もしみずからの信仰や価値観に異なる要素を見出せば、それは正義にもとる悪魔や鬼畜とばかりに排除しようとする。こうした信仰や価値観に権力や富が伴えば、それは排他的エネルギーを伴った人間集団の形成となって歴史に登場することになる。人類史はまた戦争の歴史でもある。実態はともかく、宗教の違いを理由にした戦争も多い。

こうした現象は、これまでの過去の人類史にまま見られた。自己が所属する民族や宗教や国家が何であれ、現代の地球に住む人間は大なり小なりそうした過去を抱えている。しかしながら、現代人は過去の歴史をみずからの鑑とすることはできても、鑑のなかに生きることはできない。歴史認識はあくまで認識に過ぎないのであって、要はそれをどのように活かすかである。

今や現代の地球世界は、経済活動を基調としてグローバリゼーションが進行し、宗教や文化の垣根が失われ、流動化しつつある。そうした現象のなかで、地球全体とまでは広げず、かつて岡倉天心が「アジアは一つ」と言ったように、アジアに限定したとしても、多様な人種・歴史・宗教・文化を含むアジアの諸国は、自己の存在感をどのような形で訴えていくか、自国のアイデンティティーを確かめながら鎬を削っているといえる。果たして価値観を共有しなければならないアジア共同体なるものが形成できるのか疑問でさえある。

## アジア共同体の可能性

なるほど、地域によっては政治的安定性の不確実なところがあるが、アジア諸国における現在の活発な経済活動からすれば、企業法人であれ非営利事業法人であれ、政府機関であれ非政府機関であれ、アジアにはあるが国籍を異にする何らかの団体が相互の経済的利益を図りながら、契約にもとづくサブ共同体を形成し、そうした個々のサブ共同体の総和としての、緩やかな網の目状の共同体を構成することは可能であろう。私がここで可能とするのは、個々の契約が結ばれるとき、そこには単に共通の利益を目的とした経済上の対話に止まらず、互いの宗教・文化・歴史を背景にした、ときには互いの担当者自身の人格までも背景とした幅の広い内容の対話が交わされ、そこに一種の文化的共通認識が生まれるからである。

その点アジアには、儒教・道教・仏教・イスラームなど、普遍性をもった宗教ないしは思想が生み出され、歴史的経過を経て広範囲に伝播し、それらが地域によっては重層的に文化基盤を形成しているといえる。しかし、それがアジア人として個々人に意識されることは極めてまれであり、あるいは無意識下にあるといってもよい。そうした文化基盤の共通性や相違性は、対話によって意識下に上ってくることはあるかもしれない。あるいは音楽のような感性に訴える手段によって、アジア人としての連帯感情が浮かび上がってくるかもしれない。

しかし、それが共同体形成の起爆剤になれるかどうかは心もとない限りである。たとえば、エネルギー資源の争奪といった国益をめぐるナショナリズムの台頭であるとか、信仰信条の否定に繋がるような宗教共同体の危機とかに直面すると、この、いわば網の目状の共同体はその脆弱性を顕わにする。やはりそうした対抗軸を相対化する、あるいは克服することのできるより高次元の原理の存在が必要であろう。イブン＝ハルドゥーンの分析のとおり、宗教が支配権獲得の助長的役割を果たすことはあっても、基本的な連帯意識なしには共同体は成立しないのである。

私が思うに、共同体の形成にまで至らなくとも、その根拠にしなければならない原理として、たとえばグローバル化現象のなかの地球環境そのものを挙げることができる。翻って考えてみれば、人類はその危機的状況を普遍的な問題として共通的に認識することが求められている。それは、人類みずからの現代文明が生み出した結果であり、しかも環境の悪化は促進されこそすれ、止まりそうにもない。その問題解決に当たっては、それなりの価値観の共有化が人類には必要であろう。地球の将来を考え、地球を如何に大切にするかということであれば、人類を含めて、生きとし生けるものすべてを育む母として、地球を一種の「神」のように思うほど、宗教的価値観を高めなければ、心もとない結果となろう。ここに、これからの宗教が活かされる一つの道がある。

ただそうしたことは、それぞれの国家が政治の安定化を目指し、国益に拘泥するだけではなく、共通の利益に対する配慮を率先して図るということによって初めて可能となる。その意味において、現代にふさわしい普遍的な世界観の構築と個々人の人生観の在り様とが、いま改めて求められているのではなかろうか。

# 第五章　「アフリカ」から何がみえるか

松田素二

## はじめに

### 「アフリカ排除」の眼差し

現代世界にとって、アフリカとは何であろうか。あるいは、世界史のなかでアフリカはどのような位置を占めてきたのだろうか。さらに、人類の未来に対して、アフリカはどのような役割を果たすことができるのだろうか。本章は、こうした問いかけに対する一つの回答である。

アフリカは日本にとって依然として、遠い存在であることは間違いない。欧米やアジアと比べてみると、訪問する観光客の数や、現地に根をおろして活動するビジネスマンの数は、圧倒的に少数である。たとえば二〇〇五年を例にとると、全世界からアフリカを訪れた観光客の総数は、三七〇〇万人弱。世界全体の国際観光客総数八億人からすると、アフリカはまだまだ世界にとっても「遠い」地域であるようだ。しかし日本からアフリカを訪問した観光客の数が六万五〇〇〇人（アフリカを訪問する観光客のわずか〇・二パーセント以下）という数字を見ると、日本とアフリカの「遠さ」は際だってみえる。

私たちが日常、アフリカの情報を見聞きする機会はほとんどない。しかも稀《まれ》に報道されるニュースの大半は、紛争、飢餓、エイズといった「社会病理」「社会問題」に限定されている。こうしたことを考えるなら、アフリカは日本社会にとって、ただ地理的に遠い存在といううだけではない。そこには、アフリカを「遠く」に捉えずにはおかない、ある種の強力な先入観（眼差し）を感じさせる。

私たちがアフリカの社会や歴史を、あるいはアフリカで生起している現象を考えたり、認識したりするとき、知らず知らずのうちに、すでに結論や結果を予想していることは少なくない。「アフリカならそうだろう、アフリカだから仕方がない」という意識は、この先入観の作用である。したがって、アフリカと向き合うためには、この先入観を根源的に対象化する作業が不可欠になる。それはこれまでのアフリカ認識をいったん壊して再構成する知的営みでもある。こう考えるなら、「アフリカから世界をみる」ためには、次の三段階のステップを踏むことになる。第一段階は、今、アフリカで生起していることを正面から見つめる作業であり、第二段階は、これまでアフリカを捉えてきた「眼差し」自体を相対化する作業である。そのうえで最終段階として、こうして浮かび上がってきた新たなアフリカ像から、私たちはそして世界は何を学ぶことができるのかを考えることである。

アフリカの大学で、アフリカの歴史を議論するとき、まず、取り上げられるのは、ヘーゲルの有名なアフリカ排除の言明である。ドイツ生まれのこの著名な哲学者は、アフリカ人を、ヨーロッパ人と同じ人間とみなすことができない理由をきわめて明快に説明している。一八二〇年代に行った『歴史哲学講義』のなかで、彼はこう述べる。「黒人の特徴はといえば、その意識がなんらかの確固たる客観性を直観するにいたっていない……。アフリカ人は、個としての自分と普遍的本質としての自分との区別を認識する以前の、素朴で内閉的な統一のうちにあって、自己とはべつの、自己より高度な絶対の実在については、まったく知るところがありません。黒人は自然のままの、まったく野蛮で奔放な人間です」（長谷川宏訳）。このアフリカ（人）認識は、より婉曲で洗練された形をとって、その後も生き延びてきた。それは、植民地支配、独立後の新植民地主義（一九六〇～七〇年代）、国際機関によるアフリカ社会の構造調整（一九八〇～九〇年代）、グローバル化（一九九〇～二〇〇〇年代）という時代の変遷における通奏低音にもなっている。

ヘーゲルは、アフリカの停滞性と後進性を根拠にして、アフリカを世界史の外部に追いやってしまった。有名な「アフリカを歴史の外においやったところで、いまや世界史の現実の舞台がはじめて見えてきます」というアフリカの世界史からの排除命題は、以後の世界史におけるアフリカの位置を規定したと言ってよいだろう。

### 援助の眼差しの落とし穴

もちろん今日、この排除命題を正面から擁護する哲学者や歴史家はいない。しかし、アフリカの停滞性と後進性を根拠にした、「救済」と「援助」の議論は大手を振ってまかりとおっている。ヘーゲルのように遅れたものを「排除」するのではなく、同じ地球村の住人として手を差し伸べようという善意の議論である。しかし、こうしたアフリカ認識（アフリカへの眼差し）は、ヘーゲル時代のアフリカ認識とじつは大同小異である。なぜなら、自らの社会の基準を普遍的スタンダードに据えて、アフリカが固有に育み創造してきたものを「一方的」に「上から」評価し、無視する態度において、両者のあいだに違いはないからだ。この共通の「眼差し」によって、アフリカの現実はこれまで長い間、歪《ゆが》められて認識され語られることになった。一例をあげると、アフリカ社会で紛争が起こると、それはつねに「アフリカ固有の部族対立」として「解釈」され報道されてきたし、戦争のなかの不幸な残虐行為は、「アフリカ未開の証明」として「納得」され世界中に発信されてきた。「アフリカならさもありなん」という意識は拡大・助長されてきたのである。

したがって、アフリカで何が起こっているのかについては、こうした「先入観」をいったん相対化して捉える必要がある。もちろんアフリカは今日も多くの深刻でいっけん絶望的な困難を抱え呻吟している。それを見逃して、アフリカをロマンティックに語ることは、もう一つの先入観であり間違っている。現実に生起していることを、私たちが無意識のうちに慣れ親しんできた「定番の解釈枠組み」をはずして見つめること、その作業が大切なのである。そしてその「解釈枠組み」がどのような歴史の過程で創造され、どのような役割を担ってきたのかについても、根源的かつ批判的な視点から見直す必要がある。そのことはまた、これまでの世界認識を支えてきた思考や意識を問い直す作業にもつながっていくはずだ。これが、「アフリカから世界をみる」ための第一段階と第二段階の営み、の意味である。

ただ、一方的にアフリカ社会をグローバル・コミュニティの「やっかいもの」として捉える伝統的アフリカ認識は、二一世紀にはいって大きく変化しつつある。二〇世紀末のアフリカは、たしかに貧困、感染症、内戦、飢餓といった人間社会のあらゆる種類の災厄が集中した絶望の大陸だった。アフリカを熟知する人々にとって、この災厄からアフリカが抜け出すことは不可能、という「アフロペシミズム」は絶対的真理のように思われた。こうした意識は、ヘーゲル以来の伝統的「アフリカ排除認識」と共鳴しあって、伝統的アフリカ認識を「拡大」再生産してきた。

## 人類の未来とアフリカの潜在力

ところが、今世紀にはいると、アフリカ経済は、統計数字的には驚異的なV字回復をとげ、一部の資源大国だけでなく、多くのアフリカ諸国が高い成長率と実質的個人所得の増大を享受するようになった。二〇〇八年五月に横浜で開催された、「第四回アフリカ開発会議」(TICAD Ⅳ)において当時の福田首相は、繰り返し「二一世紀はアフリカ成長の世紀」と指摘し、アフリカが世界経済の成長にとっての力強いエンジンとなることを強調したほどである(二〇〇八年末の世界的金融危機のあおりをうけてこの見方にも黄信号が点灯しはじめた)。

しかしながら、成長を謳歌《おうか》し、グローバル経済を支えるアフリカという像は、そのまま「アフロオプティミズム」にはつながることはない。今日見られる成長するアフリカは、じつのところ、一九九〇年代に直面した絶望的困難を解決した上で新たに再生し再出発した社会ではないからだ。それは、むしろ困難(の根本原因)はそのまま放置して、グローバル化する世界システムのなかで、その中心部から新たな鉱物資源供給地といった役割を一方的に与えられた結果であり、その意味で、この五〇〇年にわたってアフリカが世界史のなかで占めてきた位置から抜け出したものではない。外見的指標だけをみると高い成長性を示しているものの、その中味を吟味していくと決してバラ色ではないのだ。しかもそればかりではない。これまでアフリカを認識してきた西欧近代型の先入観（アフリカ「排除・蔑視《べっし》」認識と「救済・援助」認識）は、まったく手つかずのまま温存されている。

このような歪められたアフリカ認識に対して、もう一つのアフリカ認識の必要性が認識されはじめている。それは、アフリカ社会が固有に編み出し運用してきた知識や制度が、アフリカ社会の問題解決の処方箋としてばかりではなく、現代世界や人類の未来にとっても貴重な知的資産となる、というアフリカの潜在力を未来の世界にとっての資源と捉える見方である。異なるものとの共生、生存困難のなかでの互助、切り裂かれた社会の修復、あるいは、文字と理性を絶対的に信仰してきた人間観や歴史観の相対化といった領域においてアフリカ社会が育んできた潜在力は、二一世紀の人類社会が「よりよく生きる」ために大きな可能性を切り開いてくれる。

本章では、アフリカ社会が外世界との折衝交渉のなかで自前で作り上げてきた、知恵と実践に注目することによって、アフリカが世界史に、そして人類の未来に対して発信する豊饒なメッセージを提示する。それが「アフリカから世界をみる」ための最終段階ということになる。

それでは次から、この三段階にそって議論を進めることにしよう。

# アフリカは今

## 絶望と希望の相克

今日のアフリカは急激にグローバル化する世界のなかで、新たな位置を獲得しつつある。アフリカ社会は、二つの相対立するベクトルの葛藤のなかで大きな変化を経験しているのである。一つは、一九九〇年代とは対照的に、高い経済成長に支えられた発展と成長の希望のベクトルであり、もう一つは、低開発、感染症、紛争など山積する「問題」に呻吟する絶望のベクトルである。

この二つのベクトルの相克は、アフリカが植民地宗主国から独立を達成して以降、繰り返し経験してきたものだ。一九六〇年代は、多くのアフリカ諸国が独立を勝ち取った希望にあふれた時代だった。しかし一九七〇年代から一九八〇年代にかけてアフリカは停滞する。民族紛争や軍事クーデターによる政治的混乱は、米ソの東西冷戦対立という当時の世界政治の基本力学を背景にして、地域紛争へと拡大していった。つづく一九九〇年代、アフリカは、内戦・内乱、貧困・失業、HIV・エイズの蔓延、環境破壊や旱魃《かんばつ》・飢餓にいたるまで、あらゆる種類の「問題」が制御不能なまでに深刻化する「破局の時代」を経験することになった。

しかし、二一世紀初頭にはいると、状況は一時的に一変した。世界的な資源価格の高騰を

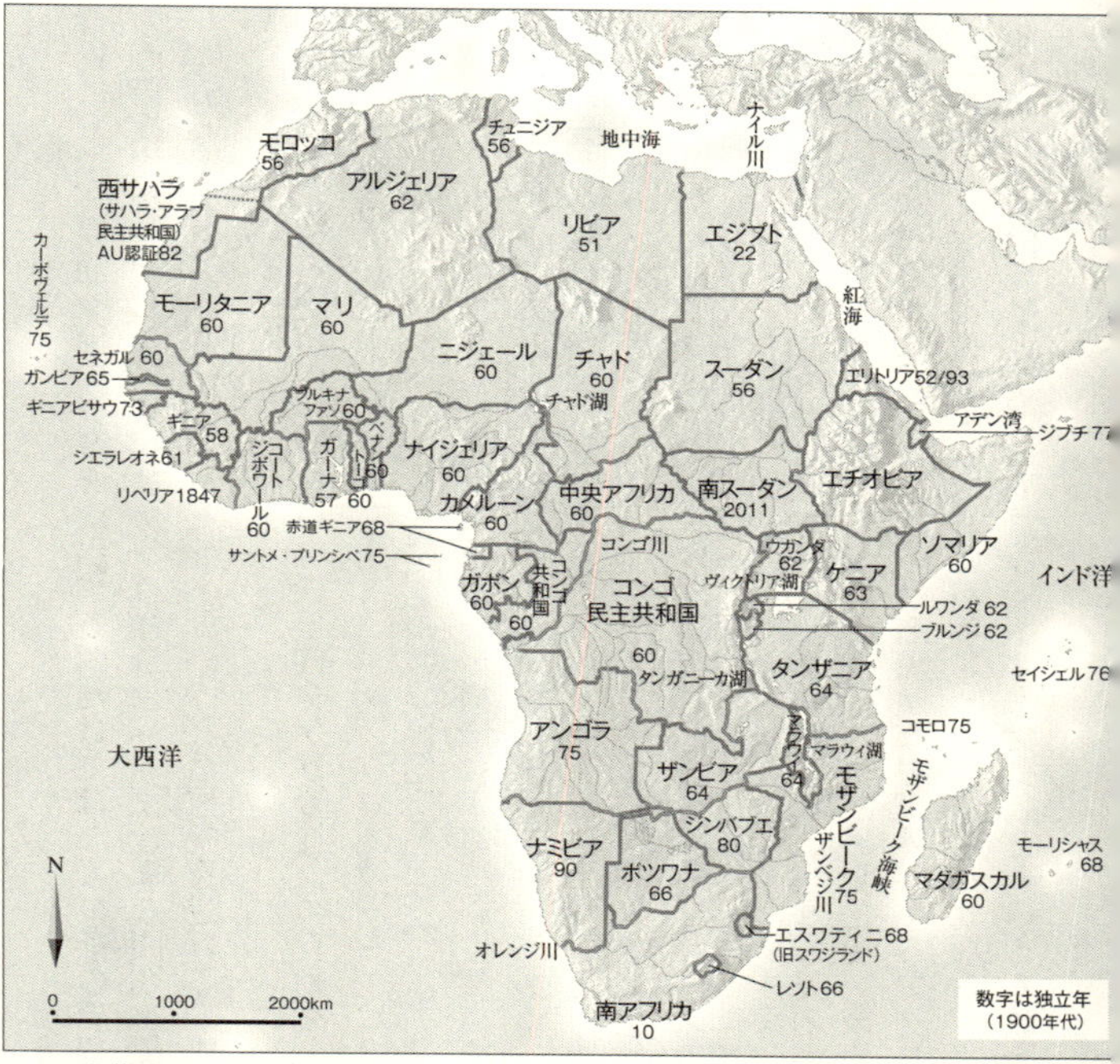


現代のアフリカ国家　『新書アフリカ史』（講談社、1997年、武内進一作図）および『改訂新版　新書アフリカ史』（講談社、2018年）をもとに作成

背景にして、原油や稀少《きしょう》資源を産出する国だけではなく、その周辺の国々にまで、外国からの直接投資が激増した結果、アフリカ社会は、さまざまな問題を依然として抱えながらも、年率五パーセントから一〇パーセントという経済成長を遂げる「成長する大陸」に変貌していった。

こうした希望と絶望の往復という近現代アフリカ社会の変動を全体的に捉えようとするとき、これまでの研究は、大別すると、二つのパースペクティブによってなされてきたといえるだろう。一つは、アフリカの変化や困難の原因と、それを乗り越えるための主要な方策を、アフリカ外の世界のマクロな政治経済構造に求めていく視点であり、もう一つは、それらをおもにアフリカ社会内部のダイナミズムに求める見方である。前者は、これまでのアフリカ社会が経験してきた希望や絶望を、植民地支配、冷戦構造、構造調整、グローバル化といった世界のマクロ構造と結びつけて、アフリカを位置づけようとする。イマニュエル・ウォーラーステインやウォルター・ロドニーに代表される「世界システム論者」はその代表だろう。

これに対して、アフリカ社会の展開と困難の要因（およびそれへの処方箋）をアフリカ内部に求める考え方も存在している。たとえばアフリカ現代史・政治思想史を研究しているパトリック・シャバルは、開発援助や構造調整など、外部からアフリカ社会を変革しようとする試みは、基本的に失敗する運命にあると断言する。なぜなら、アフリカ社会には、西欧的意味における開発や人権とは異質な、ネオ家父長制ともいえる政治文化が出現しており、それらは、外来の援助や介入を深層において拒絶しているからだ。あるいは、アフリカの代表的知識人であり、政治学、アフリカ・イスラーム思想の研究者でもあるアリ－マズルイは、資本主義も社会主義もアフリカにとっては「外から押しつけられた」制度・思想として否定・批判したうえで、アフリカの伝統的遺産に基づく自前の制度と思想の重要性を強調する。

## アフリカ自前の処方箋

この問題に対する本章の立場は明快である。現場のアフリカ研究者は、アフリカにおける長期のそして集約的なフィールド調査を通じて、アフリカが直面している「困難」「問題」を肌で感じている。それは、たしかに植民地支配やグローバル化といった外部からの構造的条件と密接に関わって生起したものだが、そうした問題への処方箋が、アフリカ社会のなかでアフリカ人自身の社会・文化的資源として蓄積され運用されていることも、同時に実感している。この処方箋の実践性と社会・文化的意義は、これまでの、「外部条件によって翻弄《ほんろう》される無力なアフリカ」観のなかで、不当に貶《おとし》められてきた。

アリ－マズルイ教授　アフリカ自前の制度、思想の重要性を強調する

その一方で、シャバルのように、伝統的制度が形を変えて外部からの介入を拒否しているという視点では、アフリカ社会が育ててきた潜在的な現状変革力を、排他的で閉鎖的なローカル・システムとして平板

に捉えることになってしまう。実際には、アフリカ固有の知というものが悠久不変な形であるわけではない。それはマズルイが理念的イデオロギー的に賞賛するような、不変の実体とはほど遠いものだ。むしろアフリカの伝統的知識と実践は、つねに西欧近代やアラブ・イスラームといった外部世界からアフリカに押し寄せてくる知識と実践の体系と、生活の現場で折衝・衝突・融合・接合を繰り返しながら、新たに更新され生成されていくものであり、内部にこうした外部と折衝する能力を秘めたいわば融通無碍《ゆうずうむげ》なインターフェース機能を備えている。本論は、アフリカの個々の社会が創造し蓄積してきた、変化（困難など）に対処する処方箋を、理念からではなく、現場の立場から捉える。またそれを固定的実体ではなく、つねに変動する不定形の知恵の一群として捉え、その適用可能性をとりだしアフリカの叡知として把握することによって、人類の共通の資産として位置づけることを提唱してみたいのである。

**成長する大陸**

アフリカが、今日、世界の経済を支える一つの牽引力となっているというと、驚く人もいるかもしれない。アフリカと言えば、飢餓、内戦、貧困というのが典型的な地域イメージとして定着してきたからだ。しかしこの状況は、二一世紀に入り二〇〇八年末のグローバルな経済危機の時代までの時期をとりあげると、劇的に変化した。アフリカには、本稿を執筆している二〇〇八年現在、九億を超える人々が暮らしている（文庫版の注・アフリカの人口はその後も増え続け、二〇一八年時点で一三億人に迫ろうとしている）。一九八〇年からの二〇年間で人口が倍増したにもかかわらず、一人あたりのGDPは一〇〇〇ドルから五〇〇ドルに半減した。これがアフリカの絶望の「事実」を物語ってきたのだが、この時期、経済はプラス成長に転化し、アフリカ全体をとると実質成長率で五パーセント、一人あたりGDPをとっても三パーセント弱の成長回復を示した。もちろん、こうした成長によって、貧困状態が解消し食糧不足問題が解決したわけではない。しかし、一九九〇年代にアフロペシミストが予想したような「社会の破局」とは裏腹に、都市部では、自家用車にのりラップトップ・コンピューターをあやつる中間層が大量に出現しはじめたし、農村部においても携帯電話の普及が一挙に進むなど、格差つきではあれ「豊かさ」の切片がかいまみられるようになった。

アフリカ大陸のほぼ全域を覆った泥沼の内戦も、二一世紀初頭には次々と和平合意が締結され、一時的な終息をみた。一九八九年に当時の大統領はじめ多くの政治指導者が殺戮《さつりく》されて以降、複数の政治勢力が血みどろの内戦をつづけてきたリベリアは、二〇〇三年に和平合意が結ばれ、二〇〇五年には大統領選挙がおこなわれ、初の女性大統領が就任した。映画『ブラッド・ダイヤモンド』の舞台となったシエラレオネも一九九一年以来つづいていた反乱軍との内戦が終結し、二〇〇二年には大統領選挙が平和裡に実施され、二〇〇五年には駐留していた国連の平和維持部隊も撤退した。一九五五年から内戦が断続的に継続してきたスーダンでは、南部のＳＰＬＡ（スーダン人民解放軍）と北部中央政府とのあいだで二〇〇四年に和平合意が結ばれ、南部に大幅な自治を与え、中央政府の副大統領ポストにＳＰＬＡの司令官を任命する権力分有が成立した。このようにアフリカ全土に波及した内戦内乱が一応終結し、国内外に避難していた難民の帰還もはじまった。安定した経済成長を背景にして、政治的動乱から社会秩序の回復がみられるようになったのである。

こうした政治的安定は、一国レベルだけで起こった現象ではなかった。アフリカ全土の統合と安定をはかる、アフリカ連合（ＡＵ）の成立によって、アフリカの政治的・社会経済的統合をはかろうとする動きも目を見張る成果をあげてきた。一九六三年に成立したアフリカ統一機構（ＯＡＵ）は、植民地支配の遺制を強く残した新しい国家群の緩やかな集合体であったが、二〇〇二年に誕生したアフリカ連合は、ヨーロッパ連合（ＥＵ）の影響を強く受け、域内の統合をはかろうとする強い意志とそれを実現させる制度を作り出した。たとえば、域内の安全保障や経済的利益の確保達成だけではなく、民主主義的制度やgood governance、あるいは人権といったグローバル基準の価値の遵守と促進が組織の目的に盛り込まれているのである。こうした理念に基づいて、域内の紛争解決のために独自の平和維持部隊を組織し紛争地に派遣してきた。二〇〇三年五月には初のＡＵ平和維持部隊が、ブルンジに派遣され、以後、ソマリア、スーダンなどにも部隊が送りこまれた。そのほかにも、統一議会（パンアフリカ議会：ＰＡＰ）や統一司法機構なども設立され、アフリカは安定と成長を域内五二ヵ国（文庫版の注・二〇一八年時点では五四ヵ国）と一地域（一地域：西サハラの三分の一を実効支配するサハラ・アラブ民主共和国）の協力で達成しようという実験

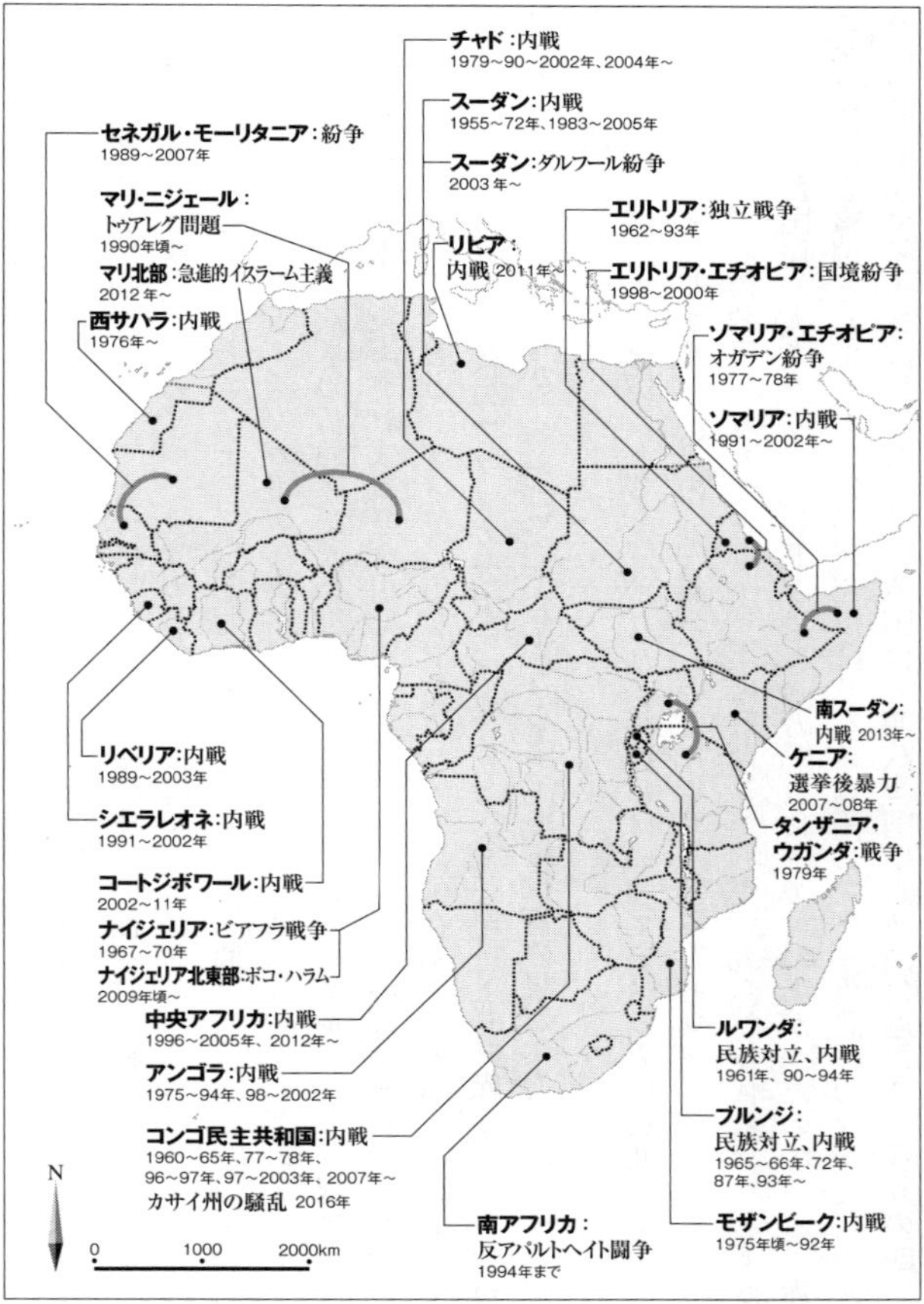


アフリカの主要な武力紛争　『新書アフリカ史』（武内進一作図）および『改訂新版　新書アフリカ史』などをもとに作成

にとりくんでいる。

二一世紀にはいって起こった成長への転換を導いた直接の原因が、世界的な資源価格の高騰であったことは間違いない。とくに二〇〇三年を契機に原油や鉄・銅などの金属鉱石価格が急騰するのと軌を一にして、アフリカの国民総生産額もはねあがっている。たとえば二〇〇二年の価格を一〇〇とすると、二〇〇七年の時点ですでに原油は四倍近く、金属は三倍近い高値になった。スーダン、ガボン、ナイジェリア、コンゴ共和国、赤道ギニア、チャドといった産油国には、欧米の石油メジャーをはじめ中国、インド、マレーシア、南アフリカなどから大量の資本が投下され成長を牽引した。二〇〇八年現在、中国の全石油消費量の三割をアフリカが供給しており、アメリカもアフリカへの原油依存率を一五パーセントにまで高めている。一九九〇年代のアフリカ経済を底支えしてきたのは、北側先進国からのＯＤＡ（政府開発援助）だったが、今では、それとならんで直接投資の果たす役割が飛躍的に増大しつつある。

たとえば赤道ギニアを例にとると、一九九〇年代にはいってアメリカの石油メジャーの手によって油田開発がすすみ、この一〇年のあいだに年率二〇パーセントという驚異的な経済成長を遂げた。その結果、カカオとコーヒーに依存していた一九八〇年代には、わずか三〇〇ドルだった国民一人あたりのＧＤＰが実に一万ドルにまではねあがったのである。赤道ギニアは極端な事例としても、二〇〇三年以降サハラ以南のアフリカ諸国のなかで、一人あたりのＧＤＰがマイナス成長になっている国は、四八ヵ国中六ヵ国に過ぎず、残りの四二ヵ国

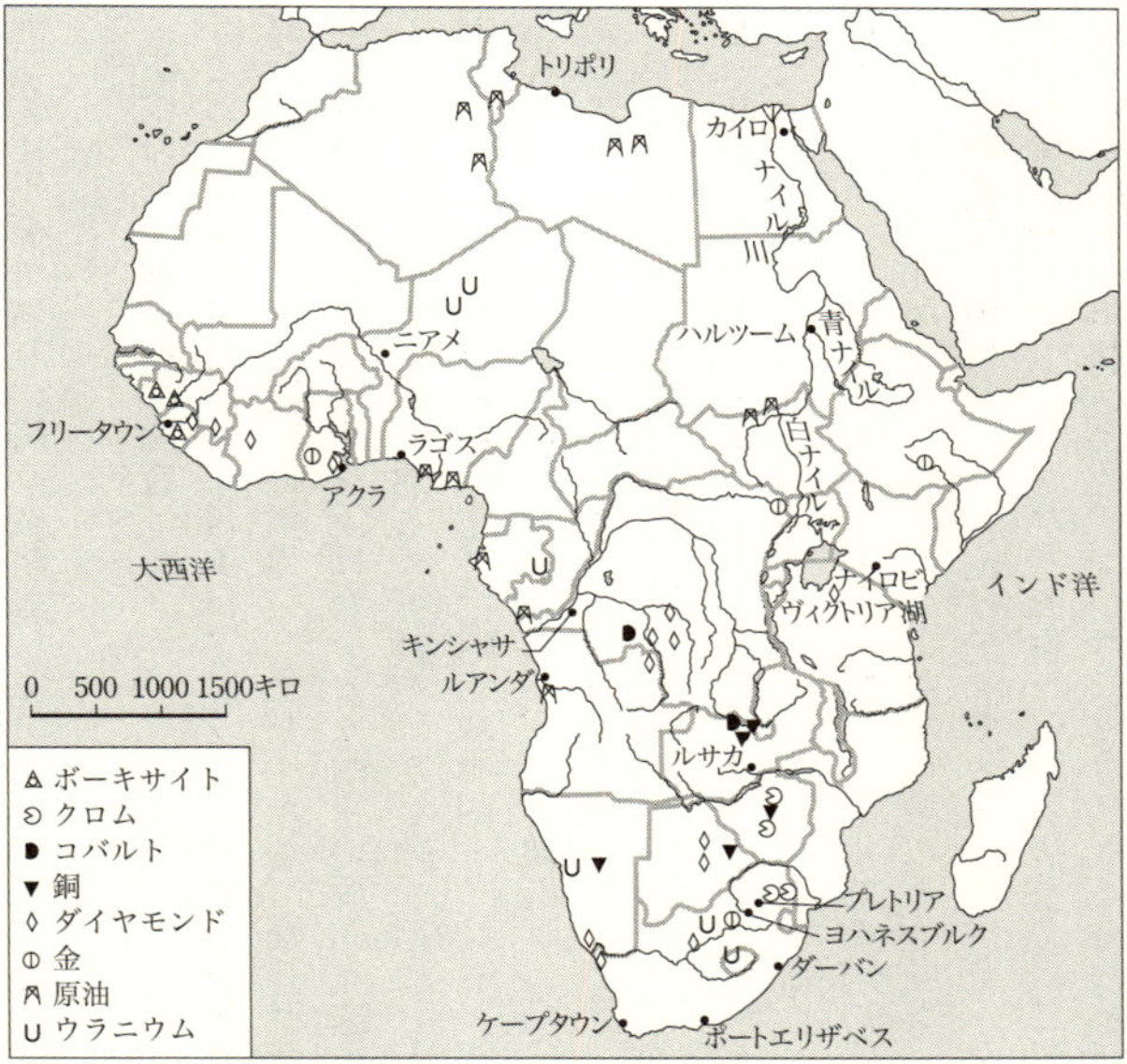


アフリカの天然資源　主要な産地と都市

は、プラス成長に転じた。つまり原油や鉄鉱石などの資源輸出国以外の周辺諸国も程度の差こそあれ、成長軌道にのりつつあったのである。こうした資源開発を中心としたアフリカ投資と開発援助の世界で存在感を急速に増しているのが中国だ。中国は、二〇〇五年時点で世界の製造業生産の一五パーセントを占めるまでになった。その過程で、大量かつ急激に石油や鉄などの資源を消費している。石油については、年率三〇パーセントを超える勢いで消費量を増大させている。こうした中国にとって、アフリカの資源は死活的に重要であり、国家戦略としてアフリカへの投資と援助を激増させてきた。

## アフリカ支援競争の本音

これに対抗するように、日本はアフリカに対する姿勢を転換させはじめた。一九九五年には日本の対アフリカ援助は世界第二位だったが、緊縮財政下で予算カットが続き、二〇〇七年には第五位にまで順位を下げた。また欧米の援助先進国は、ODA総額の四分の一をアフリカに配分しているのに対して、日本は総額の一割にとどまっている。こうしたアフリカに対する日本の存在感の希薄化と、欧米や中国・インド・南アフリカによる資源確保のための直接投資の増大という現実を前にして、日本政府は二〇〇八年五月、第四回アフリカ開発会議（TICAD Ⅳ）を開催した。この会議には、アフリカから四一の国家元首を含む五一ヵ国の代表が参加した。これに加えて、G8やアジア諸国の代表など開発パートナー三四ヵ国、七四の国際機関やNGOの代表など総勢三〇〇〇人以上が顔をそろえる空前の国際会議となった。今回の会議の基本メッセージは「元気なアフリカを目指して―希望と機会の大陸」という、この時点でアフリカが経験している空前の経済的成長の基調にそったものだった（二〇〇八年末以降の世界的金融危機の中にあっても、この認識は変更されていない）。

当時の福田首相は「二一世紀はアフリカ成長の世紀」を強調しながら、道路網などのインフラ整備に四〇億ドル、アフリカ投資倍増支援基金に二五億ドル、日本の対アフリカ援助を五年間で現在の年間一〇億ドルから二〇億ドルに倍増といった華々しい援助公約をうたいあげた。それはちょうど二〇〇六年一一月に北京で開催された「第三回中国アフリカ協力フォーラム」の北京宣言を思い起こさせるものだった。北京のアフリカ支援会議にも、中国と国交のあるアフリカ諸国四八ヵ国すべての国から首脳が参加し、三五ヵ国からは国家元首が参加して、中国との太いきずなを世界に示した。そこで胡錦濤《こきんとう》国家主席は、二〇〇九年までに中国のアフリカ支援を倍増させることを約束し、融資や投資支援基金としてあわせて一〇〇億ドルを拠出すると表明した。

こうした日本と中国の動きは、グローバル化の荒波のなかで国家の生存と発展をはかるための国家戦略としての共通性をもっている。原油や天然資源の安定した供給を確保するための条件として、アフリカ社会の成長と安定化をはかろうとしている。このようにアフリカは、世界経済の貴重な資源供給地として、豊かな国々の官民が協力や開発援助を旗印に、こぞって権益の確保と分配の競争をするホットな舞台となっているのである。

### 苦悩する大陸

たしかに資源価格の高騰は、アフリカ経済を底支えして、一人あたりのGDPを上昇させたことは間違いない。しかし、それは希望と機会の大陸にそのまま直結するものではない。経済統計の数字だけをとれば、あるいは首都の繁華街のオフィスだけをみれば、成長は「事実」にみえる。だが、首都の郊外に広がるスラムや疲弊した農村、半乾燥地帯の牧畜民の暮らしの現場から社会をみると、一九九〇年代にアフリカを覆った「病理」や「問題」は基本的には何一つ解決されていないことがわかる。成長の数字を誇示するアフリカは、同時に、依然として深刻な問題に呻吟する社会でもある。そのことは「グローバル不況」のなかでさらに明確になりつつある。

アフリカは安定した経済成長にともなって、政治的安定と貧困・低開発などの社会的不安の軽減がはかられたと指摘されてきたが、二〇〇八年をとってみても、内戦や住民虐殺などの悲劇は継続的に生起している。たとえばスーダンのダルフール紛争は、国連やアフリカ連合のPKO部隊の派遣にもかかわらず、依然として解決の兆しを示さないし、ソマリアの内戦は二〇〇二年に停戦合意がなされ二〇〇五年には暫定政府が樹立されたにもかかわらず、むしろ激化する傾向にある。

ダルフール紛争は、勃発したのは二〇〇三年二月だが、一九七〇年代以降三〇年余りの間に積み重なった旱魃、人口過密、砂漠化によって、牧畜を主要な生業とするアラブ系の民族が牧草地と水を求めて南下をつづけ、南部のアフリカ系農耕民族の土地に侵入しつづけたことが背景にある。アラブ系牧畜民族は、ジャンジャウィードと名乗る民兵組織を結成し、スーダン国軍と共同で、フール、ザガワなどのアフリカ系農耕民を主体とするスーダン解放運動（SLM）や正義と公平運動（JEM）と武力衝突を繰り返した。国連によると、この紛争では二〇〇六年までに四〇万人が死亡し、二五〇万人が国内避難民となったという。紛争は、今日もなお、毎年一〇万人以上が犠牲になる「ジェノサイド」として継続している。二〇〇八年にはスーダン政府のオマル・バシル大統領が、国際刑事裁判所（ICC）の検察官から「人道の罪」などで訴追され逮捕状が出されている。

こうした反政府武装組織と政府軍とのあいだの戦闘は、スーダン以外にもコンゴ民主共和国、コートジボワール、ソマリア、ブルンジ、西サハラなどで和平合意締結後も継続し、多くの難民をうみだしている。このような武力対立という形態ではなく、大統領選挙や物価値上げなどをきっかけにして社会が、突然、破局的状態に陥ってしまうことも頻発している。たとえば独立以降、アフリカのなかでは政治的安定度がもっとも高いとされてきた東アフリカのケニアにおいて、二〇〇八年初頭に起こった殺戮と衝突は、その一例である。

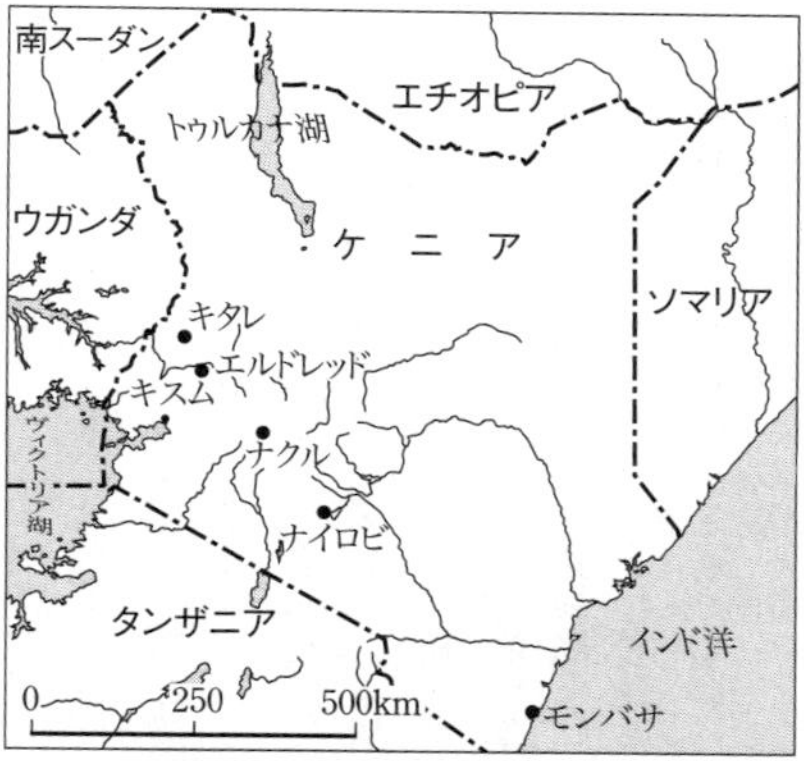

ケニアの主要都市

**ケニア　選挙後の暴力の悲劇**

二〇〇七年一二月二七日に行われたケニアの大統領選挙は、欧米の要請（圧力）によって導入された複数政党制下の四回目の選挙であり、現職大統領派と有力野党指導者とのあいだで、激しい選挙戦が闘われた。直前の世論調査では野党候補の優勢が伝えられ、開票当初もその傾向が持続していたが、深夜になって開票報告が中断し、翌日には現職ムワイ・キバキ大統領の再選が宣言された。そして現職大統領は、一二月三〇日、即座に大統領就任式を強行したのである。開票結果の報告が遅滞し始めた時期から、野党支持者による大規模なデモが五月雨式に起こり、その過程で武装警察と激しい衝突を繰り返し多くの死傷者と逮捕者を出した。さらに野党支持の厚い地域では、与党候補と同じ民族出身者が暮らす村や住宅、あるいは経営する店や工場を襲撃し、彼らを死傷させ財産を焼き尽くした。なかでも最悪の惨劇は、二〇〇八年一月一日に、リフトバレー州北部の中心都市であるエルドレッド近郊の村で起きた殺戮だった。エルドレッドは、植民地時代から、豊かな農産物の集積地として、異なる民族的出自をもつ多くの商人や労働者が集まる多民族都市だった。選挙後の暴動が拡大するなかで、身の安全を案じた、与党候補と同じキクユ人の一部は、もっとも安全な避難所として、キリスト教の教会に女や子どもを避難させていた。この教会が、元日未明に何者かによって放火され、中で避難生活を送っていたほぼ全員が焼き殺されたのである。

エルドレッドの虐殺の報を知った、キクユ人の若者たちは、今度は、逆にキクユランドで暮らす、野党候補の支持基盤であるルオ人やカレンジン人といった民族に属する人々をターゲットにして無差別殺戮を開始する。この復讐《ふくしゅう》の連鎖によって、またたくまに犠牲者は一五〇〇人を超え、避難民の数は六〇万人を突破した。独立以降、半世紀近くにわたってケニア社会が享受してきた多民族共生と国民建設の実績が根底から揺らぎ、内乱と社会秩序崩壊の瀬戸際にまで追い込まれたのが二〇〇八年の一月だった。経済成長の追い風をうけて、紛争の停止と政治的安定化を達成しつつある地域や国家も、その深層にある問題構造（たとえば独立以降の土地や権力の不公平配分）をみると、希望とはほど遠い状態にあることがわかる。

## 変わらない貧困と低開発

その経済成長にしても、たしかにマイナス成長からは脱したものの、豊かさをもたらす成長とは言い難い。しかも問題なのは、こうした成長を享受するのは、都市の新興中産階層以上のごく一部の人々であり、国民の圧倒的多数を占める農村部の住人や都市に滞留する半失業層にとっては、生活の困難という次元から生存の困難の次元にまで事態は移行しているのが現実なのである。こうした生存の困難は、現実の生活世界の事例を紹介するまでもなく、経済統計の数字からも十分読み取ることができる。

まずマクロな経済動向から成長の大陸の裏側をみてみよう。国際機関などが公表した各種統計や報告書をもとにして二〇二〇年のアフリカの貧困状態を予測してみる。たとえば二〇一〇年から二〇二〇年までの国民経済の成長予測をみると、東アジア諸国では、のきなみGDP成長率が一〇〇パーセントを超えている（韓国一二七パーセント、モンゴル一二一パーセント、中国一二八パーセントなど）。つまり、この一〇年間で、国民経済の規模は二倍に成長するということだ。これに対してサハラ以南のアフリカ諸国では、国民一人あたりのGDPの伸びは、たしかに成長傾向を示すものの、その数字はようやく一・六パーセントという低さである。しかも一人一日一ドル以下で生活している貧困層の数は、世界レベルでは一〇億人から六億人へとこの時期減少するにもかかわらず、アフリカでは横ばいをしめし改善の兆候はみえない。こうした貧困層の多くは十分な栄養を摂取できない。国連食糧農業機関（FAO）の試算では、一九九七～九八年には世界全体で栄養失調人口は七・七六億人にのぼるが、二〇一五年にはそれが六・一億人にまで減少するという。ところがサハラ以南のアフリカに限ってみると、この数字も横ばいで減少傾向は示していない。

世界的に経済が「健全」に成長するという「予測」のなかでさえ、アフリカだけがいぜんとして生存困難なレベルに取り残されている状況が指摘されている（ましてや世界経済の成長が停滞する場合、アフリカはさらなる破局と直面することが予想される）。

二一世紀のアフリカは、たしかに私たちが一九九〇年代に強くすり込まれた絶望と暗黒の社会ではなかった。高騰する資源を切り札にして世界経済のなかで存在感を増大させる成長と希望の大陸へと変貌しつつある。その一方で、アフリカ社会が独立した当時から胚胎していた「病巣」は切開されることも、治療されることもなく、今日のアフリカ社会のなかに温存され人々を苦しめている。人々は、こうした歴史的に外部から強いられた困難な状況のなかで、自らの知恵と実践によって、「病巣」を検証し、それを癒やそうとする膨大な人間的努力を積み重ねている。

次節では、このアフリカ社会に外部から仕込まれた「病巣」を歴史的に解明する作業を行うことにしよう。

## 歪められたアフリカ・スキーマ

### アフリカ・スキーマ

二一世紀初頭のアフリカは、グローバル化のなかで、希望の兆しと苦悩の根深さがかいまみられる、複雑に激動する社会であった。しかしながら、こうしたアフリカ社会を捉え、認識し、理解する私たちの枠組みは、基本的には二〇〇年以上も前から変わらぬ硬直した、教条的なものだ。認知心理学の分野では、外界からの情報を処理するために主体が使う既製の知識の枠組みや活動の枠組み、構え mental set を総称してスキーマというが、アフリカに関するあらゆる情報を処理し解釈・理解するための知識の枠組みをアフリカ・スキーマと呼ぶとすると、従来のアフリカ・スキーマをとりだしてその歴史的成立過程を解明することが必要になる。そうすることで、これまでのアフリカ認識や理解とはまったく異なったアフリカ像が見えてくるからだ。そればかりか、これまでのアフリカ・スキーマが体系的に隠蔽《いんぺい》したり不可視にしたりしてきたものに光をあてることを通して、新たな世界認識を獲得することが可能になるだろう。

### スキーマの誕生

硬直したアフリカ・スキーマの代表として、ここでは、部族対立スキーマをとりあげるこ

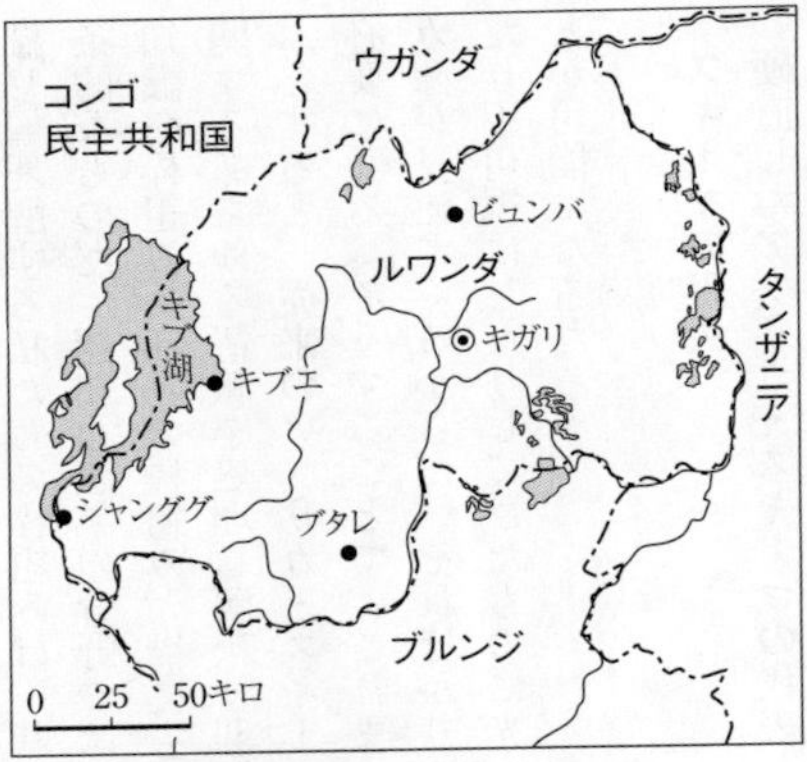

ルワンダ内戦関連図

とにしよう。部族対立図式は、アフリカで生起するあらゆる種類の政治的対立、軍事的衝突、社会的憎悪をすべて部族対立で説明してしまう万能の解釈枠組みである。その一例を、一九九四年のルワンダの悲劇と二〇〇八年のケニアの騒乱を事例にして検討してみよう。

　ルワンダ内戦については、今世紀にはいって相次いでこの内戦をテーマにした映画が公開され評判になった。『ホテル・ルワンダ』と『ルワンダの涙』である。『ホテル・ルワンダ』は、ルワンダの現職大統領が謎の事故死を遂げたあとの混乱の中で、「ツチ族」市民を、虐殺していく「フツ族」民兵組織から守り、自ら経営するホテルに避難させ、結果的に一〇〇〇人以上の命を救ったマネージャーの実話である。彼自身は「フツ族」であり、妻は「ツチ族」であった。一方、『ルワンダの涙』は、ルワンダの首都キガリのミッション・スクールに赴任していたイギリス人青年教師が、虐殺勃発《ぼっぱつ》時に「ツチ族」の生徒を守りきれずに自分だけ避難していくという複雑な経験を通して、虐殺とそれに直面した人間のさまざまな姿を描き出したものだ。ルワンダにおける一九九四年の虐殺は、基本的には、以下のように説明されてきた。

ルワンダは第一次世界大戦まではドイツの植民地であり、その後ベルギーの支配下に置かれた。ルワンダの部族構成は、フツ族八五パーセント、ツチ族一四パーセントそして先住の狩猟採集民トゥワ（いわゆる「ピグミー」）が一パーセントとなっている。一四世紀、エジプト文明にも繋がるハム系の言語を話す背の高い牧畜集団が、北方から現在のルワンダ方面へ移住してきた。彼らがツチ族の先祖である。彼らは、優れた武器と高い文明を背景にして、バンツー系言語を話す土着の農耕民の上に征服王朝として君臨した（これがサハラ以南のアフリカ社会における文明の「痕跡」をすべて、エジプト文明の末裔の功績にする「ハムの神話」である）。征服された農耕民がフツ族で、フツは支配者たるツチに対して税や賦役《ふえき》をおさめることを義務付けられた。一八九九年、ドイツの植民地支配が始まると、植民地政府は、ツチ族支配層を間接統治の代理人として選び、ツチ族のフツ族に対する支配構造を温存助長した。ところが独立後、一人一票の選挙制度が導入されると、多数派であるフツ族が政権を握った。彼らは、数百年におよぶ迫害の恨みをはらすためにツチ族の虐殺を開始した。独立直後の一九六三年一二月には、フツ族によって二万人のツチ族が殺戮された。以後、両者の報復はとどまることなく続いている。ツチ族のなかには、報復と弾圧を恐れて、周辺の国に避難する人々も現れた。とくにウガンダに亡命したツチ族は「ルワンダ愛国戦線（ＲＰＦ）」を結成して一九九〇年以降、武装反乱をつづけてきた。一九九四年四月、フツ族出身のハビャリマナ大統領を乗せた飛行機が首都の飛行場で離陸直後に墜落し、全員が死亡した事件を契機に、フツ族の民兵組織「インテラハムウェ（民族の槍《やり》）」を中心とするフツ族青年や兵士が、ツチ族の無差別虐殺を開始した。首都に侵攻したツチ族主体のルワンダ愛国戦線が政権を握るまでのわずか三ヵ月のあいだに、八〇万人とも一〇〇万人ともいわれる犠牲者がうまれ、二〇〇万人にものぼる難民をつくりだした。

部族対立スキーマは、これを、一五世紀に「ツチ族」が現在のルワンダに移住してきて以来の、数百年におよぶ部族間の対立・憎悪の産物として解釈するのである。同じような定型化された理解は、二〇〇八年のケニアにおける騒乱においても見受けられる。ケニアの場合は、大統領選挙の開票の遅れを契機とした殺戮と暴動だったが、その対立も基本的には、現職大統領の権力基盤である、ケニア最大の部族「キクユ族」と、ケニア独立後、権力から排除されてきた野党大統領候補の「出身部族」である「ルオ族」とのあいだの積年の「部族対立」が背景にあると認識され理解されてきた。

このように「部族対立スキーマ」は、「アフリカ・スキーマ」の代表的な装置としてアフリカへの眼差しを独占してきたのである。

## 部族とは何か

アフリカ理解の万能図式としての「部族対立スキーマ」だが、今日ではその歪みが批判の俎上にのせられ、その形成の歴史的過程の考察が要請されている。問題点はいくつもある。

その第一は、部族という語彙《ごい》そのものである。私たちは、アフリカの人間集団を指すとき、あるいは大統領や首相について語るとき、部族に注目する。もちろんこれこそ「部族スキーマ」の産物なのだが、そもそも何故、アフリカの場合、部族という言葉を使用するのだろうか。ルワンダの植民地宗主国ベルギーにもルワンダ同様、二つの社会集団の対立が指摘されている。言うまでもなく、北部のオランダ語系フラマン語を話すフラマン人と、南部のフランス語を母語とするワロン人のあいだの対立である。両者は、言語、文化だけでなく、就業構造や政治党派も異なるが、これをワロン族とフラマン族とのあいだの「部族対立」とは呼ばない。政治学の議論のなかには、国家形成を志向する集団とその志向を持たない集団、あるいは人口規模の大きな集団と比較的小規模な集団といった基準で、民族と部族を使い分けると主張するものがあるが、それも、アフリカについては当てはまらない。ケニアの「キクユ族」はそれだけでデンマーク一国ほどの人口を有しているし、一九六〇年代の「ビアフラ戦争」で国家の独立を求めたナイジェリア東部のイボ人は、つねに「イボ族対ハウサ族」の部族対立スキーマによって語られてきた。部族という言葉を選択した時点で、すでに部族対立スキーマを受容していることになる。それは、アフリカ＝未開の観念と知識と一体なのである。

そもそも部族とは何なのだろうか。あらゆる社会は、全体社会と個体としての個人とのあいだに、さまざまな形の人間集団を介在させ、個体間の連帯と協力を「自然」な形で実現してきた。家族や親族集団もその一例だし、ここで民族あるいは部族と呼ばれる社会集団もこうした中間的社会集団である。これらの集団を編成する原理は、ちょうど家族編成の原理（家族の形態）が、それぞれの社会で異なっているように、社会にはそれに適合した中間的社会集団を編成する知恵と制度が備わっている。この独特な集団編成の原理については、あとで詳しく説明するが、ルワンダやケニア、あるいはもう少し広くとるとアフリカには、西欧や日本とは異質の（民族）集団編成の知恵があると考えたらよい。その意味で、ケニアにおける集団編成とベルギーに見られる集団編成に、異なった言葉を与えることは間違いではない。しかし、現実には、明らかに、文明世界では民族、未開世界では部族という先入観に基づいたステレオタイプによって、両者の使い分けがなされている点で、それぞれの地域の集団編成特性を詳細に検討して導き出されたものではなかった。

では改めて部族対立スキーマが想定する部族とはどのようなものなのだろうか。それは三つの特徴をもっている。第一の特徴は、閉鎖性と排他性であり、第二の特徴は、全体への無条件の服従性と忠誠性だ。そして第三の特徴としては、先述した未開性と野蛮性があげられる。この三つの特徴を備えた集団イメージとして、部族対立スキーマは、部族を表象し、アフリカ理解の知的営為のなかで、それを流通定着させていったのである。具体的には以下のような集団が部族集団として仮想されることになる。

閉鎖性と排他性にしたがって、人々は「生まれながら」にして特定の部族の成員となることを運命づけられ、悠久不変の部族共同体の絆によって自分だけではなく子々孫々に至るまで拘束される。それは自動的に、よそ者・異人に対する峻別と排斥をもたらすことになる。

こうして固く閉鎖された部族共同体のなかに閉じこめられた成員は、部族共同体に対してだけ、奉仕と忠誠を誓うことになり、それ自身が生の充実と結びついていく。部族共同体においては、成員個々人の個性や個人的嗜好《しこう》は意味を持たず、全体への無条件の服従が要請される。こうして形成された部族共同体は、近代的な個の自律とは正反対の未開で非文明的な集団である。こうした集団においては、異質な他者を徹底的に排除する過程で、凶暴で野蛮な暴力が動物的な本能のおもむくままに行使される結果、多くの「人道に対する罪」を平気で犯すことになる。それがまた部族集団が、野蛮で未開であることの証拠とされる。これが、部族対立スキーマによって結ばれた部族像である。

## 植民地支配と部族対立の発明

閉鎖性・排他性、共同体への忠誠・服従、未開性・野蛮性といった部族対立スキーマを特徴づける「部族性」は、じつのところ、基本的には、植民地支配の過程でヨーロッパの統治者によって考案・移植・定着させられたものだといってよい。後で述べるように、それまで多くのアフリカ社会が固有に育んできた集団編成の知恵は、こうした「部族性」とまさに正反対のものだった。それは、開放的で高い移動性を示し、共同体の境界はつねに越境されたり無化されたりした。さらに絶対的で単一の帰属意識どころか、二重帰属や帰属変更も可能な融通無碍《ゆうずうむげ》の柔構造の社会集団だったのである。

このような柔軟な集団は、しかしながら統治や支配にとっては、やっかいな存在だった。

人民統治の基本は、一人一人を同定したうえで登録し、一覧表化することにあるからだ。その作業が整備されれば、徴税や労働力の徴募が可能になるし、治安管理も容易になる。ところが、実際のアフリカ社会は、極めて高い流動性と柔軟でつねに変容する組織を特徴としていた。人々は、小規模な父系親族集団をユニットにして頻繁《ひんぱん》に移住・移動を繰り返し、そのユニットの構成員も自在に入れ替わっていった。効率的な植民地支配を実行するためには、こうした状況を強制的に凍結し、新たなユニットを上から与える必要がでてきた。そこで植民地政府が考えたのが、当時、すでに首長制を実施していた西アフリカのような社会では、その首長制を流用することであり、そうした観念のない東アフリカの無頭制などの社会に対しては、上から、首長制を移植することだった。そこでは、社会を人為的に階層化させ部族社会化していったのである。

たとえばイギリスによる東アフリカ植民地支配を例にとると、統治の原則は、フレデリック・ルガード卿がナイジェリア総督時代（一九一四～一九年）に定式化したような間接統治であった。圧倒的多数のアフリカ人をごく少人数のイギリス人行政官が効率的に統治するには、アフリカ人のなかから代理人を創り出し、その代理人を通して人民を支配することが必要だった。その場合、イギリスにとってもっとも都合のよい代理人は、王や首長のような伝統的ポリティの長であり、もっとも都合のよい人民の単位は、閉鎖的で個々人が自己主張をせずに全体に無条件で服従する、未開な社会集団としての「部族」であった。なぜなら、この集団を活用すれば、ほんの数人の行政官の指示が、代理人の声を通じて、共同体の人民全員に一人のもれもなく、そして疑問や反抗もなく、権威をもって伝えられ受け入れられるからだ。この理念にしたがって、イギリスは東アフリカ社会においても、王や首長を探し出し、彼らとその伝統的政治組織を操作することによって、彼らの臣民と領土を支配しようと試みた。

しかしながら東アフリカのサバンナ地域では、西アフリカや大湖地域にみられる官僚組織を備えた王国や首長国は、ほとんど出現しなかった。そこでイギリスは、「部族境界」を地理上に人為的恣意的に定め、その境界線に囲まれた人々をその部族民として固定し登録した。人々は、植民地政府から、名前、出身村、そして帰属部族を記された身分証明書を発行されるようになった。境界内の領域は、トライバル・ホームランドあるいはリザーブ（居留地）と呼ばれた。リザーブを越えて、都市や白人農園へ出稼ぎに行くときには、身分証明書に、雇用主の承諾サインと滞在許可期間が明示され、自由な移動は制限された。ルワンダでもベルギーが同様の制度を導入し、人々は「フツ族」「ツチ族」「トゥワ族」と記載された身分証明書を与えられた。

## つくられたツチ・フツ対立

こうしてルワンダにおいて、ツチ族とフツ族が固定され分離されたのである。だがツチVSフツの部族対立図式は、現在「歴史を歪曲《わいきょく》するもの」として厳しく批判されるようになった。その批判点の第一は、牧畜民＝外来の支配者、農耕民＝土着の被支配者という思い込みが誤りであったことだ。今日の言語学、考古学的資料からは、一三～一五世紀に北方からクシュ系などの非バンツー系言語を話す集団が侵入した証拠はない。現代のツチもフツもまったく同じバンツー系言語（キニャルワンダ）の話者である。

また牧畜民と農耕民の関係は、一九世紀半ばまでは、基本的に平等であり、相互にサービスを交換しながら共生していたこともわかっている。彼らはともに同じ言語を話す土地の人間であり、外見上も変わりなかった。こうした状況が変化するのは、一九世紀後半のルワブギリ王（一八六〇～九五年統治）の時代になってからである。この時代、王国の版図は現在のルワンダ全域にまで拡大し、牧畜民と農耕民とのあいだにも、はじめて緩やかな上下関係が形成されはじめた。つまりツチが上位でフツが下位という「伝統的社会構造」は、じつはごく根の浅い柔軟な「伝統」だったのである。

批判の第二点は、ツチとフツという部族の枠組みについてである。これまで「背が高く褐色の肌をもつ牧畜民ツチ」「背が低く色が黒い農耕民フツ」という部族のステレオタイプが語られてきた。しかしながら第一の批判で述べたように、両者がまったく別個の民族集団だという証拠は、何一つない。一九世紀後半まで、両者の境界は明確なものではなかった。一五世紀ごろから、ルワンダ地方に住む人々のあいだで、農耕と牧畜の生業分化がすすみ、それぞれを専門にする階層が出現した。農民は丘陵地帯の頂上付近に住み、牧畜民は中腹から峡谷地帯を遊動した。それが一九世紀、ルワブギリ王の治世になると、裕福な牧畜民は王のまわりに集まり王の臣下となった。彼らはそのとき同時にツチという社会階層として自己形成したのである。一方、税や賦役を要求される農民は、フツとして緩やかに自己形成していった。

こうして一九世紀末には、ツチとフツという二つの集団の雛形《ひながた》が作られた。この人間集団の雛形を固定化し、もともと相互に流動していたツチ、フツ二つのカテゴリーを分断し固定化したのが、ドイツとベルギーによる植民地支配だった。彼らは、ルワンダ在住のすべてのアフリカ人を、ツチ、フツ、トゥワの三つの「部族」カテゴリーに分類して登録した。今日に至る民族の固定化は、このようにして「発明」されたものなのである。

ツチ族とフツ族という、大虐殺を繰り返している二つの「部族」は、じつのところ数百年来の「積年の憎悪」などとは程遠い、同根同族の人々だった。この同族の人々を、区分し、異部族として対立させたのは、この一〇〇年のあいだに生起した植民地支配と国民国家の権力作用に他ならなかった。人々を部族境界内に閉じこめ部族成員として登録させたうえで、彼らのなかの親白人協力者が、人々を束ね君臨するチーフに任命された。ヨーロッパ人が思いこんできたアフリカ・スキーマにそって、人工的な首長制社会が創設された。その首長たちは、登録された人民簿に基づいて、徴税・賦役といった植民地搾取システム

ルワブギリ王　19世紀末、ルワンダ王国の版図を拡大した征服王

の末端業務を担うことになった。このような行政首長に統治されるべき人々が「部族民」になり、植民地政府の代理人が、伝統や文化に粉飾された最高首長（パラマウント・チーフ）になったのである。

上記の再編の過程において、部族境界を超えて移動する（つまり帰属する部族自体を変更したり、部族共同体からドロップアウトしたりする）ことは禁止され、部族という単位はしっかりと固定された。今日のアフリカにおける紛争の元凶《げんきょう》のように言われる部族は、このようにして発明されたといってよい。いっけん、前近代的（非文明的）あるいは本源的で自然な人間の集まりに見えるアフリカの部族は、じつは近代化の過程で人為的に形成された社会集団だったのである。

では、こうして植民地支配の過程で創られた部族は、独立から今日にいたるまでどのような変容をとげてきたのだろうか。

## 国民国家と部族意識

第二次世界大戦がおわると、アフリカ社会では、ヨーロッパの宗主国からの独立を求めるナショナリズムとパンアフリカニズムの動きが澎湃《ほうはい》としてわきおこった。そうした動きを牽引したのは、一つには、パリやロンドンに留学して西欧近代型市民社会の規範と価値観を身につけた新たなエリート層である。彼らは、ヨーロッパの最高学府に留学し、アフリカ各地域からやってきた同じ境遇の若者と交流して、汎《はん》アフリカ主義に基づく政治・文化運動を開始した。後のセネガルの初代大統領、サンゴールやケニアの初代大統領、ケニヤッタなどもこうした新興エリートの若者だった。もう一つの勢力は、第二次世界大戦に動員され参戦した元兵士たちであった。彼らは、軍隊で白人に伍して闘い、合理的思考と組織化の方法を身につけた。それに除隊にさいして多額の資金とさまざまな特権を与えられたため、帰国後、新たに出現しつつあるミドルクラスの一員として、ナショナリズムの担い手となっていった。この二つの新しいエリート層は、植民地政府の与えた部族の枠組みから相対的に自由に、ネーション（国民）やアフリカ人全体の利益を主張し、これまで白人代理人役をつとめてきた既成エリート層とときに対立することにもなった。

一方、とくにイギリス支配下の地域において、植民地政府は、ますますアフリカ人を部族化する政策を推し進めていた。彼らは、アフリカ人の世界を、都市や白人大農園で賃金労働者として使用する市場的（近代）世界と、伝統的で自給的な農牧業に従事する部族的（伝統）世界に二分し、両者を完全に切断した。近代的市民社会の規範とルール（個人の自由と自律、市場経済、民主主義など）のもとで生きる世界の外部に、アフリカ人の居場所をつくり、その内部で「千年一日」進歩のない伝統的部族生活を反復させることで、独立を志向する社会・政治運動を封じ込めようとしたのである。

ケニヤッタ　ケニア初代大統領でアフリカ独立に貢献。キクユ民族出身

ケニアの場合、第二次世界大戦終了後、ナショナリズムの影響を受けて独立を要求する労働者、農民、知識人の動きが急速に高揚していった。一九五〇年代にはいると、彼らは土地自由軍を結成して、白人入植者や植民地政府の施設、さらには植民地政府に協力してきたアフリカ人の首長たちに対する武装攻撃を開始した。「マウマウ」戦争である。これに対して、一九五二年一〇月、イギリス植民地政府は、即座に「非常事態」を宣言し、南アフリカから対ゲリラ戦の専門家を呼び寄せ、戦闘機や戦車を動員してゲリラとそれを支える農民を徹底的に叩いた。この時期、アフリカ人の政治活動と政治結社は一律に禁止された。しかしゲリラ鎮圧が一区切りついた一九五五年、戦闘がなおつづいていた中央州以外では、この禁止令が解除される。ただし植民地政府はなおも用心深く、部族集団の境界とも重なる県境（ディストリクト）を超えた政治結社はいっさい認めなかった。そのため部族を単位とする政治結社が雨後の竹の子のように林立した。たとえばキシイ人協会、タイタ・アフリカ人会議、ルヒャ人民協会などが、この時期相次いで誕生し部族の共同意識を煽っていった。こうした部族結社は、一方で部族を超えたアフリカ・ナショナリズムの理想を唱えながら、他方では異部族の排斥と自部族への忠誠を強調した。これは固定された部族集団同士を反目させ、独立に向けた政治交渉を有利に進めようとするイギリスの計略の成果でもあった。

しかし、海外留学組や大戦を経験した復員軍人組は、ナショナリズムを旗印にして、部族境界を超えた国民政党の組織に全力を注いだ。まず最初の政治結社が、多民族都市ナイロビで生まれた。マウマウ戦士の弁護士を務めたインド系のアーウィング・コデックが代表となったケニア・アフリカ人民族会議（KANC）である。KANCは「アフリカ人のためのアフリカ」をスローガンに早期独立を要求した。アフリカ人の統一したナショナリズム形成を妨害するため、部族境界を超えた政党は厳しく禁止されてはいたものの、アフリカ人のなかからは固定された部族境界を超えた国民政党の胎動も見られはじめた。その結果、一九五九年七月にはケニア国民党、翌八月にはケニア独立運動という二つの国民政党がついに誕生した。前者はリフトバレー州、西部州、コースト州の少数民族出身の政治家が中心になり、即時独立への慎重論と、地方に居住する少数民族の意志尊重のための分権制を強く主張した。後者はニャンザ州や中央州の新興エリートたちが中心となり、早期完全独立を求めて論陣をはった。前者は、一九六三年の独立直前の総選挙のときには、ケニア・アフリカ人民主連合（KADU）として、後者はケニア・アフリカ人民族連合（KANU）に衣替えして選挙戦を闘った。

議席の圧倒的多数を握ったのは、KANUであり、KADUは完敗した。こうして、一九五〇年代、ナショナリズム意識の高揚のなかで、植民地支配によって固定化された部族を超えて、ケニア・ネーションを志向する動きが、たしかに生まれていた。この動きは部族の境界を超えた国民形成の萌芽《ほうが》には違いなかった。だがそこには同時に、この動きそのものを否定し、植民地政府が発明した政治単位としての部族を再活用する一つの「爆弾」が当初から埋め込まれていたのである。その「爆弾」とは、国民形成そのものを部族化された二大集団の主導によって行おうとしたことだった。

ケニア独立式典　1963年、英国から独立。エジンバラ公（左）から渡されたケニア憲法を掲げるケニヤッタ

ケニアの独立を牽引した国民政党KANUは、ケニアの二大民族集団出身者によって運営されていた。最大民族集団のキクユと当時二番目に大きな民族集団だったルオという二大集団である。独立が決まると、大統領にはキクユ人からケニヤッタが、副大統領にはルオ人からオディンガが就任し権力を分有した。しかし、二人が親米と親ソ連という二つの政治路線をめぐって争いはじめると、イデオロギー的路線対立に勝利するために、それぞれが支持基盤とするキクユとルオという二つの民族集団の排他的帰属意識と忠誠心を活用して大衆を動員した。その結果、両集団間に激しい敵意と憎悪の感情が醸成されていった。新興政治エリートたちは、自らの政治的資源として、移ろいやすいイデオロギーや思想などではなく、植民地政府が発明し定着させた排他的服従的で自然（本源的）な感情を喚起させる部族こそが、有効で強力なものだということを確認したのである。こうした傾向は、以後の現代ケニアの政治シーンのなかにおいて持続的に拡張していった。

以上見てきたように、現代アフリカで生起している紛争や対立は、数百年にわたって、二つの部族集団のあいだで醸成されてきた、自然な感情としての憎悪や敵意の結果などでは決してない。それは、きわめて現代的な政治過程だった。しかしながら、表面的には二つの部族集団の排他的意識が衝突し、紛争が現象しているかのようにみえる。この表面的現象を根拠にして、植民地支配の中で生成され作用してきたアフリカ・スキーマ、とりわけ部族対立スキーマは、今日も支配的なアフリカ理解の枠組みとして流通しているのである。

## 二〇〇〇年の負債、五〇〇〇年のひずみ

### ダーバン会議

アフリカを一方的に理解する知識のセットとしてのアフリカ・スキーマは、今日なおアフリカの現実を表象するツールとして使用されている。なかでも、植民地政府が創成し上から押しつけた社会の部族化を、そのまま自然で伝統的な実体として捉える部族スキーマは、アフリカで生起する（生起してきた）数々の紛争や内戦、政治的対立を解き明かす万能の枠組みとして支持されてきた。

前節では、植民地支配の一〇〇年間のあいだに、排他的・閉鎖的な未開な社会集団としての部族が統治する側から想像され、人民支配の手段としてリアルな力を発揮してきたことを述べた。部族を想像するさい、もっとも核心にある特性は未開性だった。文明からはほど遠い未開社会のありようとして部族はまずイメージされたのである。今日までアフリカにつきまとっている未開性・野蛮性のイメージは、ではいったいどのようなメカニズムで生成され

流通してきたのだろうか。そのことを考えるには、一九世紀の植民地支配よりさらに時代をさかのぼる必要がある。

この過程を私たちに直接喚起したのは、二〇〇一年八月、ニューヨークで起きた九・一一の直前に国連が南アフリカのダーバンで開催した反人種主義・差別撤廃世界会議だろう。この会議には、世界の一五〇ヵ国から八〇〇〇人の政府代表やNGO関係者が集まった。とくに七四ヵ国からは国家元首や政府首脳が参加した。この世界会議の最大の議論の一つは、一五世紀から一九世紀にかけてヨーロッパがアフリカに対して行った奴隷貿易と、一九世紀から二〇世紀にかけて行った植民地支配に対する、公式の謝罪と補償をめぐるものであった。アフリカ諸国や人権NGOはこぞって謝罪と補償を要求し、欧米政府は一貫してそれを拒絶した。アフリカの言い分は、奴隷貿易によってアフリカ人の尊厳は深く傷つけられアフリカの内発的発展はその後阻害されつづけてきたこと、さらに、こうした行いによってアフリカの人々と社会に対する差別と排斥の雛形をつくったことをあげ、その責任を認め謝罪と補償をするのは当然である、というものだった。一方、欧米側は、被害者と加害者の申し立て資格に関する疑義（奴隷にされた人間の直接の子孫が、奴隷を酷使して搾取した農園主や運送・航海の責任者を訴えるという種類の申し立てではない）を前面に出して、この問題が会議の議題としてとりあげられないように懸命のロビー活動を行った。会期全期間にわたる紛糾した議論のすえに、欧米諸国は、奴隷貿易が「人道に対する罪」であったことを認め謝罪はするものの、補償には応じないという線で双方が妥協して共同宣言をまとめることになった。

共同宣言は、奴隷取引を、その規模、組織の程度、被害者の人間性否定ゆえに、人類史のすさまじい悲劇であったことを確認し、それはつねに人道に対する罪であったと述べた。その結果、アフリカ系人民が数世紀にわたって人種差別の被害者であり、権利を否定されつづけた被害者であり、今日もなお世界の多くの地域で偏見と差別を被っていることも認められた。こうした認識の上に立って、宣言は被害の救済・是正・補償について以下のようにつづけている。「奴隷制と植民地支配が夥《おびただ》しい数の人間に苦痛を与えたことを残念に思い、それらを非難するよう各国に呼びかける」さらに「こうした歴史を閉じて和解と癒やしを求めて謝罪を表明した国家があることに留意し、被害者の尊厳を回復しようとしないすべての諸国に適切な方法を見いだすよう呼びかける」。

もちろん加害国家の特定もせずに、人道の罪に対する遺憾、残念の意の表明だけでは、とうてい五〇〇年におよぶアフリカへの迫害と否定をただしたというわけにはいかない。しかしながら、奴隷貿易と植民地支配こそは、世界史と世界システムにおける今日のアフリカの位置を規定したものであるにもかかわらず、そのことについて正面から世界が議論し何が問題だったのかを合意したことは、これまで一度もなかった。より厳密に言うなら、植民地支配の当事者であるスペイン、ポルトガル、イギリス、フランス、ドイツ、ベルギー、イタリア、オランダなどの西欧諸国と、移送された奴隷労働で富を蓄積し強国となった北米諸国が、奴隷売買と強制労働、そして植民地支配、搾取、さらにはアフリカ系人民に対する差別を「人道に対する罪」と認めたことなど一度もなかったのだ。

現代の世界システムの中心に位置するこうした国家群が、組織的制度的にアフリカを貶《おとし》めてきた歴史が、ようやく被害者であるアフリカと向きあう形で正面から語られるようになった。これこそは、これまでのアフリカ・スキーマを刷新する絶好の機会と言えるだろう。

次に、ヨーロッパの白人国家が、この五〇〇年のあいだ、アフリカ人を奴隷化したり、植民地支配したり、あるいは救済援助したりすることを正当化してきた思考の背景について確認することにしよう。

## 蔑視する視線の誕生

現代のアフリカ社会や文化を議論するさい、「平等」「対等」は決まり文句のように使われている。TICAD Ⅳにおける日本政府のキャッチフレーズは、「オーナーシップとパートナーシップ」である。しかしこうしたきれいごとでは片付けられない五〇〇年におよぶひずみがあった。一八世紀、西ヨーロッパに成立した近代市民社会の本音は、アフリカを世界史の外部にある「暗黒大陸」としてさげすむものであった。本章の冒頭で引用したヘーゲルの命題をあげるまでもなく、高名な哲学者や思想家のアフリカ観にそって、「歴史なき大陸」イメージは当時の西欧社会に幅広く定着していった。

しかし、アフリカ蔑視の視線の歴史は古代にまで遡《さかのぼ》るわけではない。とくに一〇世紀から一四世紀のアフリカは、他地域と比べても経済的繁栄を謳歌し政治的安定を誇った、文明の

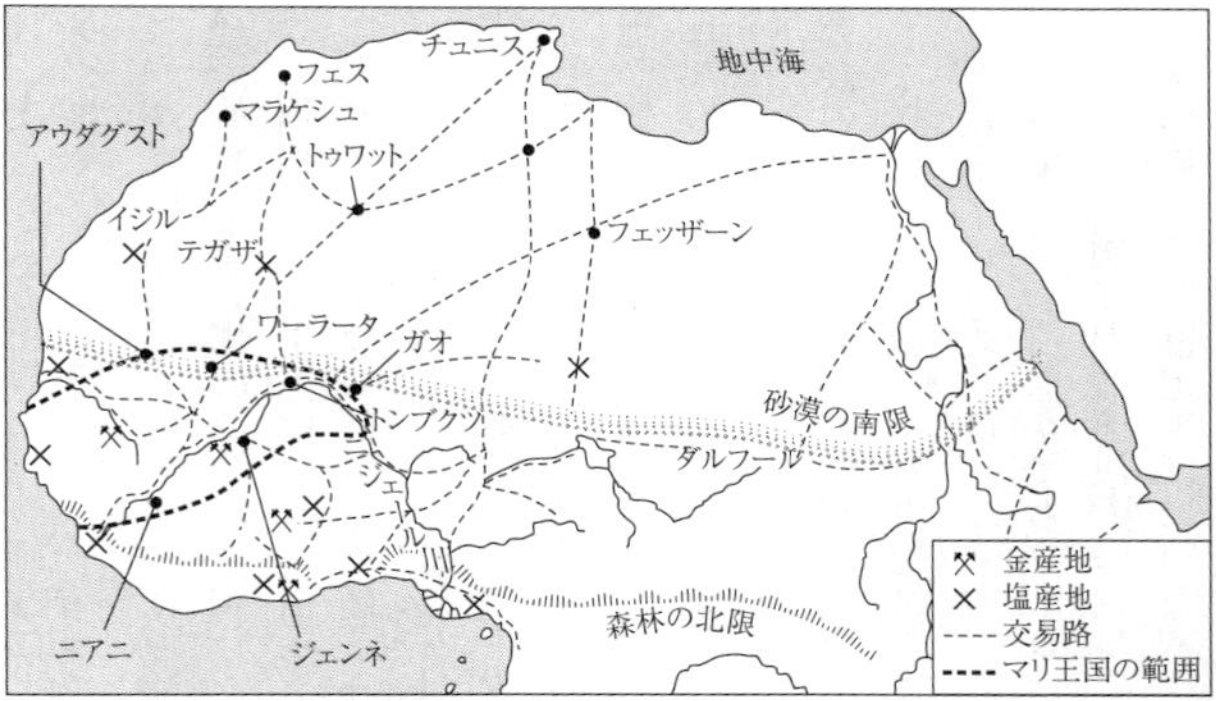


14〜15世紀のマリ王国とサハラ交易路　『新書アフリカ史』、嶋田義仁作図をもとに修整

中心地の一つであった。なかでもとくに大規模なものが一四世紀に栄華をきわめたマリ王国であった。全盛期のマリ王国は、現在のセネガル、ガンビア、ギニア、マリ、モーリタニア、ブルキナファソなどを包含する広大な領域をその支配下においた。もともと紀元一〇〇〇年頃に、現在のギニア共和国北部の金鉱山ワンガラから産出される金の交易に従事していたマンデ系民族が、ニジェール川最上流のニアニ近辺に興した小国であった。この時代に西アフリカにもたらされたイスラームの教えを受容した支配者は、サハラ砂漠を縦断する長距離交易に乗り出すことによって、マリの版図を一挙に拡大していった。

マリ王は社会制度の整備にも力を注いだ。たとえばサハラ南縁の交易都市トンブクツには、メッカから連れてきた職人によって礼拝堂とモスクを建設させ、大学を開学した。人民統治は、文官による正規の行政制度によって行い、王による口頭の命令を筆記し法文化させる秘書と役人も用意していた。

一四世紀から一五世紀前半は、サハラ以南のいわゆるブラックアフリカにおいて、各地で経済的繁栄と文化的洗練を経験した、いわばアフリカ文明における黄金時代であった。ヨーロッパやイスラーム世界からの旅人は、こぞってアフリカ文明を賞賛した。この時代までに、アフリカ社会を記述した記録のなかに、今日見られるようなアフリカ社会を劣等視し、アフリカ人を野蛮人視する眼差しは、ほとんど見いだせない。アフリカは明確に世界史の内部に、それも一つの中心として位置づけられていたのである。

ところがこのアフリカ史の栄光の時代は、一六世紀には突如ピリオドが打たれてしまう。豊かなアフリカ社会は、どのようにして世界史の外に追いやられ、「暗黒の大陸」にさせられたのだろうか。その最大の原因は、一五〜一六世紀からはじまった、ヨーロッパが世界に向かって膨張していく世界制覇の運動であり、それにつづく一七〜一九世紀に起こった市民社会の誕生であることは間違いない。

この一六世紀から一九世紀後半にいたるまで、アフリカ大陸の西海岸、南海岸、東海岸から、南北アメリカ大陸、ヨーロッパ、中東地域へと、アフリカ人は奴隷として売買され送り込まれていった。なかでもヨーロッパの船で、アフリカ人の奴隷を、アメリカ大陸へと運ぶ航路は、人類史上最悪最大の人身売買ルートであった。

その後、二〇世紀半ばにいたる、五〇〇年間のヨーロッパ主導による奴隷交易と植民地支配は、多くの変化を世界にもたらした。封建制から市民社会への発展、商業資本主義から産業資本主義への展開、神学的心性から科学的思考への変化。こうした一連の変化は、一言で言えば、近代市民社会に到達する人類の進歩と言うこともできるかもしれない。自由と民主主義という政治形態、市場メカニズムを核とする経済システムといった、今日の私たちの社会にも通じる理念と制度は、この世界システムの形成のなかで誕生し確立したものだ。このシステムが作り出される過程において、アフリカの奴隷化は必要不可欠なものであった。すなわち市民社会の発展（世界史の進歩）とアフリカの奴隷化（アフリカ人と社会の全否定）は、同じ世界史の歩みの表（光）と裏（影）を構成してきたのである。

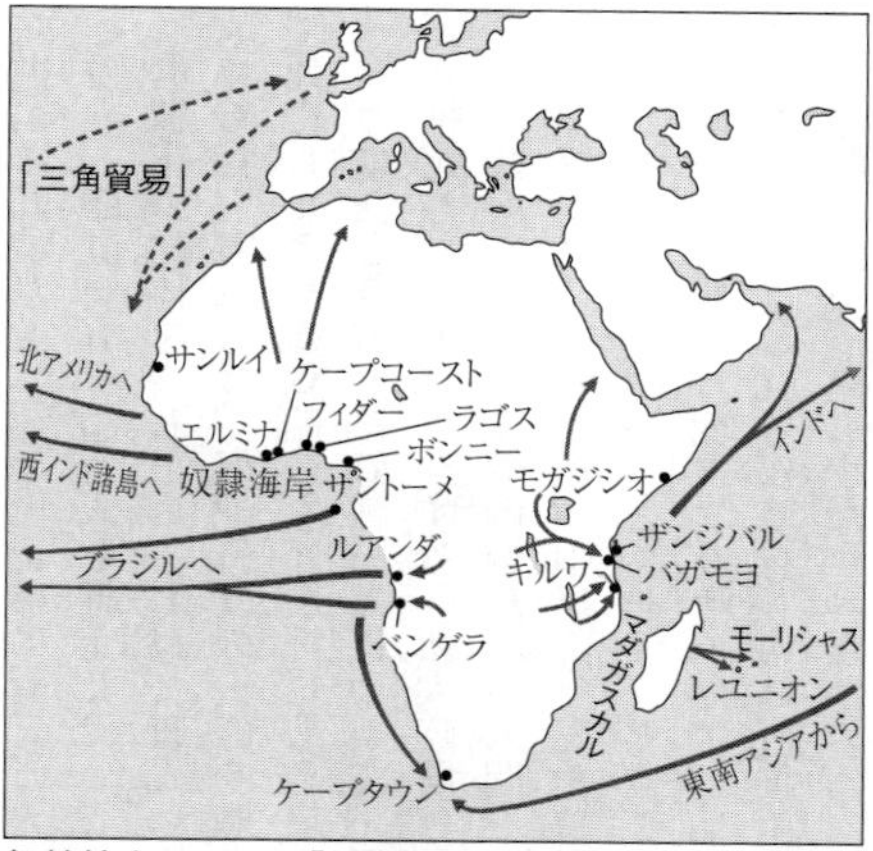

奴隷輸出ルート　『新書アフリカ史』、宮本正興作図より

## 奴隷貿易の実態

アフリカから新大陸へどれだけの数のアフリカ人が奴隷として連れ出されたのかについては、正確な数は不明である。ある研究者は、少なく見積もっても、一

六世紀に九〇万人、一七世紀に二七五万人、一八世紀に七〇〇万人、そして一九世紀に四〇〇万人、総計一五〇〇万人と推定している。しかしこの数字が、そのままアフリカが被った人的被害の総体を表しているわけではない。これは「輸出」された「商品」としての奴隷の数であり、実際には、奴隷狩りの侵略や戦争での死亡者や、港で積み出されるまでの道のりで死亡した者や奴隷船のなかで死亡した者が膨大に存在している。別の研究者によると、アメリカにたどり着いた奴隷一人について、五人の人間がアフリカや海上で死亡しているはずだと推定している。そうすると新大陸向けの奴隷貿易だけで、アフリカから七〇〇〇万〜八〇〇〇万人にものぼる労働適齢期の人間を奪ったことになる。

奴隷貿易は、一六世紀中頃以降、三角貿易と呼ばれる商業航海サイクルにしたがって行われた。まずヨーロッパ（とくにイギリス）から、鉄砲、アルコール、綿布などの廉価な製品を満載した船が、西アフリカ沿岸で、船荷を奴隷と交換する。ヨーロッパ人自身は西アフリカ内陸部で行われる奴隷狩りには直接手は出さなかった。アフリカ人自身から買う方が、ずっと経済的で危険も少なかったからだ。こうしてアフリカ社会は、ヨーロッパ人の奴隷のニーズに迎合する形で、絶え間のない社会不安と頻繁な侵略と戦争にさらされるようになった。

奴隷を積み込んだ船は、西アフリカを発って、新大陸へと渡った。そこで奴隷を降ろして、砂糖、綿花、タバコなどの換金作物を買い込んで西ヨーロッパの母港へと向かう。この航海のサイクルは、一年半から二年に及んだ。西アフリカから新大陸までは、ほぼ四〇日から七〇日の航海だったが、悪天候がつづけば一〇〇日を超えることもあった。奴隷船の大きさは、一〇〇トンから二〇〇トンほどで、奴隷たちは、頭を剃られた上で足首に鎖をつけられ、所有者の焼き印が身体に焼き付けられた。全裸のままで船倉にぎっしりと詰め込まれた奴隷の多くは、病気にかかったが、生きたままで海中に投げ捨てられることも珍しくはなかった。奴隷のなかには、こうした境遇を甘受せずに、船長や乗組員に反抗して逃亡をはかったものもいた。

## ヨーロッパ近代市民社会とアフリカ人奴隷

アフリカから新大陸に積み出された奴隷たちは、大規模な砂糖キビプランテーションで苛《か》酷《こく》な労働に従事させられた。そこで作られた砂糖は、ヨーロッパへと輸出され、当時、勃《ぼっ》興《こう》しつつある新しい社会階層の飲み物とともに消費された。

この時代（一八世紀）、ヨーロッパにおいては、これまでの土地を所有し小作農民や農奴を隷従させてきた封建領主に代わって、ものを製造し販売する新しい階層が力を蓄えはじめ、政治権力奪取の機会をうかがっていた。資本家と市民が社会の主人公となる時代を迎えていたのである。

その新しい主人公の象徴となる飲料が、コーヒーであり紅茶であった。コーヒーも紅茶ももともとヨーロッパにはなかった。コーヒーはアラビア半島が原産のイスラームの飲み物であり、茶は中国原産のアジアの飲料であった。当初、貴重な薬用飲料として用いられていたコーヒーや茶は、一八世紀から一九世紀にかけて、アジアや中東から大量の輸入が可能になるにつれて、市民や資本家、知識人の嗜好品として受容されていった。

こうして市民階級が社会の実権を握ると、ヨーロッパにおけるコーヒーと紅茶の需要ははねあがり、その需要を満たすために新大陸からはコーヒーと紅茶とともに消費される大量の砂糖が送り出された。そしてその砂糖を生産するために、ますます多くのアフリカ人奴隷が必要とされた。これが当時の世界経済の基本構造であった。ヨーロッパにおいて市民が生まれ、市民革命を推進していくその裏側で、アフリカ人の奴隷が大量に強制労働に従事させられていたのだ。近代市民の誕生とアフリカ人奴隷制の維持は、いわばコインの裏表だったのである。

## ヨーロッパ市民社会とアフリカ社会の奴隷化

大航海時代の幕開けによって、世界は徐々に単一の経済システムとして姿をあらわしはじめた。アフリカ人の奴隷を中核商品とする三角貿易によって、ヨーロッパは莫大な富を手にし、世界システムの支配者としての座につくことになった。こうした富と力を背景にして、政治、経済のみならず文化、学術の分野においても、ヨーロッパは急激な社会革新を押し進めていった。市民革命や産業革命を通して、現代世界の雛形となる社会が、西ヨーロッパに出現した。この新しく出現した近代市民社会の理念は、自由であり平等であり友愛であった。一八世紀末のフランス革命は、この理念を実現しようとする市民たちの社会革命であった。

ところで、ヨーロッパにおける近代市民社会の誕生と暗黒アフリカの発明が同じ精神の産物であったと言われると、腑《ふ》におちないことが出てくる。それは、近代市民社会の基本原理である自由、平等、友愛という精神と、人を奴隷化し売買するという行為とは、そもそも両立しないのではないかという疑問である。しかし一八世紀から一九世紀にかけてのヨーロッパでは、一方で人間の本源的自由と民主主義をとき、他方では奴隷制を推進したのである。彼らはいったいどのようにして、この相対立する欲望を両立させたのだろうか。

その答えは誰もが予想可能な単純明快なものだ。アフリカ人を自分たちと同じ人間ではないと考えればよいのである。そうすれば、彼らを動物のように扱う行為は正当化される。人権や民主主義は、人間に対してのみ適用可能なものだからだ。事実、近代市民社会がたちあがりつつあるこの時代のヨーロッパでは、アフリカ人を人間ではないとする、大量で多様な言説が、哲学や思想そして生物学の名によって産み出されたのである。万国博覧会における「人種展示」もその思

**パリ万博のアフリカ人と観客**　アフリカ人の「生活」を展示し、観客に見学させた。1889年。*1889:la Tour Eiffel et l'Exposition Universelle*より

考の系譜からすれば必然的であった。

一八五五年に出版された本のなかで、フランスの人類学者であり当時の代表的な知識人であったゴビノーは、ストレートな人種不平等論を展開している。「黒色人種は最低であり、人種序列の階段の下に立っている……受胎したときから動物的な特徴がニグロに刻印されその運命を予言している。その知能はつねに極めて狭い枠のなかから出ることはないであろう」

かつてアフリカ文明を賞賛しその富を憧憬《どうけい》した眼差しは、あとかたもなく消え失せてしまい、異人種を同じ人間として見ずに、自社会の富の源泉として搾取し圧迫することを正当化する眼差しが誕生したのである。この視線は、同時代に勃興する産業資本主義とタイアップして、奴隷貿易につづく、アフリカ植民地支配の思考と実践へと継承されていった。

こうして、アフリカを蔑視し、未開・野蛮視する知の枠組みが生成拡張していくなかで、アフリカ・スキーマが完成していったのである。

## アフリカ社会の潜在力――アフリカ・スキーマを超えて

### 部族スキーマとアフリカの潜在力

ヨーロッパが数百年かけてつくりあげ、現在も作動しているアフリカ・スキーマによると、アフリカ社会は、外見上いかに経済発展を遂げていようと、依然として、未開な社会に特有な部族意識によって規定されている「遅れた」社会ということになる。

しかし、このアフリカ・スキーマの歴史的ルーツをたどった私たちは、このスキーマが意図的に、体系的に排除してきたものを視界にとらえることができる。それは、アフリカ社会が、外部社会との折衝交渉衝突のなかで、自前で育ててきた、問題に対処し処方する潜在的な知恵であり実践である。本節においては、こうした潜在力を二つの場面からひろいあげてみることにしよう。

最初にとりあげるのは、アフリカで生起する紛争や政治的対立のすべてを解釈する万能の道具として活用されてきた部族についてである。先に述べたように、植民地政府がアフリカ人統治のための技法として発明し導入し定着させたのが、排他的・閉鎖的、全体への無条件の帰依、未開・野蛮性という三つの特徴を有する部族であった。植民地政府は、それぞれの地域における多様で特有な性向を備えた集団編成のあり方を、画一的で平板なあり方（未開社会の部族集団）に上から強制的にとって代えようと試みた。しかしながら、アフリカ社会がつくりあげてきた独特の集団編成のあり方は、強制された部族化のもとでも社会の深層において今も息づいており、それが今日、さまざまな問題に対処するうえで重要な貢献をしている。それは、集団編成におけるアフリカの潜在力であり、部族スキーマを脱構築する原動力にもなりうるものである。

植民地支配が創造した部族は、固定化された単一の帰属意識によって他集団から明確に区別される。しかしアフリカ社会は、伝統的に、開放的で柔軟な帰属意識を許容する集団編成を促進してきた。ケニアを例にとると、西ケニア社会にみられるアバメニャ・システムが格好の事例となるだろう。アバメニャというのは、土地の言葉で「流れ者」とか「居候」という意味だが、数人、数家族単位で自由に流動していた人々である。彼らは、新たな土地を求めて移動していく途中で、ある土地に滞在し、土地の一族のやっかいになる。一団を休養させ、その先々の情報を仕入れた後、すぐにそこを立ち去るものもいるし、数年間居候を決め込むものもいる。なかには土地のクランの娘と結婚し、そこに新たな「一族」を創建して、新たな「クラン」の始祖になるものもいた。

彼らが「何族」であるかはまったく重要視されなかった。そこには異人排除の閉鎖性や暴力性はみじんもみられない。外部世界からの新参者はたいてい、土地の言葉を身に付け、土地の習慣を取り入れていく。以前は別の文化・慣習を身に付け、別の言語を話していた人々が、移住する先々で新たな言語と文化を受容し、その土地のメンバーとしての帰属意識をもつようになったのである。この帰属意識は、絶対的で固定したものではなく、開放的で緩やかなものであった。集団編成のあり方のなかでも、自分たちが帰属する集団（植民地政府が固定して部族化してしまう）を抜けて、別の集団のメンバーになることを許容する制度を、「民族変更（ethnic change）」と呼ぶが、アフリカでは、本来、こうした「民族変更」が各地で実践されていた。もちろん植民地政府は、「民族変更」を決して許さなかった。それは、植民地におけるアフリカ人管理の根幹を脅かすものだからだ。しかし逆に、「民族変更」が日常的に繰り返されていけば、二つの民族間で全面的な対立など起こりようがない。なぜなら、全的対立すべき二つの民族のなかには、「民族変更」によって、同じ一族、血のつながった親族が暮らしており、彼らを殺傷することは文化的に許されない行為になるからだ。

## 開放的な集団編成の原理

植民地政府がつくりあげた部族は、単一の帰属意識をメンバーに強要するものだったが、アフリカ社会には、それとはまったく異なる原理で集団を編成していた。「民族変更」以外の例として多くみられるのが、二重帰属あるいは多重帰属と呼ばれる制度である。一人の人間が、複数の民族集団に帰属することになると、排他的で全体主義的な部族とは、まったく異質な集団が編成されることになるし、絶対化された二つの集団に帰属するもの同士で起こる際限のない暴力の連鎖は生まれようもない。ケニア社会にも、そうした編成原理を今日なお活用している集団がある。たとえば、北ケニアの乾燥地帯の牧畜民アリアールがその一例だ。アリアールは、クシュ系の言語を話すラクダ牧畜民であるレンディーレと、ナイロート系の言語を話すウシ牧畜民のサンブルという民族集団（それらはイギリス統治下で部族化されている）にはさまれて暮らしている極少マイノリティ集団である。アリアールの人々は、基本的に、まったく言語系統が異なる、二つの言葉（レンディーレ語とサンブル語）を不自由なく話す。また東アフリカの牧畜民社会では、決定的に重要な役割を担う、年齢体系や分節リニエジ体系についても、自前の体系をもたず、レンディーレ社会の体系とサンブル社会の体系の両方を、必要と状況によって使い分けている。彼らは、植民地政府から、ときにレンディーレ族、ときにサンブル族とみなされてきたが、彼ら自身は単一の帰属を拒絶し、緩やかな二重帰属意識を保持してきた。

また北ケニアの牧畜民社会は、レンディーレやサンブルなどの異なった部族集団として固定され、分断されているが、民族（植民地政府が固定しようとする「部族」）の境界を超えて、異なる民族内に「一族」をつくりあげることで、民族集団間を横断して「連帯」「連合」の紐帯をたちあげている。具体的には、異なる民族のなかに、血縁関係を擬したクラン同盟をむすぶことによって、「民族は異なる」が「クランは同じ」という複雑な同盟関係を多民族共生地域内に構築していくのである。このように、隣接する民族集団のなかに、その集団を横断した同盟関係が築かれていれば、全面的な民族対立を回避することになる。部族化された集団間が排斥と忠誠で、際限のない暴力の連鎖を産み出す構造であるのと比べてみると、このクラン同盟は、紛争や対立を巧妙にコントロールし破局的事態を避けることを可能にしている。

このような柔軟で複数性・開放性を備えた集団編成の原理は、異なる文化や価値観をもった複数の民族集団が共生して、一つの社会のなかに緩やかな連帯をつくりあげるうえで、きわめて有効である。つまりアフリカ的な民族集団編成は、ヨーロッパが持ち込んだ部族化（単一で固定的なアイデンティティをもち、集団に無条件で帰依する）原理とは対照的に、異なる文化が共生共住する多文化時代にとっては、じつに適合的な原理なのである。部族化された意識が支配的になると、集団（共同体）に絶対的な忠誠を誓うことが要請され、その集団（共同体）のために死をも恐れず奉仕することが期待される。そしてこのような意識をもった二つの集団（共同体）が争うと、その紛争は、いともたやすく全面的で非和解的な対立にまでエスカレートして相互に殺戮を繰り返すことになる。そこでは、お互いに面識も個人的恨みも持たない二者が、相手を殺し合うのである。二〇世紀の世界を特徴づける、世界大戦などの国民国家同士の戦争や、宗教戦争、民族紛争と呼ばれる、集団間の殺戮行為も、根っこをたどってみると、社会がそうした集団編成を受容し推奨していたためともいえる。

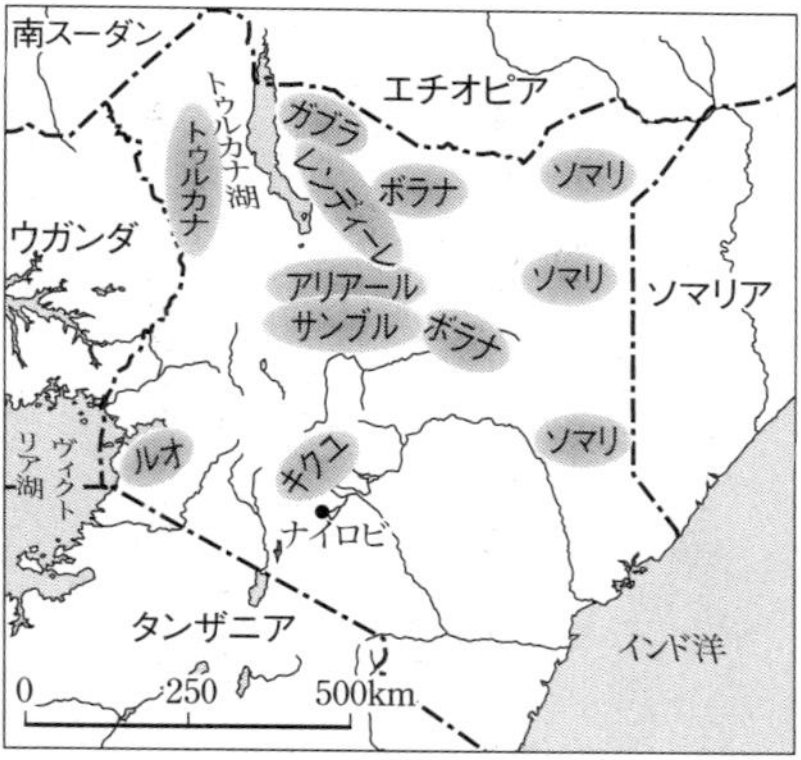

北ケニアの民族分布

アフリカ社会が生成発展させてきた集団編成の原理は、こうしたものとは正反対である。この原理が貫かれる社会では、局地的（構成員同士の）紛争や衝突が、エスカレートして、双方の所属する上位集団同士の全面戦争になることなどありえない。排他的で単一で固定的な、全的帰依など無縁な集団同士が、全面的に争うことは原理的に不可能だからだ。異なる宗教、民族、言語、地域に属する集団が相互に接触・共生し、衝突と対立を繰り返している現代世界にとって、この開放的で巧妙なアフリカの集団編成のあり方は、問題対処の処方箋として大きな示唆を与えてくれるはずだ。

## 社会的秩序修復の潜在力

アフリカが示すもう一つの潜在力を、社会が切り裂かれた後、秩序を修復し、社会を癒やすための知恵と実践のなかにみることができる。近年、日本においても、裁判によらない紛争解決について注目されている。「代替的紛争解決策（Alternative Dispute Resolutions：ADR）」と呼ばれるこの方策は、係争解決手段としての法廷にかかる時間と労力の節約および関係者の満足度の点から評価されている。ＡＤＲは微細な民事係争のみにあてはまるものではない。戦争、内戦などによって、非和解的な対立をもたらした社会や人々のあいだの癒しと和解という観点からも、その意義が確認されている。内戦内乱で社会に夥《おびただ》しい犠牲者を生み出し、癒しがたい傷を残しているアフリカ社会において、こうした癒しと和解の実験が実践されている。

アフリカ社会が経験してきた、独裁政権による拷問や殺人、内戦内乱によるレイプや大量殺戮といった重大な人権侵害は、被害者と加害者のみならず、共同体内部や共同体相互のあいだに容易に癒しがたい傷を残すことになる。とりわけ加害行為が、暴力行使の正統性を独占している国家の名前で行われた場合、その傷の修復は容易ではない。なぜならそれは、圧倒的な力関係の非対称を背景に徹底的に行使されてしまったからであり、個人的悪意を超えた国家権力の合法的行使の結果として一種の「免責」性を付与されてきたからだ。

このような国家権力の暴力によって人権を侵害された被害者は、いったいどのようにして、侵害された人権を回復できるのだろうか。現在世界各地で採用されている方法は、大きく分けて二種類ある。一つは、国際法廷（あるいは国内法廷）で加害者を処罰するという方法であり、もう一つは、法廷で事件を裁かず、公衆の前で真実をあきらかにして被害者と加害者を和解させるという方法である。

前者については、ルワンダ虐殺の戦犯法廷などが該当する。これに対して、後者の和解の方法を採用しているのが、南アフリカなどで見られた真実和解委員会（Truth and Reconciliation Commission：TRC）である。警察や治安機関などによる国家暴力によって、著しい人権侵害を被った被害者たちが、法廷ではなく、多くの公衆の面前で被害と加害の事実を明らかにし、加害者を赦《ゆる》し国民和解を目指すという方法は、南アフリカ以外の多くの国においても実験された試みだった。

## アフリカ的裁きの実験

アパルトヘイト体制は、長い年月をかけて南アフリカ社会の構成員を幾重にも分断し非和解的に対立させてきた。それはパス法や背徳法などに象徴される、白人と黒人のあいだの絶対的対立のみならず、バンツー自治政府促進法などによって黒人間にも「部族」ごとの分断と憎悪をうえつけてきた。さらにアパルトヘイト体制への抗議や抵抗を表明する人間に対しては、国家権力をあげて徹底的な迫害と暴力行使をつづけてきた。当然、こうした圧迫に対して、テロなどの物理的な対抗手段も採られることになる。このようにして、南アフリカ社会は、国家暴力を起点とする相互暴力の無限循環サイクルのなかで、憎悪と復讐によるカオスを生み出していった。

このズタズタに切り裂かれた社会に、いかにして新たな南アフリカ国家を形成していくかという難題に対して、ネルソン・マンデラ大統領が出した回答が、復讐と処罰ではなく、和解と赦しを土台にした国民創造であり、そのための真実和解委員会の設置であった。マンデラ大統領は、アパルトヘイト体制に反対し一九六二年に逮捕され「国家反逆罪」で「有罪」となり一九九〇年まで獄中にいた。釈放後、アフリカ民族会議（ＡＮＣ）の副議長となり、一九九四年におこなわれた初の全人種参加の選挙によって新生南アフリカ初代大統領に就任した。

一九九四年にルワンダで起こった数十万人にものぼる大量殺戮については、当初、国際法廷と国内法廷で加害者処罰のための審理が進められてきたが、二〇〇五年三月からは、それと並行して、ガチャチャと呼ばれる共同体による裁きの手法が本格的に導入され、虐殺を計画煽動《せんどう》した首謀者以外は、住民の寄り合いにおける話し合いで裁き赦そうという動きも生まれてきた。

真実和解委員会方式は、その土地土地の共同体の正義の規範と紛争解決の技法を取り入れながら、法による解決とは別回路の紛争処理の試みとして機能してきている。南アフリカの真実和解委員会（ＴＲＣ）が設立されたのは、一九九五年であった。南アフリカのＴＲＣ

が、他地域のTRCと大きく異なっている点、そして法廷を通して正義を実現するプロセスと決定的に異なっている点は、被害者、加害者の生の語りへの注目と全面的肯定という姿勢である。法廷において重要なのは、事実を証明する物的証拠であり、被害者の主観的な思いや感情の発露は重視されないどころか、むしろ逆に排斥されることがふつうだ。

ところが南アフリカのTRCにおいては、アフリカ社会が伝統的に採用してきた、語りの力を徹底的に重視するスタイルに依拠した。その考え方は、TRC最終報告書第一部第五章「概念と理念」のなかの「個人的かつ口述された真実」という節に凝集して表明されている。それによると、これまで裁判ではふつうの市民は、自分個人の主観的経験から過去の真実を再構成していくことを認められていなかったため、つねに「沈黙」させられてきた。その声なき人々が、「主観的経験についての語りによって真実を創造する過程」が、TRCなのであり、それを通してこそ社会の和解が達成できるとする。つまり語りは、潜在的に癒しの作用を効果的に発揮すると考えているのである。

このTRCにおいては、二種類の真実があることはよく指摘されている。一つは、顕微鏡型の真実であり、もう一つは対話型の真実である。前者は、客観的で検証可能な事実、文書化され証明されるような事実がみちびきだす真実であるのに対して後者は、社会的に生成され、相互作用や対話、討論を通じて形成される経験がみちびきだす真実である。前者が支配的な世界では、結果として現前する事実のみが重要であるのに対して、後者を中心にする世界においては、その真実が創造されるプロセスとそれを公衆が認知する経過が最重要とみなされる。なぜならそのプロセスこそが、共同体の癒しと和解をもたらすからである。

この二つの真実は、広範で深刻な国家暴力による人権侵害に対する二つの対応にぴったり照応している。すなわち責任者処罰による正義回復という法と法廷に基づく対応は、西欧型近代市民社会が依拠してきた顕微鏡型真実のうえに成立するのに対して、真実和解委員会による癒しと和解の試みは、アフリカ社会が育んできた対話型真実を土台にして初めて可能になるからである。

これまでみてきた、アフリカ社会が固有に育んできた知恵と、それに基づく制度やシステムは、たしかに近代市民社会が「推奨」し「公認」してきたものとは異質なものであった。そのために、これらは、「前近代」の「未開」な「遺物」として、排除や蔑視の対象となったり、徹底的に無視されてきた。ときに取り上げられるときも、「私たちが失った古き良き人間性の証明」として、過度にロマン化されファンタジー化されるだけだった。これらは、蔑視するにせよロマンティックに賞賛するにせよ、アフリカを現代世界と切断し、「完璧な異世界」としてとらえる点で、アフリカを世界史の外部に置いた一九世紀の歴史認識と同根のものだ。本論が強調しているのは、アフリカ社会が生成発展変容させてきた知恵と制度を、現代世界と密接にリンクさせ、現代社会や未来社会において生起するさまざまな困難に対処し状況を改善するための、人類共通の知的資源として整序することの重要性である。それは、二一世紀の人類社会に対してアフリカがなしうるもっとも重要な貢献なのである。

## おわりに——アフリカからのプロポーザル

アフリカ社会は、一五世紀から二一世紀の今日に至る数百年のあいだ、つぎつぎと中心を変えながら出現してきた世界システムのなかで、一貫して、最周縁部に位置づけられてきた。あるときは、搾取や支配といった強権と暴力の「標的」としてたちあらわれる時代もあったし、あるときには、援助や救援といった善意と責任の「対象」とされることもあった。前者は、奴隷貿易とそれにつづく植民地支配の数百年の時代を指し、後者は、この数十年の現代史が雄弁に物語っているだろう。たしかに、かつての奴隷貿易と植民地支配と、今日の開発援助は、方向がまったく異なっている。奴隷貿易や植民地支配は、白人世界の利益のためにアフリカ人の生を否定したところに成立したのに対して、開発援助は、アフリカの窮状を助け、アフリカ人に救いの手を差し伸べるものだからだ。しかしながら皮肉なことに、両者は、古典的なアフリカ人にアフリカ・スキーマを共有している点で、同じ立場に立っていた。両者は、アフリカ社会とアフリカ人をつねに、介入の対象として「客体」化し、決して、それを自分たちの社会を助けたり（ときには支配したり）する「主体」としてとらえることはないという点で同類なのである。

一九世紀末に西ケニアに派遣されたイギリス人の行政官の日記や私信をみると、遅れた「原住民」の生活をいかにして文明化するのかという熱い熱情があふれていることに驚愕《きょうがく》することがある。それは、今日の援助ボランティアが「なんとかして現地の暮らしを改善したい」と献身する心情と酷似している。両者はともに、アフリカ社会とアフリカ人に介入して遅れた現状を「変えてあげたい」と、真剣にそして誠実に思っている。そこには、アフリカ社会やそこで暮らす人々が自らその状況をどう認識し、この困難に対してどのような処方箋を備えているかについて、謙虚に考慮しようという姿勢はない。ましてや、アフリカのもつ潜在的な力が、自分たち自身の社会や暮らしをよりよく変えていくために、どのような貢献をする可能性があるのかを想像し評価することなどできはしない。

アフリカをつねに「客体」としてのみとらえ、その「主体」としての影響力を想像することができないのだ。この歪められたアフリカ観は、今日の「成長するアフリカ」認識のなかにも見出せる。一九九〇年代は、貧困、飢餓、内戦、ＨＩＶなど救済の「対象」であったアフリカを、原油、鉄鉱石、稀少鉱物などの資源確保のための「対象」と見なしているだけで、そこにアフリカ社会が育んできたさまざまな社会・文化・自然に関わる潜在的可能性を見ようとはしないし、ましてや、そこから学ぼうという姿勢など見出せるはずもないのである。

二一世紀のアフリカは、たしかに世界にとって大きな意味をもつ大陸となるだろう。しかし、それは、貴重な鉱物資源を安定的に供給したり、魅力的な市場として自国に富をもたらしたりするがゆえに、重要なのではない。この数百年、世界の政治・経済だけでなく、知的・認識の枠組みまでも支配してきた「世界標準」のシステムや価値観を診断し、これからの人類の未来にとってオルタナティブな枠組みを提案することが可能であるがゆえに大きな意味をもつのである。二一世紀に生きる私たちは、この「アフリカからのプロポーザル」に私たち自身の未来を託すことになるのだから。

**【学術文庫版の付記】**

本書の原本の刊行は二〇〇九年四月だが、本章が執筆されたのは二〇〇八年夏のころだ。あれから一〇年以上が経過し、アフリカはいくつもの大きな変化を経験している。ただしこの章の核心は、五〇〇年にわたって世界史のなかでアフリカを排除し周縁化してきた「眼差し」をとりあげ、それを根源的に批判する中から新しいアフリカへの見方を思考するという点にあった。この「五〇〇年のひずみ、二〇〇〇年の負債」をただすという論点からすると、現時点でこの論点に修正を加えたり何かを付加する必要はない。それほどまで深くアフリカをとらえる認識枠組みは長い年月をかけ世界史のなかで作り上げられ常識化されてきたのである。

したがって、本文中では、執筆当時のデータと認識をもとにした人口や経済動向に関する記述も、あえて二〇〇八年当時のままとしてあるので、ご注意願いたい。

しかしながら、執筆時からの一〇年間のアフリカ社会の変化を指摘することは、今日のアフリカを理解するうえで意味のあることだろう。以下、この一〇年間の変化の概略について付記することにしたい。

＊

この一〇年間の変化がもっとも見えやすい形で現れるのは、政治的そして経済的な領域だろう。まず政治的領域からみてみよう。この一〇年間に新しい国が誕生した。二〇一一年七月九日にスーダン共和国から独立した南スーダン共和国である。第一次スーダン内戦勃発時から断続的に半世紀以上もつづいた内戦が終結し、スーダン人民解放運動（SPLM）が主導する新政権が樹立された。二〇〇八年当時のアフリカの指導者のなかには、独立戦争や革命、クーデターなどで権力掌握後、超長期政権を巧妙かつ独裁的に維持してきた政治家が少なくなかったが、この一〇年間にエチオピアのメレス・ゼナウィ首相（一九九五〜二〇一二年政権）、ガンビアのヤヒヤ・ジャメ大統領（一九九四〜二〇一七年）、アンゴラのドス・サントス大統領（一九七九〜二〇一七年、ただし政権与党の総書記は継続）、そしてジンバブエのロバート・ムガベ大統領（一九八〇年の独立以降二〇一七年まで）などが政権を手放したり追われたりすることとなった。しかし一方で、ウガンダのヨウェリ・ムセベニ大統領（一九八六年〜）。カメルーンのポール・ビヤ大統領（一九八二年〜）、赤道ギニアのオビアン・ンゲマ大統領（一九七九年〜）などは高齢化してもなお三〇年間、四〇年間と権力を握り続けている。

この一〇年間で新たな紛争や和解も生まれている。半世紀の内戦のあと独立を勝ち取った南スーダンでは、独立達成直後から、独立闘争を牽引してきたスーダン人民解放軍内部の対立が顕在化し、二〇一三年以降は再度内戦がはじまり多くの犠牲者と難民を生み出している。二〇一八年に和平合意がなされるも先行きはまだ不透明である。また二〇〇八年当時、戦争状態が継続し衝突も頻発していたエリトリアとエチオピアの間では、二〇一八年に新たにエチオピアの首相に就任したアビー・アハマドが電撃的にエリトリアを訪問しイサイアス・アフェウェルキ・エリトリア大統領と戦争状態の終結と国交正常化の共同宣言を行った。

二〇世紀末からケニアやタンザニアのアメリカ大使館爆破に象徴される、イスラーム原理主義勢力との戦いと異なり、この一〇年間、アフリカで生まれたイスラーム主義者が戦いの表舞台に登場してきた。ケニアでは、ナイロビのショッピングモール（二〇一三年）やガリッサの大学で銃を乱射し多数の学生を殺傷した事件を起こしたアッシャバーブ、ナイジェリアでは女学校を襲撃して二〇〇名を超える生徒を拉致したボコ・ハラム、さらにはトゥアレグ反乱勢力とともにマリ北部を一時勢力下においた「イスラーム・マグレブ諸国のアルカイーダ」などがアフリカ諸国の政府軍やアフリカ・ユニオンの平和維持部隊、それらを援助する欧米の部隊と激しい戦闘を繰り返してきた。

＊

経済の分野では、本章執筆当時（二〇〇八年九月）に起きた「リーマンショック」は世界経済に大きな打撃を与え、成長軌道にのり世界経済の牽引車の一つであったアフリカにも大きな影響を与えた。二一世紀にはいってサハラ以南のサブサハラ・アフリカ諸国のＧＤＰ成長率は、自然資源価格の高騰を背景に平均すると五パーセントを超えた高度成長を享受していたが、リーマンショック後の二〇〇九年には三パーセント台に後退した。しかしサブサハラ・アフリカの回復力は予想以上で経済は再び成長をつづけた。サハラ以南のアフリカ経済を支えるナイジェリアと南アフリカの状況によってアップダウンはあるものの、多くの国で経済はふたたび成長軌道を歩みつつある。

こうしたアフリカの高度経済成長のなかで突出して大きな影響力をもつようになったのが中国である。二〇〇八年当時日本と中国はサハラ以南のアフリカ諸国への開発援助で競い合っていた。もっともその金額は民間の投資と国家の融資や支援をあわせて三年間で一〇〇億ドルという中国と、政府の開発援助を二〇億ドルに倍増するという日本で単純に比較はできないものの、その後の展開は大きな差が生まれている。中国は、多くのアフリカ諸国で高速鉄道や高速道路、港湾整備や空港建設といったインフラ事業を一手に担い、夥しい数の中国人労働者と技術者をアフリカに送り込んだ。ゼネコンだけでなく、同時に、中国人やアフリカ人を顧客とする小売り、流通、飲食・娯楽・観光業者も大量に流入し、アフリカの大都市や地方都市の景観を一変させた。二〇一六年の第六回アフリカ開発会議（ＴＩＣＡＤⅥ）はケニアの首都ナイロビで開催されたが、そこで安倍首相は官民あわせて三年間で総額三〇〇億ドルのアフリカ支援を約束した。これに対して中国は、二〇一八年に北京で第七回中国―アフリカ協力フォーラム（ＦＯＣＡＣ）を開催し、習近平国家主席は三年間で六〇〇億ドルのアフリカ支援を宣言した。こうしたアフリカ支援の競争のかげで、この一〇年間で新たな問題点も生じている。

かつての「弱者救済」の緊急援助としてのアフリカ支援と異なり、二一世紀のアフリカ支援はさらに高度に市場化され政治化されている。そのため国民経済の能力を超えた融資の返済が困難になりつつある事例や、権力者の利権独占と汚職を開発援助が支えてしまう事例なども深刻化しつつある。また外国資本によってようやく育ちつつあった民族資本が駆逐されたり、労働者の権利の抑圧や低賃金が問題化されることもある。さらに石油や稀少資源などの採掘は現地の生態系や自然環境を大きく破壊し生活基盤に打撃を与えたケースも少なくない。

経済の高度成長は、アフリカ社会に層としての「中間階層」を大量に生み出していった。彼らは高等教育を受け、瀟洒《しょうしゃ》な持ち家と自家用車をもち、西欧化された消費文化を享受しながら、リベラルな社会改革勢力としての政治力を高めていた。だがその一方で、彼らは、社会の富を一部の特権階級とともに独占し、都市や農村の最底辺階層との著しい格差の原因でもあった。改革と特権のあいだを浮遊する新興中産階層の存在は、二〇一〇年代のアフリカ社会の大きな特徴となっている。

二一世紀のアフリカは、高度経済成長、安定した中産階層、豊富なヒューマンパワー（二〇一八年時点で一三億人、二〇五〇年には二五億人）という光の側面と、社会の分断と対立や内戦、著しい社会経済格差、巨額の債務、環境破壊といった影の側面が不安定に交錯している。この交錯のなかで困難を乗り越えるために生成される夥しい人間的な実践は、五〇〇年間歪められてきたアフリカに対する認識のスキーマを揺さぶり刷新する可能性を秘めていると言えるかもしれない。

# 第六章　中近世移行期の中華世界と日本

世界史のなかの日本

朝尾直弘

## 東アジアにおける中国の圧倒的地位

### 中世史は日本の形成過程

日本史の中世から近世への移行期を世界史のなかでとらえよ。これが私にあたえられたテーマである。たいへん茫漠《ぼうばく》としてつかみにくい問題である。日本の中世は鎌倉時代と室町時代、近世は江戸時代、明治以降は近代、というのが常識だ。鎌倉時代の成立にさいして源平の内乱があった。おもに公家《くげ》と百姓から成っていた社会に武士階層があらたに登場する。室町時代に先立っては南北朝の内乱があり、商工業の世界が拡大した。ついで戦国時代をへて織田信長・豊臣秀吉による天下統一、やがて江戸時代を迎えるが、これには大名どうしの（たとえば武田信玄と上杉謙信の、あるいは毛利氏と尼子氏、島津氏と大友氏のような）領域をめぐる戦いと、一向宗《いっこうしゅう》やキリシタンなどの信仰に結ばれた百姓の組織を大名が連合して制圧した戦いがある。一向一揆や島原の乱などがそうした事例である。いずれもこの国の社会経済や文化の構造の深いところに根ざした動乱であるが、対立する双方はともに日本列島の住民であった。それにくらべると、鎌倉末期の蒙古（モンゴル）の襲来や、戦争にはならなかったが戦国時代のヨーロッパ人（キリスト教宣教師）の渡来は外敵の侵入という珍しくもきびしい経験であった。ヨーロッパ人は戦争を仕掛けたわけではないが、日本以外のアジア海域諸国はかれらの暴力的進出の前に多く植民地化の運命をたどったのであるから、これも大きな危機と考えてさほど誤りはあるまい。逆に、日本はその場合、秀吉の朝鮮出兵によって加害者側からの経験も積むことになった。ともかく内外の危機をかえりみると、中世から近世への長い移行期はたいへんな激動の時代であったというほかない。

中世がしばしば自力《じりき》救済社会とよばれるのは、このように自己の権利を自力（個人または集団の実力）で保全する動きが強かったことによる。そこでは法の力は確立していなかった。これにくらべると近世は法の力が上は天皇・将軍から下は村や町の百姓・町人にいたるまで滲透《しんとう》していた。

本稿はこの大きな流れを念頭におき、中世から近世への移行を交通の概念を中心に考えたい。交通はすこし広めの意味にとる。人と人とが出会い、争い、話しあい、理解し合って、共同で仕事をする、そういった個人レベルのコミュニケーションから、村や町、家族、国家までさまざまな集団どうしの対立・親睦の複雑な関係まで含めた広い概念を思い浮かべていただきたい。

中世が一二世紀から始まるとすると、中世の本体を含めて近世への移行期は五〇〇年におよぶことになる。室町から中世の解体過程に入るとすると、移行の時間は三〇〇年前後となる。この三〇〇年の日本の歴史を満遍なく描きだすことは困難である。本稿では一部は古代も含め、三〇〇年間を近世（という新しい芽）に向かっての運動に重点をおいてみることとし、日本がそのなかに含まれていた世界を東アジアに限定したい。

## 「東アジア世界」と「中華世界」

日本の社会と国家が包みこまれていた世界を近年の歴史学界は東アジアととらえてきた。大陸沿岸に沿って細長く弧状に展開した列島の住民は自然的・人文的に共通の環境にあってひとつのまとまりある文化を形成してきた。アジアというよび名はヨーロッパの東にある未知の広大な世界を指し、こんにちの中東を含んでおり、それだけではどこを特定してよいかわからぬ多様性に満ちた空間である。その東端に日本は位置している。かつてボストンに暮らしたとき、近所の酒屋のおやじに挨拶して「日本からきた」というと、かれは「極東だね。われわれには遠い国で日本人か中国人か区別がつかない」といった。そのときかれが「遠い」意をこめて「ファーー・イースト」と「ファー」を特に長く伸ばしていったことばにいやに実感があったのを思い出した。

自然的には、大陸にまといつくように列島が連なっている。列島とこれに相対する対岸から成る地域は明らかに一つの世界を構成している。古代から海を通して交流を深めてきた。これは明らかに一つの世界である。したがって、これを東アジア世界と認めてよい。

東アジア世界のうち歴史時代に入って人間の営みが盛んになると、都市や国家などの組織が形成され、法や刑罰の制度がととのえられ、力をもつようになった。この世界でいえば中国文明の先進性、高度な内容は圧倒的であった。人文の視角からいうと、政治制度においては律令制を生みだしている。中国から律令制を受け入れ国家形成をおこなったのは朝鮮・日本・ベトナムなどである。

対岸どうしの交易にさいしても制度は中国の定めるところにしたがい、中国のあらかじめ定めた取りきめを根幹に運営された。各国とのあいだに個別に成熟した方法でおこなわれた。日本と朝鮮とは中国へ朝貢《ちょうこう》するものどうしの交隣体制を軸に交流した。しかし、それは日本と中国との関係には適用されなかった。日本と中国は交隣体制では交易できない。日本と中国は勘合《かんごう》貿易制度により交流した。それを決めたのは中国であった。

これらの例はこの地域における中国の地位の大きさと重さを如実に示している。本稿が東アジア世界をさらにしぼって中華世界としたのはそのためである。

## 「古典」を共有するということ

日本の古い歴史は中国の史書に記されている。日本の政治が規範とする古典はほとんど中国のものである。政治制度が最も日本化した江戸時代、徳川幕府が天皇・公家《くげ》等のなすべきことを定めた禁中并公家諸法度《きんちゅうならびにくげしょはっと》には、天皇は学問に励《はげ》まなければならないとしてあげたうちに『貞観政要《じょうがんせいよう》』『群書治要《ぐんしょちよう》』の二書が入っている。前者は唐の太宗（二代皇帝）が侍臣とかわした政治論議を集めたもの。後者も唐代に多くの書物から政治にとって重要な語句を抜き書きしたもの、いわばダイジェスト本だが、いずれも中国皇帝の必読書とされた。日本でも天皇・公家が政治にたずさわるさいに教養の基礎とされてきた文献である。近くは、われわれの用いる元号、「平成」は中国古典の『史記《しき》』や『書経《しょきょう》』からえらんだものである。元号は中国古典からえらばれることにきまっていて、「明治」は『易経《えききょう》』から、「大正」もおなじく『易経』、「昭和」は『書経』の文章からえらばれている。いずれも中国古典中の古典である。

ここにみられる関係はヨーロッパ諸国民とギリシア・ローマの古典との関係に似ている。ドイツもイタリーもイギリスも独立の近代国家であるが、ギリシア・ローマの文化遺産を自分たちの古典として誇りをもって共有している。日本人は同様に漢族の文化遺産をみずからの古典として共有している。孔子の『論語』を見よ。

子曰《いわ》く
吾《わ》れ十有五《じゅうゆうご》にして学に志《こころざ》す
三十にして立つ
四十にして惑《まど》わず
五十にして天命《てんめい》を知る
六十にして耳順《みみしたが》う
七十にして心の欲《ほっ》する所に従えども
矩《のり》を踰《こ》えず

孔子が生涯をふり返って、こんにちにいたる自分の歩《あゆ》みのあとを語ったものである。日本人なら一度は耳にしたことのある文章である。

「私は一五歳のとき学問の道に進もうと決意した。三〇歳で一人前の人間として自立した。四〇歳になって自分の進む方向に確信を持ち、迷わなくなった。五〇歳になると天によって定められた自分の運命を知った。六〇歳になって人の意見に耳を傾けられるようになった。七〇歳になると、自分の想うところに従って行動しても道にはずれるようなことはなくなった」。志学《しがく》・而立《じりつ》・不惑《ふわく》・知命《ちめい》・耳順《じじゅん》・従心《じゅうしん》とそれぞれ年齢を表す語としても普及し、「とうとう不惑を越えました」などと日常の会話にも用いられている。

このほか、「朋《とも》あり、遠方《えんぽう》より来《きた》る、亦楽《またたの》しからずや」。「巧言令色《こうげんれいしょく》、鮮《すくな》し仁《じん》」。「過ぎたるは猶及《なおおよ》ばざるがごとし」などなど。われわれの人間として成熟する過程に影響をおよぼした数々の名言が収められていて、二〇〇〇年の時空を超え、現代人に語りかけてくる。

いずれも日本人の耳に親しいものとなっていて、なかには日本の文章であると思っている人もいるだろう。それほどわれわれにとって日常生活のなかに入り込み、日々の行動や思想を規定しているのである。これこそ「わが古典」「わが信条」と考え、われわれ自身の生活倫理、行動規範になっているものも多い。これらの人びとにとって中国、ないし中華の文化は古典の位置に置かれているといってよいだろう。それは中華の精粋ともいえる文化的所産であった。

## 『愚管抄』の歴史意識

ところで古典を共有するとはどういうことであろうか。人びとが事にあたって行動し思考するさいにはある種共通のパターンを描きだすのではないだろうか。そこで互いに相手に対する理解も深まり、互いに相手のからだに自分の一部が組みこまれていることが自覚され、協力・共同の意識が強まるのではないだろうか。

　鎌倉時代の貴族の歴史意識をかんたんにふりかえってみよう。『愚管抄《ぐかんしょう》』は日本の歴史を三つに時期区分し、道理の展開が歴史を動かす原動力となったことを説いた史書である。著者の慈円《じえん》は源平争乱期に権勢をふるった九条兼実《くじょうかねざね》の弟で最高の教養人といってよい人物である。慈円はこの書の冒頭に「漢家年代《かんかねんだい》」を置いた（以下、岩波書店『日本古典文学大系86』による）。日本の年代に先立ち中華文明の年代が最初に置かれたのである。

「盤古《ばんこ》、三皇《さんこう》、五帝《ごてい》、三王《さんのう》……」が歴史の冒頭にあげられた。「盤古」は巨大な体軀を持つ「人祖」として一二・一三世紀に出現、定着したばかりの存在だったが、「天・地・人、定むる後の首君《しゅくん》なり」と注記されていて、歴史上最初の君主とみなされていた。三皇・五帝はともに中国古代の伝説的な天子とされてきた。三皇は天皇子《てんこうし》・地皇子《ちこうし》・人皇子《じんこうし》とも、伏羲《ふくぎ》・神《しん》農《のう》・黄帝《こうてい》ともいい中国古代の聖帝、五帝は小昊《しょうこう》・顓頊《せんぎょく》・高辛《こうしん》・堯《ぎょう》・舜《しゅん》、三王は夏《か》・殷《いん》・周、さらに十二諸侯などをへて漢代にいたる。ここで歴史時代となるわけで、『愚管抄』はこうした記述のあとに神武《じんむ》・綏靖《すいぜい》・安寧《あんねい》・懿徳《いとく》・孝昭《こうしょう》以下日本歴代天皇の名をあげている。慈円は古代中華文明の延長線上に日本と自己の存在を意識していた。それはまた鎌倉時代の公家に共通する心情でもあったろう。

　日本が中華世界に属したことは以上によっても理解されるであろう。しかし、この弧状列島の住民はそこから脱却することを望んだ。

## 古代の列島住民の矜持

### 倭人の「こだわり」の表明

日本列島の住民の歴史を振り返るとき、われわれはこの人たちがかなり誇り高く、独立心強く、心底《しんてい》深く矜持《きょうじ》をかくした人たちであることに気づき感動をおぼえる。

まだ日本人というよび名ができあがるまえ、中国に朝貢した倭人《わじん》の持参したおもな貢物《みつぎもの》は生口《せいこう》であった（『後漢書』）。生口とは奴隷のことと考えられている。やせ細った奴隷以外になにも産物らしい産物のない倭人たちは、広大で物産豊かな大陸へ来て奴隷と引き替えに何を手に入れたのであろうか。朝貢した者にあたえられる立派な頒賜《はんし》物（皇帝から配られたお返しの品）の量と質に感激して帰ったのだろうか。皇帝は彼の権勢と権威を示すため、貢物を上廻る高価な物品を下賜するのが通例であった。入貢者に失望させないのが皇帝の基本姿勢にもとづく対応であった。

圧倒的な格差の存在を思い知らされながら、日本の使節は恐れることなくかねてからの主張をうち出した。国号のことである。『宋史』が記録するところによれば、「倭人はこうよばれることをこのまない。太陽の現れる場所という意味の縁起の良い「日本」を好んで国号に用いる」。日本という縁起の良い名前にこだわるのは原始的な太陽に対する信仰に由来するものであろうが、かれらが崇敬する太陽の前に出て恥じるところのない日常を送っていることの宣言でもある。ここに先述の矜持も結びついてくるのであろう。信仰する太陽神に向かって誓いをあげるのとほぼ同様な意味を、国号にこだわる精神構造は含んでいた。この精神構造はより高次な原理、または倫理規範の追求へと推移し得たと思われる。

それにくわえて、日本《ひのもと》には太陽がこれから出るという未来への予感を秘めた期待がこめられている。いまはまだだが近い将来頂点に立つ。相手をこえることができるという確信にみちている。

倭人のこだわりが功を奏したか、中国の正史における編集上の位置付けがランク・アップした。これまでは倭・日本を列伝のなかの東夷・夷蛮などの部に収めていたのが、『宋史』以後は外国伝のうちに記述されることとなった。『宋史』はモンゴル帝国時代（元朝）に編纂され、その広大な領域と「世界性」が投影されているとみられている。そうしたなかで、倭は日本に、東夷はふつうの外国に分類されるようになったのであろう。日本の自己主張もそうした空気の醸成に一役かったにちがいない。国家の評価が国際的な場で変わるには、国の意思の力だけでは容易でなく、諸国家の交通の密度の高まりが求められるであろうから。

### 大陸と列島の「二つの天下」

こうした誇り高さはすでに五世紀の倭五王《わのごおう》時代にも現れていた。『宋書《そうしょ》』には倭五王（讃《さん》・珍《ちん》・済《せい》・興《こう》・武《ぶ》）が皇帝に表文をささげ、入貢した記事を載せるが、このうち讃・珍については諸説あるものの、済・興・武は允恭《いんぎょう》・安康《あんこう》・雄略《ゆうりやく》天皇に比定されていて、ほぼ事実と考えられる。五人はそれぞれ「安東将軍倭国王」などの称号をあたえられた。読めばわかるように「安東将軍」とは東部地区の治安に任ずる将軍の意味で、中国が倭五王に期待したところが何であったかを示している。面白いのは、これに対応する鉄剣が日本で出土したことである。埼玉県の埼玉《さきたま》古墳群の稲荷山《いなりやま》古墳から出土した鉄剣銘には、ヲワケノオミという軍団長が部下を引き連れてワカタケル大王（雄略天皇）の統一事業に協力したと記している。

古来、中国では皇帝は天命を承けて天下を支配するとされ、天命にそむいた場合は天下支配の資格を失い革命が起こると考えられてきた。天下は地上に無限に広がる平面であり、そ

**稲荷山古墳の鉄剣**　左は裏面、上は部分拡大。「左治天下」などの文字が読める。剣の全長は73.5㎝。埼玉県立さきたま史跡の博物館蔵

れはそのまま皇帝支配の対象であった。

この考えからすると天下は皇帝の支配する天下ただ一つでなければならない。だから、東アジアの諸国は中国に朝貢するとき、宗属国として中国に貢納《こうのう》し、中国の年号を使用して（時間を共有し）、皇帝の支配する天下の住民であることを誓った。

ところが、この列島の中央部から出土した鉄剣には、「ヲワケノオミ（乎獲居臣）」がワカタケル（獲加多支鹵）大王の天下を治めるのを左《たす》けた」と記されている。ワカタケル大王は雄略天皇と考えてほぼ誤りないとみられている。これは日本で最も古い、確実な「天下」の用例であり、その「天下」は文脈からワカタケル大王の「天下」であろうから、大陸中国の「天下」ではない。実はこのころ、大陸においても華北の北族支配という現実によって、「天下」は複数で存在していたが、雄略が治めた「天下」はいかなる意味でも日本列島の天下であり、列島社会の政治的統一と支配のもとに入った範囲を示す出土史料である。

つまり、わが日本においては五世紀に中国皇帝の支配下にある天下と並んで雄略天皇の支配する列島内の天下が存在したのである。いや天下も一つの想像力の産物であるとすれば、日本人の想像力が産みだした中国のそれとは別の天下が創造されていたのである。このことは国家の独立、独自文化の形成と成熟の観点から重要な意味をもっていた。天は一つだが天下は二つという逆説が成立する。それは日本人の活動を軽快なものにした。

## 明代通交の理念と実態

### 中華と四夷

前近代の中国で外国との交渉、外交を担当したのは礼部である。礼部は礼をもとに諸国、諸民族とのつきあい方をきめ、実行した。その基本になっていたのが華夷《かい》思想である。極端ないい方になるが、「華」とみれば相手にしてもらえるが、「夷」とみなされれば無視され、すげなく放置される。この区別（差別というべきであろう）は中華の紀元前五世紀より以前にすでに存在したと証明されている。

そのころ中国大陸の中央部、いわゆる「中原《ちゅうげん》」は土壌が豊かで生産力が高く、文明の程度も高く、周縁地域に比していちじるしく裕福な生活を楽しんでいた。文明の程度が高いということは自然の力をコントロールする力も他に比して高度であるということで、社会経済的に優位に立ち、周囲もまたそれを認めていた。かれらは「華」と「夷」の二項対立からなる世界観をもち、その基準にもとづいていた。礼は文明の程度を表していたが、もとはといえばこの地域に住居した「漢族」の風俗・習慣により形成されたものでもあった。

これに対し、「夷」は文明の程度が低く、人間らしい礼節を知らぬ連中で野蛮人というのが正確だが、ときに禽獣《きんじゅう》（けもの）をも含む概念であった。そのいっぽう、最初は現実の漢の風俗・習慣であったものが豊沃《ほうよく》な土地と結びついた高い文明が創出されたのにともない、

「華」の内容も価値も高まっていったにちがいない。「中華」は「東夷《とうい》・西戎《せいじゅう》・北狄《ほくてき》・南蛮《なんばん》」

という「四夷」に囲まれた「華」から中国人の自信と誇りを表明することばになった。現在の中国の国号・中華人民共和国の一部に使用されているのも周知のところである。

### 礼にもとづく通交

一三六八年、朱元璋《しゅげんしょう》の軍が南京《ナンキン》に入り、明帝国の成立となった。朱元璋は洪武帝《こうぶてい》と呼ばれるようになるのだが、洪武帝の政治については評価が分かれている。その議論に触れるのは素人は控えておくこととして、「礼」について頭に入れておきたい。といっても、礼はわれわれ日本人にも大きな影響をおよぼしたが、現代においてはわかっているようでわかりにくいところもある。すこし礼の周縁を歩いてみよう。

礼の反対語は刑《けい》で、礼が実行されないばあいは刑が発動される。たとえば、礼のなかでも重要な冊封《さくほう》に関する問題でも理論的にはともかく、現実的には刑が実行されるか、されないかはそのときどきにより異なる。これは中国がこの地域世界において唯一つの極、一極集中構造の中心であることによっていると思う。中華の都合により決定されるのである。

『広辞苑』第五版をみると、礼は「社会の秩序を保つための生活規範の総称。儀式・作法・制度・文物などを含み、儒教では最も重要な道徳的観念として『礼記』などに説く。」と記す。傍点（筆者）の部分だけに限ってもずいぶん広い概念だ。生活上の規範という点を頭に入れておこう。

つぎに、諸橋轍次《もろはしてつじ》の『大漢和辞典』は項を分けて解説しているが、その第一項はつぎのように説く。この項の読みは「ゐや」としている。

　ふみ行ふべきのり。我が身を修《おさ》め、人と交り、世《よ》と接し、鬼神《きしん》につかえて、理にかなひ、生を遂げるために守るべき儀法。（中略）外形を修めて内心を正すのが其の特色である。

**ロシア使節レザノフ来航絵巻**　文化元年（1804）に来航し、長崎奉行所に向かう使節一行。東京大学史料編纂所蔵

時代はずっと下るが、江戸時代も後半に入った一八世紀末、ロシア使節ラクスマンが来日したさい、江戸に行きたいというラクスマンに対し、老中松平定信は「外交は長崎でおこなうことになっているのでそれはできない」と答えている。このとき蝦夷地での交渉も同様の理由で拒絶した。これを定信は「礼と法」にもとづく対応であると述べている（藤田覚、二〇〇〇年）。

その数年後、一九世紀初頭に入って、やはりロシアからレザノフが来航した。かれは定信の教諭に従って長崎へ向かった。幕府内部ではすでに外国船打ち払い令もだされていたこともあり、このさい断固打ち払いを実行するべし、それにより日本の「武威」を示すべしとの声が沸騰した。定信はこのとき「相手が礼に即して来航しようとしているのに、理由もなく武力対応することは許されない」と主張した。

定信の教諭に応じて、日本が定めた外国人応対の窓口へ来航することが礼にかなった行為であると理解されていたのである。それはほぼ歴史はじまって以来、一九世紀に至るまで続いたのであった。そしてここでいう、「法」「国法」、すなわち外国との貿易交渉を禁じた徳川家の「祖法」であったから（じっさいは祖法というものは存在しないが、松平定信が幕末の外国船来航あい継ぐ事態に、いわば方便として創作したもの）、この枠組みで考えると鎖国もまた「礼」を基盤に考えなければならなくなる。しかし、当面それは措《お》くとしよう。

いますこし別の観点から考える。ある人の説明によると、たとえば日本の船が中国の指定された港の入口近くに着岸したとする。中国側では、それを見て直ちに客人として招き入れ（もちろん正式の使船であることを確認したうえで）、歓待する。これが「礼」というものだそうである。

礼がしばしば時により扱いが変わるとか、原則が明確でないようにみえるのは、このためであろう。しかし、それでもなおかたちの上ではそれは存在した。そのあり方を貿易の実情からみてみよう。

## 朝貢船の実態

遣明船《けんみんせん》は政治的には、かたちのうえで朝貢・賞賜の関係を結ぶことのほか、経済面では諸国の進貢物とそれに対する反対給付として頒賜《はんし》物をあたえる一種の貿易関係をつくりだしていた（佐久間重男、一九九二年）。入貢者の側は、朝貢に名を借り中国の豊かな物資を得ようとし、自国の産物を進貢物とするほか、附搭貨物《ふとうかもつ》（ついでに船に載せる荷物）を大量に持ちこんだ。明代の中期まではこのようなかたちの貿易が正常な朝貢貿易として公的に認められていた。そして朝貢形態をとらない交易関係は、すべて私貿易として厳重に禁止された。元末以来の倭寇《わこう》などの活動をおさえるために私的商人の海外進出を禁じる海禁《かいきん》政策がきびしく実施されていた。

しかし、その実態・実質をみると、天文八年（一五三九）の一号船の場合、全乗組員一八五人のうち私的な従商が一一二人を占め、使節等一五人・水夫五八人にくらべ、群を抜いて多かった。また、進貢国の国王が明皇帝に送る表文に「兵器・楽器・楽人を給されんことを請《こ》う」など、具体的な品名が要求として記されていた例も紹介されている。表文は進貢国の国王が中国皇帝に送る文書で、臣下として皇帝への従属を誓うものであり、ある意味では最も重要な文書であった。足利義満は表文の文章を三度も書き直させられている。その間入明を許されなかった。日本は倭寇対策対象国であるからすこし問題があるが、洪武帝以後の形式主義への変化を形式化ととらえると、かたちにとらわれ、枝葉の部分がこまかい追及の対象となったと思われる。最も重要な文書に最も切実に欲しい品物の名を記入したとみると、そこにかれらの欲望と事態の転換をはっきりよみとることができよう。

ここでは先駆的な業績をあげた小葉田淳《こばたあつし》と、前掲の佐久間重男の研究によりつつ、交易の具体像をさぐってみたい。前者は日本史の、後者は中国史の研究者であることも面白い。

小葉田は日明通交《にちみん》の経営主体が幕府・禁裏・寺社・大名等の経営者グループから実質的に堺・博多等の商人集団に移ること、遣明船一艘につき一回に数千貫文の利益が得られたこと、後期になると、あらかじめ千貫文単位で商人たちが請け負ったことなどを明らかにした。この点を裏づける象徴的事実としては将軍義満の「入貢」を案内し、ガイド的役割をはたしたのが博多の商人肥富《こいつみ》であったことをあげておきたい。肥富は荘園年貢の運送を請け負う商人でもあった。

肥富など日本側（輸出側）の取扱人が主として商人で、保管などが五山クラスの寺院であったのに対し、中国側の実務を担当したのは古代以来発達した官司組織、つまりお役所だった。特殊で数量の大きい進貢物、蘇木《そぼく》・胡椒《こしょう》・硫黄《いおう》などは首都南京の礼部に、珍獣と鳥などは内府や御馬監《ぎょばかん》へといったぐあいである。

一方、進貢物に対するお返し（給賜物）は国王やその妃、また貢使一行に対して「恩恵」として下されるのであるが、じっさいは進貢物に対する代償の意味をもったようで、まさに交易そのものにほかならない。金銀・銅銭・絹織物・陶磁器以下多種類に上り、応仁の乱以後は刀剣が輸出品の多くを占めた。さらにまた、絹織物は北京・南京に工房を設け、経済的等価交換ではないが、日明間の皿・茶碗売買の例がある。

進貢物以外の附搭貨物については官から鈔《しょう》（紙幣）をもって買いあげられた。貨物は常におさめられるものもあり、買いあげられるものもあった。いずれにせよ、政府による専買制下におかれ、すべて官に買い上げられた。また、附搭貨物には抽分《ちゅうぶん》（関税）がかけられたが、はるばる遠方からきた者を優遇する意味でそれを免除されるばあいも多かったようである。抽分は高いときには五〇パーセントにも達した。

**冊封体制より「官営貿易」**

明の初代洪武帝は位につくとまもなく諸国の王たちに対して勅《みことのり》をくだした。その内容は諸国・諸民族の人びとに対し、今後は自由に積極的に明へ来航してもらいたい、明はそれを待っているとの趣旨であった。一見すると、これまでの方針といちじるしく異なり、明るく開放的な政策にみえる。しかし、はたしてそれが事実だろうか。明と諸国との関係は、あらゆる点で明に主導権・決定権が握られている状況下で、容易に信じがたい。

足利義満の日本国王冊封問題にしても、かれの国王の地位が認められたとみるよりは、明側のつごうにより国王の基準が緩められていたのではなかろうか。考えてもみよ、大明皇帝があたかもツーリストガイドのように「ぜひいらっしゃい」とばかりサービスのほどを数え立てているように思える。天命を承けた天子の面影はまったく感じられない。

この状況を表すことばとしては、冊封体制と華夷観念（思想）よりも「官営貿易」（佐久間重男、一九九二年）とよぶほうが適切であると思われる。

### 日明ルートの保全

日明通交が商業に重点化され拡大したとすると、そのルートが恒常的に保障されねばならないだろう。自力救済の社会では、それらはすべて自力でなされる。中世日本では、幕府や有力大名などはみずからの公的・私的な武力を動員してこの国際的幹線交通路の保持にあたった。島津家の文書をみていくと、つぎのような文書がいく点か残されている。

渡唐船のこと、警固《けいご》いたし、自然の儀においては、疎略なく、ていれば神妙たるべし。仍《よ》って太刀一振・刀一腰遣わし候。巨細はなお大内左京大夫(義興)申すべく候なり。

十月十日

嶋津陸奥守とのへ（『鹿児島県史料』旧記雑録前編）

（現代語訳）

遣明船の警固を命じたところ、万一のさいも手抜かりのないよう、取りはからった由、神妙である。よって太刀一振・刀一腰をあたえる。その他大小いろいろのことは大内義興《おおうちよしおき》が口頭で伝えるであろう（直接聞きなさい）。

室町幕府の将軍家御内書《ごないしょ》が大内義興を経て島津氏に伝えられたことがわかる。

渡唐船は中国（明）へ渡る船のことで、遣明船より広い概念で一般に使用された。引用した文書は、この船を警固するように命じたもので、万一のことが生じたときにも抜かりなく取りはからうように、さすれば神妙である、として太刀と刀をあたえている。他のこまかいことなどは（そちらに近い現地の）大内義興が話すであろう（から聞くように）。渡唐船の安全は将軍―有力守護―守護のラインで保護、防衛されていた。もっとも、将軍にだれか（たとえば明皇帝）が指示したかどうかはわからない。

幕府による遣明船（渡唐船）の保護は、当時の考え方では公的な任務に属したとみてよい。天皇・寺社・大名以下の経営する船が幕府の手で守護されることは想定の範囲内であろう。では、いわゆる勘合を持った遣明船以外の個別の、私的な渡唐船はどうであったか。

## 自力救済に敗れた倭寇

一つのちいさな事件が社会の仕組みを照らしだすことがある。永正《えいしょう》一三年（一五一六）備中国連島《びっちゅうのくにつらじま》（のち備前国、いまの倉敷市）の三宅和泉守国秀《みやけいずみのかみ》が琉球国を征服しようと一二艘の軍船《いくさぶね》を率い、薩摩《さつま》（いまの鹿児島県）の坊津《ぼうのつ》港に入った。といえば、ちいさな事件ではないかもしれないが、この時代は琉球国が交易を中心にもっとも繁栄した時代である。この年四月二〇日、琉球国の使船である紋船《あやぶね》が薩摩に到着している。

連島は、のちに備前に編入されたが、高梁《たかはし》川の河口が東西二つに分かれていたころ、一つの河口の中央にあった島で、近世初頭に玉島《たましま》湊が開発されるまで備中指折りの湊として栄えた。「兵庫北関入船納帳」によれば、文安二年（一四四五）連島船籍の船団が兵庫北関に入港しており、船数は備前・備中で牛窓に次ぎ、下津井より多かった。京都―博多間の瀬戸内海は遣明船の公式航路であったから国内流通と海外交易のジャンクションであった可能性がある。当時の有力者細川氏が児島郡内にもっていた領地七ヵ所の一つであった。細川氏は、この日本の幹線ともいうべき瀬戸内流通ルートのかなめを押さえる意図があったのではないかと思われる。

南海貿易で集積した多数の産物が、当時の琉球には集中していた。列島の住民で一旗あげたい連中の眼には「宝の庫《くら》」のように映っていた気配がある。似たような例に、豊臣秀吉の手でのちに因幡《いなば》の大名に取り立てられた亀井茲矩《これのり》がみずから願って琉球守《かみ》を名乗った例もある。琉球王になりたい希望をあらわしたのである（『岡山県史編年史料』）。

薩摩の坊津《ぼうのつ》は琉球への渡り口とよばれ、古くから、本州から琉球へ行く者はかならずといっていいほどこの港から出発した。さて、肝心の三宅国秀であるが、この人の出自・活動経歴等の詳細はまったくわからない。地元の英雄とみられたらしいことは、のち宇喜多直家《うきたなおいえ》が三宅の後裔《こうえい》と名乗ったことからも推察される。もっとも、これは根拠がないといわれている。

軍船一二艘を率いてとあるところなどからは、国秀は倭寇だったのではないか。この頃、

倭寇図巻　中国本土沿岸で活動した16世紀の「後期倭寇」の姿を伝える数少ない絵画資料。兵士と戦う右の舟の人物の手に日本刀などが見える。東京大学史料編纂所蔵

倭寇の活動は終息へ向かっていたが、それでもまだ「海賊稼ぎ」に出かける列島の領主たちはかなりいた。瀬戸内西部からも海賊に出かける領主たちがいた。国秀の出身地は瀬戸内中央部ともいうべき場所である。「海賊稼ぎ」に出る者が多数いたとしても不思議でない。軍船を一二艘も引き連れているのは単なる自衛のためとも思えず、やはり征服衝動を内蔵したものであろう。

ここに注意したいのは、この一件が海賊（倭寇）だなど大いに賑わった模様だ。三宅国秀も、あるいはそうした商業活動への参加を目論《もくろ》んだ一人であったかもしれない。

そのように重要な流通拠点から一二艘もの軍船を編成して出動したのであるから、なみたいていのことではなく、本気で琉球征服をめざしたものであったかと思われる。ところが、島津氏（このとき当主は忠国）は三宅一党の行動を幕府に報告するとともに、その指示をうけ、これを攻めて国秀を殺してし

まった。頸を京都へ送った。

島津氏のこの処置についてはいくつかの説がある。当時、将軍足利義教《あしかがよしのり》は弟・義昭《よしあき》と対立しており、当初義昭を支持していた島津氏が裏切って幕府に従ったとするもの。こうした上層部の争いには必ず細川氏の動向も関係していたであろう。

この事件は一六世紀初頭の日本のすがたをよく物語っている。自力救済の風潮が列島全体を覆うにいたろうとして、その手前で踏みとどまった状況を如実に示している。

まず、三宅国秀であるが、かれは国人クラスか、おそらくその下あたりではなかろうか。ともかく、備中の一介の武士が琉球国を征服しようと故郷を出て「領外国」へ出かける。成功すれば琉球王である。しかし、薩摩にはかれよりもずっと古くから琉球と関係をもち、近海の警固役を帯びた守護島津氏がいた。事態を注視していた島津氏はどたん場で幕府から命じられた役を遂行し、国秀の野望は摘みとられた。島津氏にとっては、琉球を生かしておいて利益をとるか、直接支配下に置くか、アヒルの黄金の卵の選択であった。
(1)法による支配の伝統的体制をえらぶか。
(2)実力行使により新しい支配体制をえらぶか。
島津氏は(1)の道をえらんだ。そこには、長い戦乱に倦《う》み、平和を願った民衆の意志が反映していたのかもしれない。

三宅国秀は自己の力をたのみ、敗れた。かれのもとに集まった侍たちは、ときに体制側の実働部隊となり、ときに(2)の可能性に一身をかける存在であった。

## 警固の衆と倭寇

それでは渡唐船往来の航路安全を図ったのはだれか。幕府は渡唐船が発着するそのつど、先にあげたような文書を関係先の守護大名に発して船の安全を図った。

近代のように「領海」がきまっていなかったから、こうした文書を現場で「海賊」に示し、退散させた。先の島津宛の文書に出てくる大内義興は、現地の最高責任者の位置にあったと思われる。

近代的な国境の考え方が成立する以前のことながら、遣明船は勘合符《かんごうふ》を持った日明間の公式貿易船である。その航海ルートの警固は将軍―大内左京大夫の指示ルートをつうじ、薩摩守護の島津陸奥守に伝えられた。遣明船の公式航路は、国内では京都―博多間（瀬戸内経由。別に土佐経由の南海ルートもある）であり、警固はその間のものと考えられる。客観的にみると、日明貿易ルートは幕府の指示により国《くに》の守護があたったといえる。守護の命令は地元の海民に伝達されたであろう。こんにち地元各地に残る小早《こばや》（船）がその名残《なごり》を示している。地域により警固船と称している所もある。末端の海民は「海賊稼ぎ」に出る一方、守護の指示を受け、「警固船」の名称と旗を立てて、出動した。

このように考えると、これら小早に乗った警固の衆と、倭寇に出た海民とは同一階層に属したのではないかと思われる。つまり、室町幕府も江戸幕府と同様に「公儀《こうぎ》」を名乗ったが、室町の「公儀」の末端は、自力救済の原理で行動する非体制分子を抱えこまざるをえなかった、といえる。

## 遺産としての官営貿易

明帝国のもとにおいて成熟した官営貿易のあり方は、その後の中華世界における通交貿易のスタイルを決定したといえるかもしれない。皇帝は、はるばる遠方から明との交通を求めて来航した「朝貢」船に対し、その労苦をねぎらう意味で積載したすべての商品を強制的に買い上げ（官収買）、品ごとに値を立て、市場に放出した。それは自由貿易ではなく、厳格な海禁政策の実施されているなかにあって、一括購入、すなわち売り・買いのうち「買い専門」ともいうべき形態で、遠方から商品を運んできた船に対する慰労の意味をもこめて全商品を一括購入したのであった。東南アジアへ来たスペイン・ポルトガル人が直面した取引形態に「パンカダ」といわれるものがあった。「一括購入」と訳してその内容が学界で問題になったこともある。それはまさにこの形態であった。

やがて、このスタイルが豊臣秀吉によって継承される。

天正一六年（一五八八）七月八日、刀狩《かたながり》令と並んで海賊取締令を発した豊臣秀吉は、八月、九州の片瀬浦に着岸した黒船の処置につき、島津義弘に指示した。黒船はいうまでもなくポルトガルの大船で、国王から政治・軍事・外交以下の全権をゆだねられたカピタン・モールが長として指揮する当時最大三〇〇〇トン級の武装船であった。事態は日明貿易から一段階進み、一六世紀三〇年代以降盛んになった日本産銀と中国産生糸《きいと》の貿易に介入する目的で来日したものである。

秀吉は全国統合の二年前で、設備の制度のうえではまだ整っていなかったが、基本的な考え方は、明の官営貿易や徳川幕府の「鎖国」下でおこなわれた糸割符《いとわっぷ》の取引法と、全くおなじものであった。すなわち、

(1)とりあえず銀二万枚を持たせ奉行（石田三成）を派遣する。
(2)相場を立てて売り上げるように。
(3)糸が余ったら（糸以外の）諸商人に買わせよ。
(4)買い手がなくとも、（糸がある限り）年中に五度・一〇度も渡すことになっても、毎年渡海して何処の村々にても、着岸しやすい所に（船を）着岸させるよう伝えよ。
(5)たとえ寄船《よりぶね》（遭難して海岸に流れついた船。慣習として荷はその土地の者が取ってもよいことになっていた）であっても着いた浜が日本の浜である限り、いささかも（その船を）妨害してはならない。
(6)糸を没収されるのは商売のためではない。日本国へ船を着けさせるためである。この趣旨をたしかに申し聞かせよ。
(7)こちらからの奉行が到着するまでは糸の売買は停止して待て。

これは官営貿易の取引法とおなじであるばかりでなく、徳川幕府の「鎖国」下で実施された糸割符取引法でもおなじ仕法がある。かたちのうえでは明の官営貿易を受け継ぐ、寛永「鎖国」時代へと展開するのである。

あえて推測すれば、これらの取引形態はみな、もとの中国皇帝が入貢者に対してあたえた恩恵、頒賜《はんし》のかたちを遺産として継承したものではなかったろうか。東アジアにおける中国の地位の大きさが、それを地域全体の慣行であるかのように浸透させたのではないかと憶測される。

ともあれ、「鎖国」を構成する要素のいくつかは中世から近世へ継続して存在していたといえる。糸の取引を秀吉の手に全面的に掌握する。これが第一の目的で、こまかいところで前後の諸制度と連なる点を持っている。

### 幕藩体制成立期の海外情勢

一七世紀初頭、満州に本拠を置く牧畜の民、女真族《じょしんぞく》が蜂起し、明への攻撃を開始した。のちに清《しん》国を名乗ることになる後金《こうきん》である。約三〇年のズレはあるものの、豊臣秀吉が列島の天下を掌握し、「天下人《てんかびと》」になるのとほぼ並行する動きであった。やがて、この「天下人」は列島の外に広がるほんものの天下を支配しようと明国の征服をめざし、朝鮮に出兵する。かれに力を与えたのは、一六世紀の半ばにヨーロッパから来た「きりしたん国」すなわちキリスト教カトリック諸国の民であった。力とは鉄砲（大砲を含む）にほかならない。新しい武器で武装したかれらは、展開しつつあった港市のネットワークの要所に軍事拠点を築き、周縁の海域を制圧し、植民地化を進めていた。

列島内の主権を掌握した秀吉をはじめとする武家（大名）勢力は、宗教一揆との戦いをつうじて原理主義的な一揆の弊害について認識していたので、カトリック諸国の領土拡大の動向に当初より警戒の念を隠さなかった。軍事の専門家であるかれらは、この火力のもつ威力について熟知し、畏怖していた。心配する大名たちに、欧亜をむすぶ兵站《へいたん》線の長さを指摘し安心させた織田信長のエピソードは、この時代の軍事力の限界を示し、帆船時代の戦略的均衡がペリー来航まで変わらなかった理由を物語っている。

また、先進的な技術にもとづく軍事力へのあこがれと不安をないまぜにしたヨーロッパ観は、「脱亜入欧《だつあにゅうおう》」の可能性が中近世の移行期にすでに生じていたことを示唆している。

マリア十五玄義図　江戸初期の作で、中央部右下がザビエル。昭和初期に大阪府で発見された。京都大学総合博物館蔵

他方、「きりしたん国」の宣教師とその世俗の保護者たちは、広大な大陸の豊かな物産を支配するのに自分たちだけでは無理だと判断していた。かれらの目に映ったのは、痩せた国土だが戦いに強く、東南アジアで傭兵《ようへい》として活動することの多かった日本の兵士＝下級武士たちであった。かれらに現地人を指揮させて大陸の植民地化を図ろう。いわば牧羊犬の役割を与えよう。その可能性について検討する価値はある、と宣教師の一部では語られていた。日清・日露戦争から第一次世界大

戦頃までの歴史を振り返ると、この戦略が生きていたかのように思える事態がいくつかみえる。射程は近代にまで達していたか。

この間、ヌルハチに率いられた小さな集団と思われたものが、北方の草原を疾風のごとく突進し、清国を樹立した。ヌルハチの子・ホンタイジは一六三八年、朝鮮に入り、これを征服、支配下に置いた（丙子胡乱《へいしこらん》）。一七世紀半ばには、巨大な大清帝国が形成され、「華」と「夷」は交替する。同じ頃、東進をねらうロシアが徐々に勢力を伸ばしてくる。

幕藩体制とよばれる日本の大名の統合された権力は、このような対外的環境のもとで形成された。ホンタイジ乱入の年、幕府は諸大名に命じて江戸城惣構《そうがまえ》の普請《ふしん》をおこない、箱根関所の法度《はっと》を定めた。寛永通宝の鋳造《ちゅうぞう》もおこなった。これらが朝鮮や清で起きている事件と関係があるか、どうか。史料から論証することは容易ではないが、まだ、なにも手はついていない。

## 「鎖国」再考を

「鎖国」の語は、ケンペルの文章を一九世紀初頭、長崎通詞《つうじ》を務めた志筑忠雄《しづきただお》が翻訳し、つくりだしたものである。また、近年では、「四つの口」論というものもあって、近世においては長崎・対馬・松前・薩摩の四港がそれぞれオランダ・朝鮮・蝦夷《えぞ》・琉球に対応していたことが明らかになっている。そして、これらのことから敷衍《ふえん》して、「鎖国」は存在せず、幕府による貿易独占と人民の海外進出を禁じた「海禁」政策があったとみるべきだという、どちらかといえば経済政策に重心の置かれた議論がある。

しかし、一七世紀初頭の女真族蜂起を契機に起きた東アジアの大動乱はそれほど簡単なものではなかった。幕府学問所頭取の林春勝（鵞峯《がほう》）は幕閣ともどもこの事態を「北狄の女真が中華の漢族を制圧した」として刻々に変化する大陸情報の収集につとめ、「華夷変態《かいへんたい》」と題した。「華」と「夷」が入れ替ったとの意味である。古代以来慣れ親しんできた漢文化の運命は日本人にとって衝撃的であり、春勝は深い悲しみに襲われると同時に、動揺のあまり「ザマー見ろ」との趣旨を記録に残している。日本の知性を代表する人物としてはいささか軽薄な感じを否めないが、数千年にわたって「東夷」の扱いを受けてきた儒者の気持ちを考えればわからぬでもない。しかし、かれは学者として「華夷変態」ではなく「華夷交替」が現実の歴史であることを知るべきであった。

ただ、それは「脱亜入欧」に余計なバイアスを加え、その後の道を誤らせる結果をもたらしたと思われる。幕末から維新期の、東西の文明が接触した時期に居合わせた日本人にとっては不幸であった。「鎖国」という語には現状に対する批判がこめられており、「開国」という未来への路線が隠されている。

その点で、徳川幕府の「鎖国」体制の成立と、それが近代に及ぼしたものについては、さらに政治的・思想的・文化的な側面から考察を深める必要があろう。

# 第七章　繁栄と衰退の歴史に学ぶ

## これからの世界と日本

青柳正規
陣内秀信
ロナルド・トビ

●この鼎談は二〇〇八年六月三日、東京都内で行われた。

## 「人類の歴史」を見直す

### 歴史的な事件と「人びとの気分」

**青柳**　本シリーズでは、さまざまな文化・文明の「興亡の歴史」を各巻ごとにまとめてきましたが、こうした「人類の歴史」を見直し、これからの人類を考えていく上で、どのようなヒントや教訓を得ることができるのか、そのことをテーマとして、編集委員の私と陣内さん、さらに近世日本の外交史を研究してこられたロナルド・トビさんをまじえて語り合っていこうと思います。また、日本の歴史と現在を見据え、「世界の中の日本」がどう生き延びていくかという点にも目を向けていきたいと思います。

最初にローマの歴史から入りたいんですが、四世紀半ば以降、ゲルマン民族の大移動もあってローマが衰退していきますね。その衰退期にローマ人が書いたものを読むと「昔はあれほど太陽が出ていたのに、なぜ最近は太陽が出ないのだろう」といった記述がみられます。しかし、当時のヨーロッパの気候を調べてみると、べつに小氷河期や異常気象だったわけではなく、普通に太陽は出ていたはずなんです。ですから、国や社会の勢いが下火になっていくなかで、人びとの気持ちもネガティブになっていたことがそのような記述に反映しているようです。

**トビ**　日本でいえば、たとえば『方丈記』などは、鎌倉時代の飢饉や天災などをあれこれ書きつらねていて、当時の時代を反映して、世をはかなんだような内向きの内容になっています。まあ、しかし太陽が出てこないとは書いてありませんけどね。

**青柳**　『平家物語』も、栄華をきわめた平家の没落の悲しみが、あの叙述のベースにありますよね。

　歴史的な事件と「人びとの気分」ということで言えば、一五二七年に「ローマ劫掠《ごうりゃく》」の悲劇が起きます。教皇クレメンス七世がフランスのフランソワ一世と結託したため、カール五世率いる神聖ローマ帝国の軍はローマに侵攻して、強奪と殺戮《さつりく》をおこなった。これは「ルネサンス時代の9・11」などといわれますけれども、この出来事はヨーロッパの芸術家にかなり大きな精神的影響をあたえました。「劫掠」以降、敬虔な絵画が増えています。とくにスペインでは対抗宗教改革の影響もあって非常に暗い絵が多くなっています。

　こういうふうに、ある大きな出来事が文化や芸術、人びとの気分も含めて、ガラリと世の中を変え

鼎談中の三氏　左から青柳正規氏、ロナルド・トビ氏、陣内秀信氏。2008年６月

てしまうということは、昔からかなりあるのではないでしょうか。そう考えると二〇〇一年の9・11は、歴史上の戦争などにくらべたら、とんでもなく大きな出来事ではないにしても、非常にショッキングな惨事だったことは事実ですね。やはりあれ以降、いろいろな意味で世界は変わったと思うのですが、いかがですか。

**トビ**　たしかに9・11以降、アメリカ社会は暗くなりました。ただし、あのテロの意味合いといったものは、正直にいってブッシュ政権の対応によって決定づけられたところが大きいと思います。どういうことかというと、一九六〇年代からIRA（アイルランド共和軍）がたびたびテロを起こしていますけど、これに対してイギリスは軍隊を動かして対応したものの、あくまでもIRAのテロを犯罪として対処し、戦争として扱わなかった。

これに対して9・11では、三〇〇〇人が尊い命を落としたのはもちろん大変なことですが、ブッシュ政権はこれをテロとしてではなく、太平洋戦争のときの真珠湾攻撃と同様に開戦であるとした。ブッシュとしては、あのテロで国民に国家存続にかかわるほどの危機感をもたせたかったんですね。そうすることで、みずからの政権をより強大なものにしたかったわけで、つまりブッシュは9・11をシニカルに政治利用したと思います。

**陣内**　9・11はほんとうにショッキングな出来事で、あれを機に日本でもイスラームへの関心がいやが上にも高まりましたが、誤解してはいけないと思うのは、イスラームはもともと寛容な文明だということですね。寛容性をもって、それぞれの地域の気候風土や慣習を取り込みながら柔らかい支配をしていったから、今日これだけイスラーム社会が広がったわけでしょう。モスクの建築様式をみても、地域によってずいぶん違っていて、キリスト教の教会よりもずっと多様性がありますね。

**青柳**　その寛容性とは何かというなら、要するに支配地域に対する優位性といえるのではないでしょうか。つまり、国が栄えているときは他者に対して寛容でありうるわけです。たとえばレバノンでも、七〇年代半ばに内戦が勃発《ぼっぱつ》するまでは少数派であるキリスト教徒が大統領をつとめてイスラーム系が首相になるという形がずっと守られていた。ところがエジプトとイスラエルの戦いのなかで、イスラエル軍に圧倒的に劣ることをアラブ圏が認めざるをえなくなったときから、徐々に寛容性が失われていきました。さらに湾岸戦争で徹底的にやられてから、イスラーム全体が急速に暗くなった。そして、自分たちの無力さを思い知らされるなかで台頭してきたのがイスラーム原理主義です。ですから、おそらくイスラーム社会が寛容性を必要以上に失ったのは、先進国が容赦なく彼らを叩いたからなんですね。

青柳正規氏　国立西洋美術館館長（当時）。専門は古代ローマ美術・考古学。本シリーズ編集委員

**トビ**　私はイラクのフセイン政権を弁護するつもりはまったくないんですけど、あれは政治から宗教を遠ざけた、世俗主義的な政権ですよね。だからアルカイダもあの政権を敵視していたわけですが、その世俗主義であるところにフセイン政権はすごく自信をもっていた。湾岸戦争で敗れても原理主義に走らない

し、宗教的な政権になる気配もまったくみせない。つまり、世俗的なイスラーム政権を誇示したのがフセインだった。

**青柳**　しかも、その前からイランが台頭してきていたから、アメリカはイラクを支援していた。

**トビ**　そう、だから、イラクは宗教的にも文化的にも比較的寛容な立場をずっと維持できたわけですね。

## イスラーム社会に対する意識

**陣内**　その寛容性に関連して、ではヨーロッパはイスラームをどう見てきたかについて考えてみると、たとえばスペインでは、もともとイスラーム圏だったアンダルシア地方を自分たちのアイデンティティのなかに位置づけていますね。それから、ガウディの建築物のなかにもイスラームの要素が入っていて、スペインでは古くからイスラーム社会を認めていたことがわかります。

一方、イタリアも歴史的にイスラームの影響を少なからず受けています。二〇〇七年の夏にヴェネツィアで「ヴェネツィアとイスラーム」という展覧会があったのですが、それを見ると、ヴェネツィアでは一二世紀から一四世紀にかけて、さまざまな工芸品とかカーペットとか、イスラーム文化をアラブからかなり受け入れているんですね。その後、アラブのほうが相対的に衰退してくると、ヴェネツィアはかつてアラブから学んだ技術をもとに高度なガラス工芸品や織物などをつくって、逆にあちらへ輸出するようになるんです。
　つまりヴェネツィアのその展覧会は、イタリアとイスラームの相互交流の歴史を物語っていて、どちらかが一方的に影響を受けたというものではない。ときに戦争もやりながら、ヨーロッパとイスラームはおたがいに影響を与え合っていたわけで、やはり地理的にもイタリアなどは地中海をはさんでイスラーム圏と近いし、人びとの交流も多い。嫌でも、おたがい認め合わないわけにはいかなかったんでしょうね。それとくらべると、アメリカはアラブ地域からずっと離れていて、だから、アメリカとヨーロッパで、イスラーム社会に対するビヘイビアがまるで違ったんじゃないかと思うんです。

**トビ**　アメリカでもとくにミシガン州などではイスラーム系の人がけっこう固まっていて、とくに都市部に多くのモスクがありますね。しかし、そのわりには9・11までは、一般のアメリカ国民はイスラーム社会をほとんど意識していなかったと思います。以前、ヨーロッパ系の国会議員でイスラーム教に帰依した人がいて話題になったことがありましたけれども、国会議員五三五人のうちイスラーム教徒は一人だけですから、そのくらいアメリカでは、もともとイスラーム社会は意識されない存在だったわけです。
　それが9・11以降、大きく変わったのです

**ロナルド・トビ氏**　イリノイ大学教授（当時）。専門は日本および東アジアの近世・近代史

が、いまアメリカ国内ではイスラーム教は許されるのかとか、イスラーム教イコール非国民であるといった愚かしい声もあり、これは非常に悲しい現実といわざるをえないですね。

**陣内**　中東問題の専門家でテレビのコメンテーターとしてもよく登場する酒井啓子さんが、『イラクは食べる』（岩波新書）というおもしろい本を書いているんですね。いまもイラクでは抗争が続いて悲惨な状態にありますけど、そこでは当然ながら人びとの日常生活が継続しているわけですね。そこで酒井さんはイラク人の食卓のレシピを紹介しながら、かれらの暮らしの断面をとらえているわけです。興味深いのは、国外へ出て行ったイラク人が行った先でイラク文化を広めているのですが、かれらが移り住んだ周辺のマイナー国の人びとは、イラク移民が増えることで自分たちの仕事が奪われるといった対立構造を生み出していると。『イラクは食べる』は、そうした新たな問題点も指摘しているんですが、これら一連のイラク問題の背景には、アメリカの政策の失敗があるわけです。

アメリカは自国流の正義というか、アメリカ的民主主義をイラクに植えつけようとして、ことごとく失敗した。結局、アメリカは自分たちとはまったく異なる社会、風土、メンタリティのなかに、ありえない幻想を描こうとしたわけで、これが失敗の根源です。にもかかわらず、アメリカは反省しようとしない。これでは、アメリカは異文化を理解しようという姿勢が根本的に欠けているといわれても仕方がないんじゃないかと思うんですね。

**トビ**　アメリカ全体としてかどうかは別として、ブッシュ政権がアメリカの文化を相対化する思考を持ちあわせていないことは確かだと思います。つまりブッシュは、本当の民主主義はひとつであって、それをイラクへ持っていけばイラクの国民はそれをありがたく受け入れるだろうと考えていた。ブッシュが植えつけようとしたアメリカの民主主義なるものが本当の民主主義かどうかは別問題として、イラクが持ち込まれた民主主義を大切にするかどうかは大いに疑問です。要するにイラクに対して、おまえたちに自由を与えるが、民主主義を受け入れなければ明日はない、というのがブッシュ政権の理論ですね。

## 世界のなかの日本

### 国際社会のなかでの相対化

**青柳**　ここで日本について考えてみたいんですが、結局、アメリカはみずからを相対化することが難しいわけですよね。よくいわれるように、英語は世界の共通語だからアメリカ人は英語以外の言語を学ぼうとしない。だから国際化ができないという指摘もありますが、いっぽう、日本はアメリカよりも世界のなかではるかに存在感がないから、国際社会のなかでよりいっそうの相対化が必要なのではないでしょうか。

ところがこのとおりの島国で、民族と国境がずっと一致していると信じられている珍しい国ですから、自国を相対化しにくいわけです。この相対化が進んでいないことが今後、国際社会のなかでさまざまな問題をひき起こすのではないかと私は危惧しています。悲観的に考えるならみずからを相対化していないためひょっとしたら大きく誤った舵取りをしてしまう

陣内秀信氏　法政大学教授（当時）。専門は建築史・都市形成史。本シリーズ編集委員

かもしれない。そうならないためにも、日本は自分たちを国際社会の中で相対化する作業をきちんとしておくことが大切だと思いますね。

**陣内**　ヨーロッパの場合、EU統合がけっこううまくいきましたよね。ユーロが高くなったのもその表れかもしれませんけど、たとえば大学にしても、学生はEUのなかで学びたい大学に行くことができます。だから、少しやる気のある学生はみな半年とか一年、留学して言葉や習慣を身につけて帰ってくる。安い運賃の航空機もたくさん飛んでいるから、人の流動化も活発です。

さらにこのEU統合で注目されるのは、これまで取り残されていた地域にも光が当たって、元気を取り戻していることです。南イタリアとかスペイン南部のアンダルシア地方とか、古い歴史をもちながら近代文明から取り残されて見捨てられていたような地域が、EU統合以降、戦略的に投資されて文化遺産が保護されたりして地域が再生しているんですね。おかげで最近、南イタリアなどはすごく元気になっていて、今後は東欧に投資が向けられようとしていますが、これはつまり、そうやってEU全体を底上げして力をつけようというねらいです。

**青柳**　なるほど。やはりヨーロッパの場合、文化や歴史のベースがあって統合しやすいという側面はありますね。

**陣内**　そうなんです。キリスト教や古代ローマ文化といった共通基盤がありますから。では、アジアはどうか。こちらは宗教は仏教という共通項があるほか、歴史的にみて交流もけっこうありますよね。日本であれば、かつて中国や朝鮮半島からいろんな文化を学んだ歴史があるし、一時期、日本がアジアに侵略して日本のものを一方的に押しつけようとした過去はあるものの、古くから相互交流はかなりなされていた。

### ヨーロッパとアジアの決定的な相違

**トビ**　ただ、民族性とか宗教とかイデオロギーとかの以前に、アジアはヨーロッパと決定的に違うところがあります。それは動物園にたとえると、ヨーロッパにはイヌがたくさんいて、象がいない。いっぽう、東アジアは中国という巨象が一頭いて、その周辺にネコがたくさんいる（笑）。

人口でいえば、中国は日本の一〇倍、韓国の二〇倍以上ですね。いま日本のGDP（国内総生産）は中国よりも大きいけれど、将来、中国の国民一人あたりのGDPが日本の三分の一になると、GDPは日本の約三倍にはなる計算です。ですから、ヨーロッパは中規模の国々の集まりですけれども、アジアは象とネコ。この決定的な違いがまずあると思うんです。（文庫版の注・中国は二〇一〇年にGDPで日本を抜き、二〇一七年には、日本のGDP約五五〇兆円に対し、中国は約一四〇〇兆円となっている）

**青柳**　それと日本と中国、日本と朝鮮半島の間には歴史的なわだかまりもありますね。

**トビ**　四〇〇年前に豊臣秀吉による朝鮮侵略があり、一九世紀後半からは日本は帝国主義によって朝鮮半島や台湾を植民地にして中国と戦争をした。これによって、中・韓の反日感情は依然根強いものがあります。

もっとも、イギリスとフランス、ドイツとフランス、あるいはオーストリアとイタリアなど、ヨーロッパでもずっと戦争を繰り返してきたわけですよね。ただし、陸続きだけあって民族はかなり混ざり合っているし、歴史的に他国との政略結婚も多い。これも日本との違いで、日本は近代になって朝鮮半島を植民地にしていたけれど、その間に、たとえば天皇の妃を朝鮮半島から迎えたなどということは、まったくないわけです。

しかし考えてみると、日本が国家の体をなしてから一五〇〇年として、このうち朝鮮半島を植民地にしていたのは三六年間です。これは日本の長い歴史のなかで、例外ともいえる短い期間ですよね。けれども、中国や韓国の国民感情には、この三六年間の恨みがいまも深く投影しているわけです。

**陣内**　でも江戸時代にさかのぼれば、トビ先生が長年研究を続けている朝鮮通信使によって、日本と朝鮮半島の交流はちゃんとあったわけですよね。

**トビ**　ええ、鎖国下でありながら、日本は朝鮮の使節を迎えて文物を交換したりしているほか、中国ともそれなりの交易をしています。そうした歴史があるにもかかわらず、韓国や中国は帝国主義時代の日本に対するわだかまりが強い。このしこりを解消しないと、東アジアにＥＵのような共同体をつくるのはむずかしいでしょうね。

**青柳**　しかし、いま「ビッグチャイナ」などといわれていますけど、今後、中国と台湾、香港、シンガポールあたりがいままで以上に緊密さをもってくると思うんです。すると日本としては、その対抗上、たとえば韓国や台湾、あるいはインドネシア、フィリピンなどと手を結んで東アジアのバランスを保つようにすることが重要になってくるんじゃないですか。

**トビ**　それはたしかに重要ですが、象に対するネコの共同体をつくるにしても、それを束ねるのは日本じゃないと思うんですよ。そこはやはりアジアに対する日本の過去の歴史というものもあるし、仮に日本が韓国や台湾をさそって共同体をつくろうとすると、中国が黙っていないでしょう。

**陣内**　そのアジアの巨象が近年ますますパワフルになっていくなかで、最近は中国人観光客を乗せた大型バスが東京の銀座にやってくるなど、中国人の来日が非常に増えています。この傾向を日中のよりよい関係に発展させていくに

朝鮮通信使来朝の図　雑然とした行列の描写に臨場感が漂う。林原美術館蔵

雨森芳洲（1668〜1755）
江戸時代中期の儒学者。対馬藩にあって朝鮮外交を長く担当した。滋賀県 芳洲会所有

はどうしたらいいんでしょうね。

**トビ**　ひとつ言えることは、日中においてＥＵのような共同体の幻想は最初からもたないほうがいいということですね。とはいえ、中国や韓国と仲よくしていかないと日本の将来はない。そこで、外交が重要になってくるわけですが、私は国どうしの外交というのは、おたがいの意見の合わないところを双方が認めたうえで、共通の利害の一致したところで仲よくすることだと思うんです。江戸時代の朝鮮通信使もそうで、あれはたんなる親善友好外交の使節ではなくて、その背後には対馬藩を通しておこなわれていた日朝貿易があった。日朝貿易は、当時の幕府の対外貿易上、大きな位置を占めていたんですね。

**青柳**　日朝貿易というと、江戸時代中期に雨森《あめのもり》芳洲《ほうしゅう》が重要な役割を果たしていますけど、この人などは、いまでいう外交官だったと考えていいんですか。

**トビ**　雨森芳洲はもともと新井《あらい》白石《はくせき》と同じく木下順庵《きのしたじゅんあん》の門下生で、対馬の対朝鮮関係をスムーズにさせるためのいわばアドバイザーです。ただ、日本の外交官というよりも対馬藩の外交官というべきですね。一七一一年（正徳元年）に通信使を迎えるとき、新井白石がおこなった饗応の簡素化に猛反対していますが、これはべつに朝鮮側に立って反対したわけじゃないです。対馬の立場を考えて、幕府にこんなことをされては対馬の生命線である対朝鮮貿易が危うくなりかねないと強硬に反対したわけです。彼はみずから朝鮮語をマスターし、釜山《プサン》まで行って現地の役人とも交流を深めていますが、それもすべて対馬の利益を守るためにしたことです。

**青柳**　そういう意味では、かつて日本は朝鮮半島とうまく外交をやっていたんですよね。対朝鮮半島というと、日本の侵略の歴史ばかりがクローズアップされますけれども。

**トビ**　そもそも国どうしというのは、そんなに仲のいい関係ばかりではなく、アメリカをみても、フランス、イギリス、カナダ、メキシコなどの国としょっちゅうけんかをしています。二〇〇三年のイラク戦争のときも、アメリカはイラク政策をめぐってフランスと意見が合わず、このときアメリカ国内で排仏のデモンストレーションが起きました。それがまた、フランスワインの不買運動とか、ポテトフライのフレンチポテトをやめて自由《フリーダム》ポテトにしようとか（笑）、レベルの低い話で恥ずかしいかぎりですけれども。

## 歴史的景観の危機

**陣内**　ところで、朝鮮通信使の話が出ましたが、その朝鮮通信使の寄港地として知られる瀬戸内海の鞆《とも》ノ浦《うら》（広島県福山市）で、いま港の沖合の一部を埋め立てて橋を架けようというプロジェクトが進行しているんですよ。

**トビ**　ああ……なんてことを。

近世の遺構を受け継ぐ鞆ノ浦　雁木と常夜灯が残っている。陣内秀信撮影

**陣内**　鞆ノ浦といえば、古代から瀬戸内の潮待ち港として栄えたところで、万葉のころから周囲の風光明媚な風景がほとんど変わっていないんですよね。港の施設にしても、江戸時代につくられたものがすべて残っているんです。雁《がん》木《ぎ》という階段状の船着き場と常夜灯と波止場、それから船の整備を行う焚場《たでば》というドックと、江戸時代の施設四点セットがすべて残っている貴重な港は、もうここだけなんですよ。

そこに橋なんか架けられたら鞆ノ浦の風景は死んでしまうというので、いま大変な問題になっているのですが、その反対運動の一環として、最近ここを世界遺産に登録しようという動きが起きているんです。かつて朝鮮通信使がたどった歴史的にも価値のある港であり、世界遺産となれば韓国側も応援してくれるだろうし、地元の人たちも朝鮮通信使の勉強をするなど、世界遺産に向けた気運を高めようとしているわけです。（文庫版の注・二〇一六年、広島県は、鞆の浦の埋め立て架橋計画を断念した）

**トビ**　なるほど、鞆ノ浦の景観を保全するための手段として朝鮮通信使の歴史がプラスに働くなら、非常にいいことだと思いますね。鞆ノ浦以外の寄港地は、もうかつての風景は残っていないんでしょう。

**陣内**　牛窓《うしまど》（岡山県瀬戸内市）に、ほんの一部残っているくらいですね。日本はひどいんです。もうみんな壊してしまって。

**トビ**　もう江戸時代から埋め立てをやっていますからね。古い地図を見ると島なのに、江戸後期には陸続きになっていたりする。しかし、鞆ノ浦に橋を架けて、どんなメリットがあるんですか。

**陣内**　町中をくねくね走っている狭い道路の渋滞がひどくて危ない、それが解消されるそうです。

**トビ**　いいじゃないですか、ノロノロ運転で行けば。そこにこそ、風情があるというものでしょう。入り組んだ道や、いびつな空間のよさ。私は人間の精神的な余裕はそういうところから生まれてくる部分があると思うんですね。

　道を広げて自動車の流れをよくするというけれど、私はむしろ自動車が流れなくなるような道の設計をして、もっとバスや地下鉄を使ってもらうようにしたらいいと思う。アメリカの都市もそうですけど、日本も車優先でしょう。歩行者は二の次、三の次です。神様は自動車のために人間をつくったんじゃありません。とくに東京は歩道橋ばかりです。私、あれが大嫌いで。

**青柳**　東京の歩道橋は、一九六〇年に当時の都知事がローマオリンピックを見に行ったさいに歩道橋を見て、これはすばらしいと感激したことから、東京オリンピックまでにたくさんつくられたという話を聞いたことがあります。けれども、そのローマではオリンピックが終わると、歩道橋がすべて撤去されたことを都知事は知らなかったんでしょう。それで東京ではオリンピックのあとも、やたらと歩道橋を増やしていったそうです。

## 高度成長とバブル崩壊がもたらしたもの

**陣内**　やはり東京オリンピックに象徴される高度経済成長を境に、日本は大きく変わりましたね。東京の水源にあたる西側の山間部をフィールドに調査をしている仲間の研究者によると、奥多摩や秩父の山奥にもかつて人びとが生活していた痕跡が残っていて、そこではプリミティブな農業がおこなわれ、信仰もあり、地域間を結ぶ道のネットワークもあって、という社会が存続していたというんですね。こういう山村の社会や文化は、かつて日本全国にあったはずです。

そうした生活の場が消滅したのは、それまで山村の暮らしを支えてきた日本全体のバランスが崩れたためですが、たとえば江戸時代などは地域ごとのバランスがとてもよかったと思うんです。幕藩体制で藩ごとに文化と経済が機能し、アイデンティティを保っていましたから。それが時代がたつにつれて山村の暮らしを支えていたバランスが崩れていったのですが、とりわけ大きく崩れたのが高度成長期だったわけです。

**トビ**　私が初めて日本に来たのが東京オリンピックの翌年、つまり一九六五年です。その当時と現在と比較しても、日本はもう全然ちがいます。

**陣内**　高度成長期にバランスが大きく崩れたのは確かですが、でも、その時代はまだよかったと思うんですね。決定的に崩れたのは、バブル以降のここ二〇年です。ただし、ここにいたるまでに、揺り戻しみたいなものは何度かありました。大平内閣のとき田園都市構想というのがあり、あるいは「地方の時代」が叫ばれてみたり、竹下内閣時代には「ふるさと創生事業」と称して全国の自治体に一億円ずつばらまいたこともありましたよね。

ところがバブル崩壊で日本経済の立て直しが急務となり、お金が東京に集まって再び東京一極集中が強まった。おまけに自治体が細かく分かれていると行政効率が悪いというので、どんどん市町村合併を進めました。いま全国に自治体は一八〇〇ほどですが、九〇年代半ばまではこの倍近くはあったはずです。こうして東京の一極集中と地方のブロック化、つまり九州なら福岡、東北なら仙台というようにエリアごとにコアをつくり、それ以外の地域はどんどん過疎化が進むという構図ができあがったわけです。

そうしたなかで地方の赤字ローカル線が次々に廃線に追い込まれるなどインフラが縮小し、その結果、さらに過疎化と高齢化が進み、近年は限界集落といわれる村が出現するようになった。こうした集落が大きな災害に見舞われると、もう復元力が働かず、そのまま消滅してしまう可能性もあります。こういう現象が各地で起きているのが、いまの日本の現状です。

**トビ**　たしかに地方へ行くと、目抜き通りのシャッターが降りてしまっていて、昼間でも人通りがないですね。

**陣内**　「寅さん」の山田洋次監督からお聞きしましたけど、あの「男はつらいよ」シリーズの最後のほうの地方ロケは、けっこう大変だったみたいですね。商店街のシャッターが閉まっているので、お金を払って開けてもらい、店先に商品をならべて撮影していたそうです。

## 経済成長と文化を結びつける時代

**青柳**　ちょっと視点を変えて、戦後日本の変化を考えると、まず人口の急増がありますね。明治時代の初め頃、日本の人口は約三五〇〇万人ほどでしたが、いまは一億二六〇〇万人です。それともうひとつ、戦後、急激に膨らんだのがGDPです。戦後の日本人は、このGDPの拡大と社会の変化についていくのに精一杯だった。そのために、暮らしや文化に関心をむける余裕もなかったわけです。

では文化とは一体何かといったら、乱暴に言ってしまえば「枠組み」と見なすことができます。枠組みがあって初めて、そのなかで人はよりよいものを、より洗練されたものを、より豊かなものを求めることができるわけですね。けれども、変化のスピードが速く、枠組みもどんどん変わっていくと、文化的充実を望んでもかなわない。だから、戦後の日本では、ずっと文化面が置いてきぼりにされてきたわけです。

しかし、いま日本はいろんな面で頭打ちにきていますね。経済成長もそうだし、人口もこれから減少していく。むこう三〇年で日本の人口は二〇〇〇万人ほど減るという推計もあります。そういう転換期だからこそ、これから多くの人が文化の充実によって生活の豊かさや幸福感を求めるようになるのではないかという気もするんですね。

**トビ**　そこでひとつ問題になってくるのは、何をもって「文化」とするかだと思うんです。たとえば重要文化財のように歴史的価値の高い有形・無形のものを文化とするのか、それとも国境をまたいだボーダーレスの新しい文物を文化とするのか。ただ、世界の先進国が共有する文化のほうへどんどんシフトしていくと、国粋主義者ではないけれど、必ず日本とは何か、アメリカとは何かという志向が出てくるでしょう。その場合、移民による多民族国家であるアメリカは、固有の文化というと、自分たちがこれまで抹消してきた先住民族たちの昔の文化しかなく、どうも困ったことになってしまうわけです。

東京大学情報学環・福武ホール　安藤忠雄設計。長さ100mの細長い敷地に建つ施設は、京都の三十三間堂を参照して、全体のプロポーションを決定したという。2008年竣工

その点、古い歴史をもつ日本はいいですね。先日、新幹線の窓から久しぶりに姫路城を見て感動しましたが、あの名城はやはりすばらしい。けれども、岡山城はどうかといったら、こちらは感動できませんね。なぜなら岡山城は戦災で焼失し、いま建っているのはコンクリートで復元したものだからです。そうやって復元したものを、イコール「文化」といえるかどうか。

文化というなら、たとえば本郷の東京大学の赤門と正門のあいだに安藤忠雄さんの建築物（東京大学情報学環・福武ホール）がありますね。あれは、この地がもともと加賀藩の屋敷だった歴史を意識したうえで、国際的にも通用して、新鮮かつ周囲の景観とも違和感のない建築に仕上げられています。つまり伝統をふまえたうえで未来に向けた新しい文化を創造することは可能だということを、あの建物は証明していると思います。

**陣内**　先ほど青柳先生が経済成長と人口の頭打ちに言及されましたが、私はこれからの日本は経済活動と文化をいかに結びつけるかが重要なテーマだと考えているんです。これまでずっと右肩上がりの成長を続けてきたのが曲がり角にきて、どうしてよいかわからず右往左往しているのが、いまの日本の姿ですね。では、ヨーロッパはどうかというと、ちょうど私がヴェネツィアに留学した一九七三年にオイルショックが起きたんですが、私はあれでヨーロッパは変わったと思うんです。ヨーロッパで古い町並みや田園風景を保存したり、農村を再生していこうという動きが出てきたのは、オイルショック以降なんですね。

注目したいのは、この新しい動きがいわば経済と文化が結びつく形で広がっていることです。たとえばクリエイティブ・シティとかクリエイティブ・インダストリーといった言葉が七〇年代以降に生まれますが、これらはいわゆる工業化時代の生産スタイルとは違って、より知的かつ文化的でチャレンジング、小規模で若い人のセンスや考えが発揮されやすいものとして広まっています。日本でも、たとえば横浜の倉庫を改造した現代アートのギャラリーなどがそれに相当しますが、まだそれくらいしかみられないのが実情です。

結局、日本では経済と文化は基本的に対立関係にあり、文化のような道楽にうつつを抜かしていては経済発展は望めないと、産業界が文化をおろそかにしてきた経緯があるわけですね。しかし、これからは日本も経済活動と文化を融合させて、文化や歴史を育んできた都市をもういちど見直す形で、より付加価値の高い経済活動を模索していかないといけないでしょう。

**青柳**　経済というのは本来、人びとが豊かに暮らすための手段ですよね。それなのに日本では経済そのものが目的になってしまっている。日本人はよく目的と手段を混同してしまうんですよ。これは目先のことに拘泥する一種の生真面目さに起因しているのではないでしょうか。いまもまた、社会の本来の目的を忘れさせてしまっているような気がしてなりませんね。

**陣内**　日本もじつはオイルショックの七三年からバブル期に入る前の八五年くらいまでは、けっこうおもしろい動きをみせていたんですよ。この間に公害問題から環境への関心が高まり、町並み保存とかアメニティーといった考えがこの時代に芽生えています。そして八〇年代には、若い人たちがアールデコやモダン東京などに興味をもつようになり、街歩きが注目され、雑誌などのメディアが都市の歴史や文化をさかんに取り上げるようになった。下北沢や吉祥寺など、古さと新しさを併せもったような町が非常に元気になったのもこのころです。

ところがバブルの時期に入ると、様子がおかしくなり、経済というか、金儲けに日本中がシフトしてしまいました。この時期、金持ち企業が海外の著名アーチストを招くといった形の文化活動はさかんになりましたけど、それもバブルが終わると、ぱったりとなくなってしまいましたね。その後、ITバブルの時代がきましたが、日本のIT経営者は金儲けばかりで、文化には興味がないんですね。ニューヨークのヤッピーたちは文化にもお金をかけましたけど、そこが日本の若手経営者と違うところです。

## 文化を育てる社会へ

**トビ**　ただ、そのへんは日米の税制の違いも反映していると思いますね。アメリカでは裕福な人が文化活動にお金を使いやすい税制になっているんです。私の知人でソフト会社をおこした事業家がいて、その会社が大手企業に買収されることになり、彼は買収先企業の株を大量に得て資産家になったんですね。しかし、その株を換金すると税の対象になるから、彼はどうしたかというと、母校のイリノイ大学に有価証券のまま寄付したわけです。すると、寄付したときの株の時価総額が所得から差し引かれるんですね。

それとアメリカでは、寄付した者は、その寄付金の使途を自分で決めることができるわけです。それで彼はイリノイ大学に自分の名前を冠した研究所を設立したんですが、こうしたやり方は決して悪いとは思いません。けれども、社会のプライオリティを考えると、それが本当にベストの選択かどうか疑問が残ります。というのは、これだと結局、富める者が物事を決めてしまうことになり、民主的プロセスから外れてしまうからです。平たくいえば、金持ちにお金の社会的な使い道を任せてしまっていいのかということですね。

**青柳**　日本の税制は中立性が基本で、税によって政策を誘導するのはよろしくないという考えですからね。だから、なるべく中立的にお金を各省庁に配分する。これが大原則です。もちろん税金をとられて喜ぶ人はいないでしょうけれども、そのいっぽうで、たとえばユニセフのような使途がはっきりしているもの、一種の目的税といっていいかもしれませんが、そういうものには喜んでお金を出す人もいるわけです。

**陣内**　京都に伝統的な町家の保存を目的とした「京町家まちづくりファンド」というのがあって、市民や企業からの寄付で町家の改修工事を行うのですが、そういう文化的活動に喜んでお金を出す人がけっこういるんですね。とはいえ、寄付だけで文化遺産を守っていくことはむずかしく、やはり税制面を変えていかないと、文化は育たないと思います。それと法的な整備も欠かせませんね。町並み保存については、これまでも京都や奈良や鎌倉などを対象にした古都保存法がありましたが、こんど対象都市をさらに広げた「歴史まちづくり法」というのが制定されました。これは、歴史的景観を生かした町並みづくりを国土交通省が文化庁・農林水産省と一緒に支援していこうというものです。（文庫版の注・歴史まちづくり法は、二〇〇八年五月二三日公布、同年一一月四日施行）

**青柳**　町づくりでは自治体レベルで新しい取り組みを始めて、それなりに成功しているところもあるんでしょうね。

**陣内**　埼玉県の川越で町づくりに取り組む女性からおもしろい話を聞きました。関東一円では江戸時代から養蚕と織物がさかんでしたが、最近、川越の有志が自分たちで桑の栽培をしているんですね。桑を栽培して蚕《かいこ》を育て、糸をつむいで織物をつくり、それを着物に仕立てて販売しているんです。こうやって一から手仕事で商品づくりをやると、価格は跳ね上がりますが、ユニークな地域ブランド品としての魅力は十分あると思います。これも地域に根ざした小さな経済活動で、古くからの歴史と文化を発信しながらビジネスにつなげていく試みとして、こういうやり方もあるという一例です。

**青柳**　考えてみると、われわれは子どものころ、日本は山国で耕作面積が少ないから努力をしないといけないと教えられたものですが、気がついたら、山を切り崩すこともなく、世界でもめずらしい緑豊かな先進国になっていた。この緑豊かな国土を今後守っていくうえで気がかりなのは、先ほど陣内さんが指摘した地方の過疎化の問題ですね。都市の膨張と山間集落の衰退。これをどうするかが、いま問われていると思います。

**トビ**　最近、日本は格差社会が問題になっていて、格差というと所得格差ばかりが注目されていますが、もうひとつ、都鄙《とひ》の格差が広がっているわけです。アメリカの場合、所得格差は日本の比ではなく、経営者と一般社員の給与格差は以前は三〇～四〇倍くらいだったのが、いまや四〇〇倍です。社長の一日の稼ぎが社員の年収分に匹敵するほどで、これはもう格差というよりも別世界といったほうがいい。日本の場合、所得格差はこれほどではなく、むしろ深刻なのは都鄙の格差のほうでしょう。

私が日本に来た四十数年前は、都会の人も田舎に両親がいるとかお墓があるとか、何らかのかたちで田舎とつながりをもっていました。あるいは、直接のつながりはなくても、自分のルーツはどこそこの村だといった意識をもっていた。しかし、いまの都会人は田舎で暮らしたこともなければ、田舎に親戚縁者もいない。田舎とのつながりが完全に切れてしまった人が増えました。

だから、地方のどこかで大きな災害が起きても、東京の人は自分たちとは別の世界で起きた出来事であるかのように、クールにテレビのニュースを見ているところがありますね。九五年に起きた阪神淡路大震災は都会を襲った地震だったから、東京の人も「明日はわが身」という意識でテレビを見たと思いますが、その後に起きた新潟県中越地震や最近の岩手・宮城内陸地震では、そういう意識をもった人は少なかったはずです。

## 消えゆく田園風景と町並み保存

**陣内**　地域の再生ということで言いますと、私が勤務する法政大学に「エコ地域デザイン研究所」というのがあるんですね。ここでは建築や土木、都市計画に加え人文社会系も含むといった多分野の研究者が集まり、その活動のひとつとして、東京都の日野市をフィールドにして、歴史とエコロジーの両方から行政や住民といっしょに新しい地域づくりのあり方を研究しています。

私が生まれ育った杉並区では東京オリンピックの少し前に田園風景が失われていきましたけれども、それが二、三十年か遅れて東京郊外の日野でも同じことが起きたわけですね。それでも日野にはまだ田園風景が残っていますが、地元の農家は相続税対策もあって土地を手放すケースが多く、農地が宅地に変わっています。宅地にするにあたって、土地の価値を上げるために区画整理をするのですが、これによって土地は整然とマス目に仕切られ、かつての用水路は埋められるか、邪魔だとばかりに曲げられてしまう。そうやって、昔から人間が営々と築いてきた秩序ある田園風景がどんどん壊されていくわけです。
しかも、こういう田園風景というのは、少し前までどこにでもあったから、その価値が見いだされにくいんですね。都心の谷中だとか神楽坂とか、こういう歴史のある有名な町は人びとの関心も集まりやすく、町並み保存の対象になりやすい。けれども、都市近郊の失われゆく田園風景にそうした価値を見いだす人は少なく、注目する研究者も少ないのが現状です。

**トビ**　そういう田園や里山はたんに絵画的な美しさの価値だけでなく、人間社会と有機的な関係をもっているわけですよね。昔であれば、日々の暮らしに欠かせない薪《まき》や山菜を採る入会地の山林とか、あるいは村の信仰の対象だった鎮守の森とか、つまり経済面と精神面と美的な面が有機的に結びついて里山は機能していた。ですから、ただ田園風景が美しいから保存しようというのなら、人の暮らしにかかわる有機的な側面が抜け落ちてしまいます。

**陣内**　そうなんです。文化を残そうというときに大切なのは、伝統的な骨董品みたいなものを守ることだけじゃないんです。将来を見据えた文化、国際的な感性もとり入れて日本のよさを湛えた文化を築いていくことだと思うんですね。ですから、先ほどの日野市の田んぼの用水路にしても、仮に田んぼがなくなったとしても、地域の散策路や子どもの遊び場にするといった新しい活用を考えていくことが大切だと思いますね。

**トビ**　それと、とくに都会を流れる川は、これからはヒートアイランド対策上、とても重要ですね。むかし目黒区の都立大学の近くに住んでいたとき、近くに呑川《のみがわ》という川がありましたけど、この川は見ることができないんです。というのは高度成長期に、汚くて臭いというので、コンクリートの蓋をして暗渠《あんきょ》にしてしまったんですね。これでは、ヒートアイランド対策にもなりません。川というのは、そのせせらぎによって心が安らぐよさもありますが、もうひとつ、水によって周囲に涼気がもたらされ、大気を水分で潤す役割があります。それが木々の緑を育て、酸素が再生されるという大切な循環を担っているわけです。

**陣内**　川だけじゃなく、水田もすべてそうですね。

**トビ**　ですから、田んぼも農業用水もすべてなくしてしまったら、たいへんな社会的コストのツケが回ってくることになります。日本のコメづくりはお金がかかるから、採算だけを考えたら、カリフォルニア米を輸入したほうがトクかもしれない。だからといって、水田をなくしたらどうなるか。まず各地で洪水が多発するでしょう。日本全土で水田によってたくわえられている水の量といったら、おそらく何メガトンもの膨大なものです。そして、そこからもたらされている涼気と緑と酸素ですね。こういう水田が担っているもうひとつの役割を見落としてはいけません。

**陣内**　それと農業が成立するには、そこに経済的な仕組みが不可欠です。先ほどの川越の例にもみられるように、地元で採れたものを地元で売る手立てを考えるとか、あるいはイタリアのように農場を企業化するやり方もあるでしょう。イタリアのトスカーナでは産地のイメージアップを図って作物に付加価値をつけることで農業を再生しながら田園風景を残し、世界遺産にまでなった例もあります。

## 異色なエリアにある首都・東京

**青柳**　ただ、日本で何か新しいことを始めるときにむずかしいのは、日本列島のなかで関東平野がとびぬけて広いことだと思うんですね。どういうことかというと、その広い関東平野のなかに東京という首都がある。そのために、ここで試されることが全国に向けたモデルケースになってしまうわけですね。しかし関東平野は日本列島のなかでも、そのスケールからいって、かなり異色なエリアであって、日本のモデルとして決してふさわしいとは思えないんです。

**トビ**　そうなってしまう背景には、江戸から続く四〇〇年の伝統もあるんでしょうね。近世の初めに江戸という巨大都市が誕生して、各地にそれを縮小したような城下町ができた。中心にお城があって、その周囲に家臣たちの武家屋敷があり、商人地がありというようなスタイルです。つまり城下町というのは、しょせん小江戸であって、だから、日本の都市生活パターンの発祥地としての東京の歴史は非常に古い。それがずっと尾を引いているわけですが、これからは東京をみないで、各地域が独自のものを発信していくという発想が必要ですね。

**陣内**　だいたい江戸が日本の中心になる前は、府中や国分寺が関東の中心だったわけですよね。あるいは八王子は古くから絹織物の産業が栄えていて、つまりこの地域にはもともと自立した都市と文化があった。それが近代になって東京に吸収されてしまったわけですけれども、都市史研究者の鈴木理生《まさお》さんが多摩地区についての著作のなかで「都市化という言葉を無造作に使いすぎている」と指摘しておられるんですね。

つまり武蔵野から多摩にかけての一帯は、都市になったわけではなくて、住宅地が広がったにすぎない。都市化というなら、もっと都市的なスピリットをもち、文化も育っていないといけない。しかし、実際はこの地域は都心へ通う人たちのベッドタウンが広がっただけだというわけです。しかも、そのベッドタウンはもともと歴史や文化のあった八王子や府中も巻き込んで拡大していて、たしかにこんなに膨張した大都市圏は全国のモデルケースにはなりませんね。

**青柳**　妙な話ですけど、ネパールの標高五〇〇〇～六〇〇〇メートルくらいのところに、セイタカダイオウという「温室植物」と呼ばれる高山植物が生息しているというんですね。これは、空気の薄い寒冷地に生えており、うまく太陽光線を取り込むように半透明の葉で自分の体をおおうなど、非常に特異な形をしている。つまり、とんでもなく特殊な環境に適応できるように進化した植物なんですが、東京というのは日本列島のなかで、いわば温室植物と同じなんですね。そんな特殊なものを地方都市に当てはめようとすれば、おかしくなるのは目に見えている。

**陣内** それに、ひと口に東京といっても、けっこうバラエティに富んでいますよね。よそからみると東京の固定化したイメージがあるかもしれませんが、実際に暮らしてみると、山の手と下町ではずいぶん気風も違うし、地形も意外に変化に富んでいます。

**青柳** 一見どんどん新しいビルができたりして景観が変化しているようで、その実、昔からずっと変わらないスポットがあったりするでしょう。

**トビ** あります、あります。国立歴史民俗博物館の「江戸図屏風」に加賀藩邸が大きく描かれていますけど、よく見ると、その加賀藩邸の少し手前のところに細い路地が描かれています。この路地は、いまもあるんですよ。百万石というこぢんまりした料理屋がある路地です。現在は開発工事がすすんでいますが。

この路地は江戸ができた当初からあって、その路地と本郷通りの間の狭い土地は、武家地じゃなくて、小さな町人地だったんですね。加賀藩など、多くの武家屋敷がずらりと建ち並んでいた地域に、なぜ町人地がまざっていたかというと、殿様が在府のときは、この一帯に千何百人もの家臣が長屋で単身赴任の生活を強いられて暮らすわけです。彼らは自炊しなければなりませんから、毎日、野菜や魚や酒を買わないといけない。そのための小さな商店がいくつもこの町人地にはあって、つまり、そこはいまでいうコンビニの機能を果たしていたわけです。

**陣内** 建築家の槇文彦《まきふみひこ》さんが「東京の下絵としての江戸」ということを指摘しておられるん

**江戸図屏風に描かれた加賀肥前守下屋敷**　加賀藩の屋敷の路地をはさんで左側の一画が町人地。国立歴史民俗博物館蔵

ですね。つまり、東京は「地面」がすごく古くて、江戸時代にできた敷地割りや道などはほとんど変わっていない。変化したのは、地面の上にできた建物だというわけです。だから、東京の町並みは新しいと一般に思われているけれども、じつはとても古いわけです。地面が昔から変わっていないから、土地利用のパターンがだいたい同じで、それで町の空間の雰囲気とかスケール感などは、意外に昔からそのまま受け継がれて今日にいたっているんですね。

**トビ**　けれども、残念なことに東京にはもう消えてしまった地名が多いですね。むかし、六〇年代に私がよく行った喫茶店が「角筈《つのはず》一丁目」にありましたけど、最近の若い人は角筈といってもわからない。現在の地名でいえば、新宿三丁目です。

角筈というのは江戸時代の初めからある古い地名ですが、そういう地名が消えると、そこに受け継がれていた町のアイデンティティも消えてしまいます。アイデンティティが消えるにつれて、辻にあるお地蔵さんの世話をする人もいなくなり、町内でやっていたお祭りはなくなって、隣接する町と合同でやるようになる。こうして、いつのまにか地域のコミュニティーが崩壊してしまう。そういうふうに考えていくと、都市の発展とか社会の繁栄というのはいったい何だろうと思ってしまいますね。

**陣内** 繁栄といったときに私が思い浮かべるのは、やはり古代ローマの繁栄です。それは、都市の構造やモニュメントなどの地上に見えているものが後世の人びとのインスピレーションを喚起して、それがまた次の作品を生みだし、やがてルネサンスとして開花した。そして、その文化遺産がのちの一八世紀のグランドツアー時代にヨーロッパの若者たちに大きな影響を与える。こうして後世に少なからぬパワーや影響をもたらしたのが古代ローマの繁栄ですね。

いっぽう、東京の場合は、たとえば江戸時代につくられたもの、江戸城の石垣とか外堀などは大切な歴史的財産です。で、江戸時代の次に財産を残したのは、関東大震災後に後藤新平が中心になっておこなった復興事業だったと思います。この時期に橋や公園がたくさんつくられ、小学校などの公共建物も新しくなった。いま東京の街歩きをすると、戦前の建造物で目を引くのは、銀座四丁目の和光、江戸橋のたもとの三菱倉庫本社、明石町の聖路加国際病院の旧病院棟などこのころの昭和初期につくられたもので、この時代の建造物がいまの東京の風景の魅力をささえているといっていいと思います。

ただし、これらの建物は、保存の努力がなされる一部のものを除いて、時間の経過とともに消えていく運命にあります。ちなみに、近年つくられた現代建築で注目を集めたものはたくさんありますけど、これらは一〇年もたてば忘れ去られてしまい、いわゆる東京の名所としてほとんどカウントされないんですね。そういう意味で、日本では繁栄が次の時代につながるような形の繁栄になっていないといわざるをえませんね。

## 繁栄の歴史から何を導き出すか

### 資源型繁栄からものづくりへ

**青柳**　繁栄について私が思うのは、一八世紀にイギリスで産業革命が起きて技術が発展しました。このときイギリスは自分たちがつくったものを植民地に売り、植民地からは資源を安く手に入れる、ということをやって繁栄を築いた。あるいはまた、第一次世界大戦で疲弊していたヨーロッパに対してアメリカは工業製品を売って繁栄したという歴史もあります。つまりこうした歴史から導き出せるのは、技術や産業の先進地域と後進地域、あるいは労働コストの高い地域と安い地域、こういう組み合わせのなかで繁栄はもたらされるということなんですね。

では、現在はどうかというと、安い労働力を求めて中国へ、そこが少し高くなったらベトナム、さらにインドネシアへ、というような旧来型の繁栄パターンはいましばらくは続くでしょう。でも、いまの繁栄の鍵を握るのは、なんといっても資源です。だから、少し前まであれほど貧しかったロシアがいま急速に裕福になった。いうまでもなく、石油資源のおかげです。

しかし、この資源型繁栄のほかに、これからはもうひとつ違うタイプの繁栄があると思うんですね。この先、技術力や労働力コストが平準化していくと、グローバル化のなかで「おだやかな繁栄」というものが台頭してくるのではないか。そうなると、もともと欧米ほど激しい競争社会ではない日本は、そのおだやかな繁栄を獲得して、新しい繁栄パターンというものを世界に提示できるかもしれない。そんな気がするんですね。

**陣内**　そのためには農業も大切ですけど、やはりものづくりですね。日本が近年もっとも失ってしまったのが、ものづくりの力です。バブル期以降、日本は金融、ＩＴ、情報といった産業にシフトしてしまい、ポスト工業化時代などといって、ものづくりに欠かせないクリエイティブな感性を失ってしまいました。各地に残る地場産業にしても、骨董化したような伝統工芸品のようなものばかりで、過去から受け継いできた技術なりセンスなりを、もっと新しいものづくりに生かせないかと思いますね。

たとえばイタリアのワインは、かつてはトスカーナ地方でつくるキャンティくらいしか知られていなくて、あとは各地で名もないワインをつくってフランスに安く輸出していました。それがいまでは、それぞれの産地のブランドで世界に広く売り出しています。日本も各地でいい日本酒がつくられるようになっていますが、それぞれの地方の特徴を生かした経済・文化の発信を大きく育てることが重要ですね。

**青柳**　日本の従来のものづくりとその売り方は、いわば一種の沈黙貿易なんです。沈黙貿易というのは、言葉のわからない者どうし、たとえば一方がコメを持ってきて、もう一方が魚を持ってくる。それで双方が納得すれば取引が成立するというものです。つまり、そこには巧みなセールストークも駆け引きもなく、ただ持ってきたモノの正味の値打ちだけで成立する売買です。

非常に品質のすぐれた日本製品は、この沈黙貿易と同じで、モノのよさだけで売れるわけです。しかしヨーロッパなどでは製品にどれだけ付加価値をつけるかが重要で、それいかんによって正味の品質以上の値段で売ることもできるわけですね。いっぽう、ひたすら品質のいいものをつくることだけに腐心してきた日本は、そこそこの利潤をあげることはできるけれども、その品質以上の付加価値をつけて儲けることはできない。

もっとも、江戸時代はたとえば京都でつくられた櫛《くし》とか簪《かんざし》とかは、産地ブランドの付加価値がついて、江戸で高く売れたわけですね。国内ではそういう歴史があるにもかかわらず、日本は明治以降、欧米社会に追いつくために、ただひたすらいいものだけを生産することに邁進してきた。しかし、このやり方はもう限界だと思いますね。

## 日本の食文化

**陣内**　その商品を実際以上に素敵に見せる術においては、やはりヨーロッパにはかなわないですね。たとえば食文化に注目してみると、日本の食文化もかなりのものだと思うんですよ。どこの観光地へ行っても、その土地の名物料理があって、それを食べさせてくれる店にもこと欠かない。けれども、その食文化が地元のイメージアップにはあまり生かされていないんですね。

イタリアなどは、食材の加工にしても、パッケージやラベルの作り方ひとつとっても洗練されているし、観光地のレストランへ行くと、地元の食材をつかった料理をうまくショーアップしたかたちで出してくれる。やはり付加価値のつけ方がうまいんです。最近は、風景の美しいところでつくられるワインはよりおいしく感じるそうですし、世界遺産級のすばらしい文化的景観をもつシチリアの塩田でつくられる塩はとても美味だそうです（笑）。

ところが日本の観光地のお土産屋さんに入ると、昭和三〇年代と変わっていない。日本にもせっかく豊かな食文化があるのですから、地域のイメージアップと結びつけるかたちで、おいしいものをよりおいしく見せる工夫をするべきなんですよ。

**青柳**　團伊玖磨《だんいくま》が『又々パイプのけむり』に書いていますけど、料理というのは、分解すると材料と技術だというんですね。それで、材料はいいけれども技術がたいしたことのないのが日本料理、材料は悪いけれど技術がすばらしいのがフランス料理で、材料も技術もいいのが中華料理だというわけです。

しかし、いまイタリア料理がこれだけ世界で人気を集めているのは、イタリア人の食卓の楽しそうな雰囲気、これがあるからじゃないですか。さっきの製品の付加価値と同じで、その料理のおいしさ以外の楽しさとか雰囲気とか、そういうものが最近は重要視されているんですね。

**トビ**　おっしゃるとおりで、本来、食事というのは、何人かが卓を囲んで楽しい時間を共有する媒介なんですね。私の子どものころを思い出しても、夕食はいつも一時間半くらいかけて、家族でその日あった出来事とか隣家のおばさんがどうしたとか、いろんな話をしながら食べたものですよ。ですから食事を楽しむというよりも、食事が楽しい場と時間を与えてくれるといったほうがいいでしょうね。日本のサラリーマンも、外で食べたり飲んだりしながら人との親交を深めていくという文化がありますけど、これも食事がもつ有意義な側面だと思います。

**陣内**　日本はいわゆる盛り場が発達していて、どこの町へいってもこれだけ飲食店が多い国は、欧米ではちょっと考えられませんよね。一般に世界の都市というのは、働く場所と生活する場所の二つに分けられるんですが、日本にはもうひとつ盛り場という第三の場所があるんです。

**トビ**　それと日本には、もうひとつ素敵な食文化がありますね。デパートの食料品売り場、そう、デパ地下です。私、じつはデパ地下がすごく楽しくて、大好きなんですよ。

でも、デパートのような大型店で食料品を売ろうとすると、ひとつ問題が出てくると思うんですね。たとえばトマトならトマトを大量に仕入れて店頭に並べないといけない。その場合、品質も大きさも形も同じものでなければならないわけです。町の八百屋なら多少でこぼこのトマトも置いてくれるでしょうけど、デパートはそうはいかない。見た目も美しくなければ商品にならないわけです。その結果、何が起きるかというと、同じものをより大量に安定的につくるという農作物の工業生産化です。

**陣内**　栄養とか、環境へのダメージなどは二の次ですね。

**トビ**　そういうことです。アメリカのイリノイ州に行くと、見渡すかぎりトウモロコシ畑と大豆畑なんですね。シカゴからシャンペンまでの二〇〇キロほどを車で走っていくと、ずっと右に大豆畑、左にトウモロコシ畑で、しばらく行くと風景が一変して、こんどは右にトウモロコシ畑、左に大豆畑（笑）。そのくらい広大な畑だと、石油からつくった化学肥料を大量に飛行機で運んでこないといけない。石油といい、飛行機の燃料といい、環境に与えるダメージも無視できません。

**陣内**　しかし日本では農業も大変ですが、漁業もそうとう厳しいです。水揚げが減り、漁船も減って、いまや農業以上に深刻な状況です。ただ、日本は水産物についてはもともと贅沢なことをしていて、せっかく獲った魚も規格に外れたものは雑魚といっしょに捨ててしまう。そこで、ある人が漁協と組んで、廃棄処分する魚を有効利用しようと料理につかったら大成功したという話があるんです。

これもイタリアの例ですが、あちらでは最近、アグリトゥリズモ（農園観光）に対してペスカトゥリズモという言葉が使われています。「漁業観光」といった意味ですが、南イタリアのほうで漁師たちが自分の漁船に観光客を乗せて本物の漁業を経験してもらおうという趣向です。そして、獲れた魚をその場ですぐに料理して食べさせるなどして観光客を楽しませているんですね。注目したいのは、この新しい観光事業を州レベルの法律でサポートしていることで、つまり従来の第一次産業のなりわいを超えた新しいスタイルのビジネスを行政がバックアップしているわけです。

**青柳**　日本の漁業は、あくまでも漁獲がふんだんにあることを前提にした漁業なんですね。だからイワシを肥料にしたり、雑魚をまとめて練り物やすり身にしてしまうわけでしょう。それにくらべると、地中海の漁業などは漁獲高でも魚の種類にしても貧弱です。つまり、そんなプアな漁業だから、あちらでは日本なら捨ててしまうような魚でブイヤベースをつくるんですね。

ですから近年、漁獲高が減っている日本は、こうした地中海のやり方に学ぶべきなんですよ。いつまでも昔のままの贅沢な漁業を続けていたら、水産資源の減少とともに日本の漁業は完全に衰退してしまう。ときには先進地域が後進地域の知恵や文化を学ぶことも大切です。

**トビ**　日本は野菜も魚も、見た目のいいものしか商品にしませんからね。以前、会津西街道（下野街道）の大内宿に行ったら、ダイコン栽培をやっていて、形のととのったダイコンだけ東京へ出荷すると言っていましたね。しかしダイコンなんて、見た目が変でも味はいっしょだし、だいいちダイコンおろしにしてしまえば形なんてわ

南イタリアのガッリーポリ　ペスカトゥリズモで活気が出てきた漁港。稲益祐太撮影

からない（笑）。

## 都市から消えた匂い、闇、音

**青柳**　ところで、私はそれぞれの国の食文化や暮らしを考えるうえで重要な要素のひとつに、その国や地域の匂いがあると思うんですね。たとえばポンペイの古代遺跡などはよく建造物が残っていますけれども、歩いていて物足りないと思うのは匂いがしないことなんです。あそこはかつて道に下水用の溝を切っていて、雨水で汚物が流れるようにしていたんですね。ですから、往時は町に足を踏み入れると、かなり強烈な匂いがワーッとしたはずなんですよ。それがいま訪ねてみると無臭であることが、私などは残念なんですね。

**トビ**　なるほど、古代遺跡も匂いまでは復元できませんから（笑）。

**青柳**　遺跡にかぎらず、いまの日本もそうです。少し前まで日本の家屋はどこもお醤油《しょうゆ》っぽい匂いがしていたものですが、最近それが消えてしまいましたね。いま東京の街を歩いていて、私がいちばん欠けていると思うのはやはり匂いなんですよ。つまり、時代とともに日本の生活空間から匂いが消えていっているんですが、ということは雑菌なども都市から減っているのかもしれない。だとすると、われわれ日本人はサバイバルのための耐久力を失いつつあるんじゃないかという気がするんですね。

**トビ**　私が一九六五年に初めて日本にやって来たとき何が印象的だったかというと、二つあるんですね。ひとつは町並みの貧しさです。東京オリンピックの翌年でしたから、東京の街もある程度近代的になっていたはずですが、それでも羽田空港から目黒の東大前の留学生会館に着くまでのあいだ、目についたのは戦後はとくに余儀なくされた安普請の家ばかりで、立派な個性的な家がまったくなかったのを覚えています。

もうひとつは、いままさに青柳先生が言われた匂いなんです。くさいと言うと語弊があるけれど、それまでまったく経験したことのない匂いが羽田についたときから漂ってきたんですね。それは日本独特のもので、なれてくれれば「良い香り」となるのですが、あえていえば醬油と魚がまじったような匂いです。空港だからそんな生活臭なんかするはずはないと思うのに、そういう匂いがしたんですね。

**青柳**　でも、それはしばらく日本にいると、なれてしまったんじゃないですか。

**トビ**　そうなんです。で、日本に来た翌年に韓国へ行ったら、日本とはまったく違う匂いがする。それはトウガラシとニンニクがまじったような強烈なもので、最初は圧倒されました。ところが韓国に二週間いて、日本に戻ってくると、また日本がくさく感じるんですよ。でも、くさく感じるのは日本や韓国だけじゃなくて、アメリカに帰国したら、こんどはアメリカがくさい。日本の匂いにすっかりならされていたんですね。

六〇年代のことですから、当時の日本人はいまほど肉を食べていないし、アメリカのような肉食の人の体臭とはあきらかに違うわけですね。汗の成分が日本人とアメリカ人では違っていたはずです。

**青柳**　人間の体臭も国や民族の食文化が反映しているわけで、結局、匂いというのは文化なんですよね。だから、東京から匂いがなくなっているとしたら、それはそれで由々しきことかもしれませんよ。

**トビ**　うちの大学院生で、江戸時代の下級武士の外食に注目して研究しているのがいますが、彼によると、日本のなかでも地域によって匂いが違ったみたいですね。江戸と長崎では違っていて、長崎には長崎の匂いがあったというんです。ここは中国文化の影響で料理に油をたくさん使うとか、肉を食べるといったことが関係していたと思いますね。

**陣内**　匂いとともに都市からなくなったものに「闇」があると思うんです。谷崎潤一郎の『陰翳礼讃《いんえいらいさん》』じゃないですけど、日本にはもともと闇を尊重する文化がありましたよね。以前、うちの女子学生が田舎のおばあちゃんの家に泊まりにいって、夜中にトイレに行くのが怖かったというんですね。母屋と離れたところにトイレがあって、闇の奥から妖怪が出てきそうな雰囲気だったと。じつはその体験がきっかけで、彼女は非常におもしろい論文を書いたんです。

江戸時代、さまざまな妖怪を紹介した「妖怪録」がいくつも出ていますけれど、それらの文献から、家のどこにどんな妖怪がひそんでいて、どこからどの妖怪が出てくるかなどを読み解いて、つまり妖怪を通して日本家屋の特徴を分析したわけです。

しかし考えてみると、昔の家にはよくネズミが出ましたよね。だから、昔はヘンなものと同居するのは当たり前だったんです。それが、だんだん時代がたつにつれて、そういうヘンなものは家から排除されるようになった。私が子どものころは、夏など家の中によく昆虫が入ってきたものですが、それも閉め出されるようになり、やがて日本の家は外に対して完全に閉じてしまうんですね。こうして外と遮断した日本の家には、ネズミがいなくなり、きれいになって匂いもなくなり、虫も入らなくなったけれども、人も訪ねてこなくなったわけです。

**青柳**　家から闇がなくなるとともに、都市からも闇が消えましたね。

**陣内**　欧米の図書館などは、机にスポット照明が当たるようになっていて、あれは気分が落ちつきますよね。ところが日本のいまの家はスポット照明じゃなくて、部屋全体を明るくしてしまう。街もそうで、闇があってはいけないとばかりに、できるだけ明るくしようとする。明るくないと繁栄社会ではないというような強迫観念があるんじゃないかと思いたくなりますね。

おそらく、かつて西洋文明にふれたときのショックで、より速く、より効率的に、より明るくという一方向の線路が敷かれてしまったんでしょう。これがいまも日本人のトラウマになっていて、日本の都市をつまらなくしている原因です。

**トビ**　日本は空調は部屋ごとでコントロールする省エネタイプなのに、照明は家全体を明るくすることには抵抗がないんですね。アメリカはこの逆で、暖房は家じゅうを暖めるセントラルヒーティングで、照明は必要なところだけを照らすスポット照明です。照明に関しては、明暗のコントラストがあったほうが風情があると思いますね。

**陣内**　それともうひとつ気になるのが、街の音ですね。街の音というのは記録に残りにくくて、人の記憶も曖昧だそうです。神田のニコライ堂の鐘の音を人びとがどう記憶しているかを調査したら、何時に何回鐘が鳴ったか、みんな答えが違っていたという話がありますが、いずれにしても昔は街に心地よい音がたくさんあふれていました。それは人びとの営みがたてる生活音で、子どもの遊び声、もの売りの呼び声、豆腐屋、屋台のラーメンのチャルメラとか。いまは街に機械音や電子音ばかり氾濫していますけれども。

**トビ**　私ね、いまでもよく覚えていますけど、昭和四二年の秋、最初の日本留学から帰国する前の晩に、住んでいた東中野のアパートにいたら、焼き芋屋さんの呼び声が聞こえてきたんです。夜道から「やぁ〜きぃ〜もォ」の声が聞こえてきたとき、私は部屋で泣きました(笑)。あの「やぁ〜きぃ〜もォ」を聞いただけで、アツアツの焼き芋を二つに割ったときに立ちのぼる湯気と鼻をくすぐる匂いがこみあげてきてね。ああいう物売りの声がなくなったのは、さびしいですねえ。

**青柳**　ああいういい音が減って、やかましい音ばかり増えましたね。商店街には有線放送が流れているし、スキー場にもたえず音楽が流れている。日本人はいつのまにか、絶対的な静けさとか漆黒の闇といったものに耐えられなくなったのかもしれない。

**トビ**　このあいだ家電量販店へ行ったら、まあ、うるさくてね。もう、いるだけで耳が痛い。あれは音声汚染ですよ。

**青柳**　ああいうのは日本特有なのかな。ヨーロッパにはないでしょう。

**陣内**　いや、アラブ世界もかなりやかましいですし、東南アジアもそうですね。ですから地域性というよりも、地球上の緯度でみると、共通したものがあるのかもしれません。ヨーロッパでもアルプスの北と南でずいぶん違いますから。ナポリの街なんか、相当うるさいですよ。

## これからの日本を支える政治力

**トビ**　でも、東京には東京らしいよさというものが、いまも残っていると思うんですね。先ほど陣内先生が東京には江戸時代の地面が残っていると言われましたが、私も東京で好きなのは、区画整理をしていない、いびつな形をした土地にうまく建物をつくっているところなんです。新橋にユニークな姿をした静岡新聞社のビルがありますね。あちこちから部屋が飛び出した奇妙な建物ですが、あれなど敷地の変形から生みだされたすばらしい日本の知恵だと思うんです。ああいうものは、欧米には見当たらない。

静岡新聞・静岡放送東京支社ビル　丹下健三設計。1967年竣工

**陣内**　日本人の知恵ということでは、われわれの分野でよく「町づくり」という言葉を使いますけれども、これ、じつは英語にもヨーロッパの言語にもない言葉なんですね。それで外国の研究者が面白がるのですが、つまり、住民みんなが参加して知恵を出し合い、

行政もサポートしながら地域を盛り上げていこうという取り組みですね。
考えてみれば、日本人はもともと生活を楽しむことを知っている国民だと思うんです。豊かな感性をもって、四季折々のなかで料理や季節の草花や着物を楽しんできたわけで、しかもそれをしていたのは一部の富裕層だけでなく、庶民にも広がっていた。江戸時代から寺子屋が普及していたこともあって、さまざまな意味で庶民のスタンダードが高かったわけですね。そういう古くからの日本人のよさは、現代人にも受け継がれていると思うんです。

**青柳**　いま芸術分野で日本人が世界に向かって堂々と胸を張れるものをひとつ挙げますと、陶器などの工芸品です。じつは先日、たまたまイタリアから帰ったその足で成田から佐賀の嬉野《うれしの》温泉へ行ったところ、温泉旅館の店先に置いてあった陶器を見て、そのレベルの高さに舌を巻いたんですね。これはもう、たいへんにレベルが高い。その前日までヨーロッパの美術品や工芸品を見ていて、あらためて日本の陶器を見たら、これがいかにすばらしいかがよくわかるんです。
二〇〇七年に大英博物館で「わざの美」という日本の工芸品の展覧会が開催されて、たいへんな反響を呼んだのですが、それもうなずける話です。私はこの先、日本の現代工芸は世界で大化けする可能性があると思いますね。ただし、工芸品の分野で本気で世界に打って出ようという人はいまのところいませんし、行政サイドのサポートもないのが残念なところですけれども。

**トビ**　でも、サポートがないところにこそ、本当に個性のある作品が生まれる可能性があるんじゃないですか。そういう意味で、日本は楽しみというべきです。

**陣内**　私は若い人に期待したいですね。最近、地域によっては地元の活性化に向けた新しい動きがみられます。広島県の尾道《おのみち》は風情のある町ですけれども、坂道が多く、高齢化も進んで空き家が目立つそうです。しかし最近は、若い女性がリーダーシップをとって、そういう空き家に目をつけて、しゃれた店に改造し、インターネットで情報発信しながら人気を集めているケースがあるというんですね。こういうふうに若い人の新しい感覚で古い町を蘇らせようというのは、楽しみな動きだと思います。

**青柳**　いまの日本がいろいろな意味で閉塞状況にあるのはまちがいないのですが、私は日本という国は案外大きなポテンシャルを秘めているんじゃないかと思うんですね。その鍵を握っているのは、じつは政治なんですよ。どういうことかというと、世界の歴史をみても、本来政治というのは、国境問題、民族問題、宗教問題の三つの解決困難な問題をなんとかしようというときに、その本当の力が発揮され、すぐれた政治家も輩出するものなんですね。

けれども、これまで日本は幸いにして、この三つの問題にまともに直面することなく、今日まできたわけです。そういう意味で、日本は政治が機能しなくてもやってこられた国なんですね。しかし、これからはそうはいかない。日本もそろそろ本当に政治の力が必要になってきたわけですけれど、これほど大きな「隠し球」を持った国もめずらしいのではないでしょうか。その意味で、日本のポテンシャルに大いに期待したいと思っています。

・小葉田淳「勘合貿易と倭寇」家永三郎ほか編『岩波講座日本歴史』7（中世3）岩波書店　1963年
・佐久間重男『日明関係史の研究』吉川弘文館　1992年
・高瀬弘一郎『キリシタン時代の研究』岩波書店　1977年
・田中健夫『東アジア通交圏と国際認識』吉川弘文館　1997年
・田中健夫『前近代の国際交流と外交文書』吉川弘文館　1996年
・西嶋定生『日本歴史の国際環境』東京大学出版会　1985年
・藤田覚『近世後期政治史と対外関係』東京大学出版会　2005年
・藤田覚『松平定信――政治改革に挑んだ老中』中公新書　1993年
・夫馬進「一六〇九年、日本の琉球併合以降における中国・朝鮮の対琉球外交――東アジア四国における冊封、通信、そして杜絶」『朝鮮史研究会論文集46』朝鮮史研究会　2008年
・夫馬進編『中国東アジア外交交流史の研究』京都大学学術出版会　2007年

## 第7章

・アンドレ・シャステル／越川倫明ほか訳『ローマ劫掠』筑摩書房　2006年
・酒井啓子『イラクは食べる――革命と日常の風景』岩波新書　2008年
・サミュエル・P・ハンチントン／鈴木主税訳『文明の衝突』集英社　1998年
・ジャン・モリス／椋田直子訳『パックス・ブリタニカ――大英帝国最盛期の群像』上・下　講談社　2006年
・陣内秀信『イタリア――小さなまちの底力』講談社　2000年（講談社＋α文庫に再録　2006年）
・陣内秀信・新井勇治編『イスラーム世界の都市空間』法政大学出版局　2002年
・陣内秀信・岡本哲志編『水辺から都市を読む――舟運で栄えた港町』法政大学出版局　2002年
・テリー・イーグルトン／大橋洋一訳『文化とは何か』松柏社　2006年
・松永安光・徳田光弘『地域づくりの新潮流――スローシティ／アグリツーリズモ／ネットワーク』彰国社　2007年
・毛利和雄『世界遺産と地域再生』新泉社　2008年
・ロナルド・トビ『「鎖国」という外交』（日本の歴史9）小学館　2008年

*Instrument,* Indiana University Press, indiana, 1999.

- Chabal, P., U.Engel, L. de Haan eds. African Alternatives, Brill, 2007, du Toit, B.M.(ed.); *Ethnicity in Modern Africa*, Westview Press, Boulder,Col. , 1978.
- Matsuda,M., *Urbanisation from Below-Creativity and Soft Resistance in the Everyday life of Maragoli Migrants in Nairobi*, Kyoto University Press, Kyoto, 1998.
- Mazrui, A., *Africanity Redefined : Collected Essays of Ali A. Mazrui,* Africa World Press, 2002.
- Mazrui, A.M. and Mutunga, W.M, eds., *Race, Gender, and Culture Conflict :Debating the African Condition* : Mazrui and His Critics (Paperback) Africa World Press (September 2003)
- Newbury,C., *The Cohesion of Oppression : Clientship and Ethnicity in Rwanda, 1860-1950*, Columbia University Press, New York , 1988.
- Rapport,N., *Transcendent Individual*, Routledge, London, 1997.
- Schlee,G., *Identities on the Move*, Manchester University Press, Manchester, 1989.
- Southall, A., The Illusion of Tribe, in Gutkind,P.C.W.(ed.), *The Passing of Tribal Man in Africa*, Brill, Leiden, 1970.
- Truth and Reconciliation Commission of South Africa, *Final Report*, Cape Town: Junta, 1998.
- Wagner,G., *The Bantu of Western Kenya*, Oxford University Press, London, 1970(1949).
- Wamae,S.M., *How to win in the Coming Jua Kali Boom*, Kenya Quality & Productivity Institute, Nairobi, 1993.
- Wilson,R.A., Reconciliation and Revenge in Post-Apartheid South Africa, *Current Anthropology*, vol.41-1,pp71-98 , 2000, Africa World Press (April 1, 2002)

### 第6章

- 朝尾直弘『鎖国』（日本の歴史17）小学館　1975年
- 池内敏『大君外交と「武威」――近世日本の国際秩序と朝鮮観』名古屋大学出版会　2006年
- 上田雄『遣唐使全航海』草思社　2006年
- 岡山県史編纂委員会編纂『編年史料』（『岡山県史19』）岡山県　1988年
- 鹿毛敏夫『戦国大名の外交と都市・流通――豊後大友氏と東アジア世界』思文閣出版　2006年

- 平野克己編『アフリカ経済実証分析』（研究双書543）アジア経済研究所　2005年
- ヘーゲル／長谷川宏訳『歴史哲学講義（上）』岩波文庫　1994年
- ホブズボウム・E、レンジャー・T編／前川啓治ほか訳『創られた伝統』紀伊國屋書店　1992年
- 松田素二「民族対立の社会理論──アフリカ的民族形成の可能性」武内進一編『現代アフリカの紛争を理解するために』pp15-41　アジア経済研究所　1998年
- 松田素二「民族紛争の深層──アフリカの場合」原尻英樹編著『世界の民族──「民族」形成と近代』pp231-253　放送大学教育振興会　1998年
- 松田素二『抵抗する都市』（現代人類学の射程２）岩波書店　1999年
- 松田素二「西ケニアの社会福祉──扶助と排除の政治学」仲村優一・一番ヶ瀬康子編『世界の社会福祉11　アフリカ・中南米・スペイン』pp19-42　旬報社　2000年
- 松田素二「個人性の社会理論序説」『フォーラム現代社会学』創刊号 pp33-42　世界思想社　2002年
- 松田素二「人種的共同性の再評価のために──黒人性再創造運動の経験から」竹沢泰子編『人種概念の普遍性を問う──西洋的パラダイムを超えて』pp390-414　人文書院　2005年
- 松田素二「21世紀世界におけるアフリカの位置──アフリカに学ぶ、社会を癒す知恵」松原正毅ほか編『2010年代　世界の不安、日本の課題１』pp477-494　総合研究開発機構　2007年
- 松田素二「グローバル化時代の人文学──アフリカからの挑戦」紀平英作編『グローバル化時代の人文学──対話と寛容の知を求めて（上）』pp118-145　京都大学学術出版会　2007年
- 松田素二「アフリカ史の可能性」佐藤卓己編『岩波講座　現代　５　歴史のゆらぎと再編』pp175-202　岩波書店　2015年
- 松田素二・平野(野元)美佐編『紛争をおさめる文化──不完全性とブリコラージュの実践』京都大学学術出版会　2016年
- 宮本正興・松田素二編『新書アフリカ史』講談社現代新書　1997年
- 宮本正興・松田素二編『改訂新版　新書アフリカ史』講談社現代新書　2018年
- Boon,J.A., *Other Tribes Other Scribes*, Cambridge University Press, Cambridge, 1982.
- Chabal,P.,and Jean-Pascal Daloz eds., *Africa Works: Disorder As Political*

1993年
・家島彦一『海が創る文明——インド洋海域世界の歴史』朝日新聞社 1993年
・家島彦一『海域から見た歴史——インド洋と地中海を結ぶ交流史』名古屋大学出版会　2006年
・家島彦一訳注『中国とインドの諸情報』1・2（東洋文庫766・769）平凡社　2007年
・ロミラ・ターパル／辛島昇ほか訳『インド史1』 みすず書房　1970年
・Lancker, A.F., *Atlas van Historische Forten Overzee Onder Nederlandse Vlag*, 1987.
・Mookerji, R., *Indian Shipping : A history of the sea-borne trade and maritime activity of the Indians from the earliest times,* Longmans, London, 1912.

## 第4章

・イブン＝ハルドゥーン／森本公誠訳『歴史序説』 1〜4　岩波文庫 2001年
・森本公誠『イブン＝ハルドゥーン』（人類の知的遺産22） 講談社 1980年

## 第5章

・阿部利洋『紛争後社会と向き合う——南アフリカ真実和解委員会』京都大学学術出版会　2007年
・阿部利洋『真実委員会という選択——紛争後社会の再生のために』岩波書店　2008年
・池野旬編『アフリカ諸国におけるインフォーマルセクター——その研究動向』アジア経済研究所　1996年
・武内進一「『部族対立』がはじまるとき」『アフリカレポート』24号 アジア経済研究所　1997年
・武内進一『現代アフリカの紛争と国家』明石書店　2009年
・馬場孝『カレンジンの集団形成——アフリカにおける民族形成と「部族」概念の再検討』東京大学教養学部国際関係論修士論文（未公刊） 1981年
・平野克己『図説アフリカ経済』日本評論社　2002年
・平野克己編『企業が変えるアフリカ——南アフリカ企業と中国企業のアフリカ展開』（アフリカリサーチシリーズ No.13）日本貿易振興機構アジア経済研究所　2006年

1995年
- 片山一道『海のモンゴロイド――ポリネシア人の祖先をもとめて』（歴史文化ライブラリー139）　吉川弘文館　2002年
- カール・シュミット／生松敬三・前野光弘訳『陸と海と――世界史的一考察』慈学社出版　2006年
- 辛島昇編『南アジア史３――南インド』（世界歴史大系）　山川出版社　2007年
- 川勝平太『文明の海洋史観』（中公叢書）　中央公論社　1997年
- 義浄／宮林昭彦・加藤栄司訳『現代語訳　南海寄帰内法伝』法蔵館　2004年
- クック・J／増田義郎訳『太平洋探検』上・下（17・18世紀大旅行記叢書3・4）　岩波書店　1992、1994年
- クリストファー・ストリンガー、ロビン・マッキー／河合信和訳『出アフリカ記――人類の起源』岩波書店　2001年
- 国立民族学博物館編『オセアニア――海の人類大移動』昭和堂　2007年
- 後藤明『海を渡ったモンゴロイド』（講談社選書メチエ264）　講談社　2003年
- 蔀勇造「新訳『エリュトラー海案内記』」『東洋文化研究所紀要』132　東京大学東洋文化研究所　1997年
- 蔀勇造「エリュトラー海案内記の世界」（地域の世界史９　佐藤次高・岸本美緒編『市場の地域史』）　山川出版社　1999年
- ジョルジュ・セデス／辛島昇ほか訳『インドシナ文明史』第2版　みすず書房　1980年
- 杉山正明『大モンゴルの世界――陸と海の巨大帝国』角川書店　1992年
- 杉山正明『遊牧民から見た世界史――民族も国境もこえて』日本経済新聞社　1997年（日経ビジネス人文庫　2003年）
- 月村辰雄・久保田勝一　本文翻訳『全訳　マルコ・ポーロ東方見聞録』岩波書店　2002年
- 弘末雅士『東南アジアの建国神話』（世界史リブレット72）　山川出版社　2003年
- 弘末雅士『東南アジアの港市世界――地域社会の形成と世界秩序』（世界歴史選書）　岩波書店　2004年
- ヘロドトス／松平千秋訳『歴史』上・中・下　岩波文庫　1971～72年
- 村川堅太郎訳註『エリュトゥラー海案内記』（中公文庫）中央公論社

- 河野稠果『世界の人口』第２版　東京大学出版会　2000年
- ドネラ・H・メドウズほか／枝廣淳子訳『成長の限界 人類の選択』ダイヤモンド社　2005年
- ドネラ・H・メドウズほか／大来佐武郎監訳『成長の限界――ローマ・クラブ「人類の危機」レポート』ダイヤモンド社　1972年
- ドネラ・H・メドウズほか／茅陽一監訳『限界を超えて――生きるための選択』ダイヤモンド社　1992年
- 西秋良宏編『遺丘と女神――メソポタミア原始農村の黎明』東京大学出版会　2008年
- 日本人口学会編『人口大事典』培風館　2002年
- ピーター・ベルウッド／長田俊樹・佐藤洋一郎監訳『農耕起源の人類史』京都大学学術出版会　2008年
- ポール・エーリック、アン・エーリック／水谷美穂訳『人口が爆発する！』新曜社　1994年
- Cohen, J.E., *How Many People Can the Earth Support?* W.W. Norton & Co., Inc., New York, 1995.
- Deevey, E.S., The human population. *Scientific American*, 203: 195-204, 1960.
- Hassan, F.A., *Demographic Archaeology.* Academic Press, New York, 1981.
- Ohtsuka, R. and Suzuki, T., *Population Ecology of Human Survival: Bioecological Studies of the Gidra in Papua New Guinea.* University of Tokyo Press, Tokyo, 1990.


### 第３章


- アンソニー・リード／平野秀秋・田中優子訳『大航海時代の東南アジア――1450–1680年』法政大学出版局　1997年
- 石井米雄・桜井由躬雄『東南アジア世界の形成』（世界の歴史12）　講談社　1985年
- イブン・バットゥータ／家島彦一訳注『大旅行記』６（東洋文庫691）平凡社　2001年
- 応地利明『「世界地図」の誕生』日本経済新聞出版社　2007年
- 尾本惠市ほか編『海のパラダイム』（海のアジア1）　岩波書店　2000年
- 尾本惠市ほか編『モンスーン文化圏』（海のアジア2）　岩波書店　2000年
- 海部陽介『人類がたどってきた道――〝文化の多様化〟の起源を探る』（NHKブックス）　日本放送出版協会　2005年
- 『科学朝日』編『モンゴロイドの道』（朝日選書523）　朝日新聞社

# 参考文献


## 第1章

・青山和夫『古代マヤ　石器の都市文明』京都大学学術出版会　2005年
・アンソニー・パグデン／猪原えり子訳／立石博高監訳『民族と帝国』ランダムハウス講談社　2006年
・辛島昇・応地利明ほか監修『南アジアを知る事典』新訂増補版　平凡社　2002年
・関哲行・立石博高・中塚次郎編『スペイン史』１・２（世界歴史大系）山川出版社　2008年
・礪波護・岸本美緒・杉山正明編『中国歴史研究入門』名古屋大学出版会　2006年
・西川長夫『地球時代の民族＝文化理論――脱「国民文化」のために』新曜社　1995年
・宮本正興・松田素二編『新書アフリカ史』講談社現代新書　1997年
・ロナルド・シーガル／富田虎男監訳『ブラック・ディアスポラ』明石書店　1999年
・ロナルド・シーガル／設樂國廣監訳『イスラームの黒人奴隷――もう一つのブラック・ディアスポラ』明石書店　2007年

## 第2章

・阿藤誠・佐藤龍三郎編『世界の人口開発問題』原書房　2012年
・印東道子編『人類の移動誌』臨川書店　2013年
・大泉啓一郎『老いてゆくアジア』中公新書　2007年
・大塚柳太郎『ヒトはこうして増えてきた――20万年の人口変遷史』新潮社　2015年
・大塚柳太郎・鬼頭宏『地球人口100億の世紀』ウェッジ　1999年
・大塚柳太郎・河辺俊雄・高坂宏一・渡辺知保・阿部卓『人類生態学』東京大学出版会　2002年
・大塚柳太郎『地球に生きる人間――その歩みと現在』小峰書店　2004年
・金子隆一・村木厚子・宮本太郎『新時代からの挑戦状――未知の少親多死社会をどう生きるか』厚生労働統計協会　2018年
・鬼頭宏『人口から読む日本の歴史』講談社学術文庫　2000年
・河野稠果『人口学への招待』中公新書　2007年

〈ヤ行〉



〈ラ行〉



〈ワ行〉

## 〈マ行〉

〈ナ行〉



〈ハ行〉

## 〈タ行〉

〈サ行〉

〈カ行〉

# 索 引

頻出する用語は省略するか、主要な記述のあるページのみを示した。

## 〈ア行〉

**松田素二**（まつだ　もとじ）1955年広島県生まれ。京都大学文学部卒業。ナイロビ大学大学院修士課程を経て、京都大学大学院文学研究科博士課程中退。現在、京都大学大学院文学研究科教授。著書に『呪医の末裔』『抵抗する都市』『都市を飼い慣らす』『日常人類学宣言！』『新書アフリカ史』(共編著）など。

**朝尾直弘**（あさお　なおひろ）1931年大阪府生まれ。京都大学文学部卒業。同大学院博士課程修了。文学博士。京都大学名誉教授。文化功労者。著書に『日本の歴史17　鎖国』『日本近世史の自立』『大系日本の歴史８　天下一統』『日本の近世』（編著)、『将軍権力の創出』『都市と近世社会を考える』『朝尾直弘著作集』（全８巻）など。

**青柳正規**（あおやぎ　まさのり）1944年大連生まれ。東京大学文学部美術史学科卒業。同大学院入学。文学博士。東京大学教授、国立西洋美術館館長、文化庁長官などを経て、現在、日本学士院会員、東京大学名誉教授、山梨県立美術館館長。著書に『古代都市ローマ』『皇帝たちの都ローマ』『トリマルキオの饗宴』『文化立国論』など。本シリーズ編集委員。

**陣内秀信**（じんない　ひでのぶ）1947年福岡県生まれ。東京大学大学院工学系研究科博士課程単位取得退学。工学博士。法政大学デザイン工学部建築学科教授を経て、現在、法政大学特任教授。著書に『東京の空間人類学』『ヴェネツィア』『南イタリアへ！』『地中海世界の都市と住居』など。本シリーズ編集委員。

**ロナルド・トビ**（Ronald Toby）1942年アメリカ・ニューヨーク州生まれ。コロンビア大学文学部博士課程修了。文学博士。コロンビア大学、東京大学教授などを経て、現在、イリノイ大学名誉教授。著書に『近世日本の国家形成と外交』（速見融ほか訳)、『日韓中の交流』（共著)、『環流する文化と美』（共編著)、『日本の歴史９　「鎖国」という外交』など。

# 著者略歴（執筆順）

**福井憲彦**（ふくい　のりひこ）1946年東京都生まれ。東京大学文学部卒業。同大学院人文科学研究科博士課程中退。学習院大学教授、同大学長を経て、現在、学習院大学名誉教授。著書に『世紀末とベル・エポックの文化』『時間と習俗の社会史』『ヨーロッパ近代の社会史』『歴史学入門』『アメリカとフランスの革命』（共著）など。本シリーズ編集委員。

**杉山正明**（すぎやま　まさあき）1952年静岡県生まれ。京都大学文学部卒業。同大学院文学研究科博士課程単位取得退学。博士（文学）。京都大学教授を経て、現在、京都大学名誉教授。著書に『モンゴル帝国の興亡』（上下）、『遊牧民から見た世界史』『中国の歴史８　疾駆する草原の征服者』など。本シリーズ編集委員。

**大塚柳太郎**（おおつか　りゅうたろう）1945年群馬県生まれ。東京大学理学部卒業。同大学院理学系研究科修士課程修了。理学博士。国立環境研究所理事長を経て、現在、一般財団法人自然環境研究センター理事長。東京大学名誉教授。著書に『熱帯林の世界２　トーテムのすむ森』『ヒトはこうして増えてきた』、編著に『講座地球に生きる３　資源への文化適応』『生活世界からみる新たな人間―環境系』、共著に『地球人口100億の世紀』『人類生態学』など。

**応地利明**（おうじ　としあき）1938年大阪市生まれ。京都大学文学部卒業。同大学院文学研究科博士課程退学。文学博士。京都大学名誉教授。著書に『西南アジアの農業と農村』（共著）、『日本の文様21　五穀・果実』（共著）、『絵地図の世界像』『南アジアを知る事典』（共編）、『「世界地図」の誕生』『都城の系譜』『トンブクトゥ』など。

**森本公誠**（もりもと　こうせい）1934年兵庫県生まれ。京都大学文学部卒業。同大学院博士課程修了。文学博士。華厳宗管長・東大寺別当を経て、現在、東大寺長老。著書に『初期イスラム時代エジプト税制史の研究』『人類の知的遺産22　イブン＝ハルドゥーン』『世界に開け華厳の花』『聖武天皇――責めはわれ一人にあり』『東大寺のなりたち』など。訳書にイブン＝ハルドゥーン『歴史序説』（全４冊）、タヌーヒー『イスラム帝国夜話』（上下）。

本書の原本は、二〇〇九年四月、「興亡の世界史」第20巻として
小社より刊行されました。

講談社学術文庫

定価はカバーに表示してあります。

興亡の世界史

# 人類《じんるい》はどこへ行《い》くのか

福井《ふくい》憲彦《のりひこ》／杉山《すぎやま》正明《まさあき》／大塚《おおつか》柳太郎《りゅうたろう》
応地《おうじ》利明《としあき》／森本《もりもと》公誠《こうせい》／松田《まつだ》素二《もとじ》／朝尾《あさお》直弘《なおひろ》
青柳《あおやぎ》正規《まさのり》／陣内《じんない》秀信《ひでのぶ》／ロナルド・トビ

2019年 1 月10日　第 1 刷発行

発行者　渡瀬昌彦
発行所　株式会社講談社
東京都文京区音羽2-12-21　〒112-8001
電話　編集（03）5395-3512
　　　販売（03）5395-4415
　　　業務（03）5395-3615
装　幀　蟹江征治
印　刷　大日本印刷株式会社
製　本　株式会社国宝社



ISBN978-4-06-514410-7

# 「講談社学術文庫」の刊行に当たって

これは、学術をポケットに入れることをモットーとして生まれた文庫である。学術は少年の心を養い、成年の心を満たす。その学術がポケットにはいる形で、万人のものになることは、生涯教育をうたう現代の理想である。

こうした考え方は、学術を巨大な城のように見る世間の常識に反するかもしれない。また、一部の人たちからは、学術の権威をおとすものと非難されるかもしれない。しかし、それはいずれも学術の新しい在り方を解しないものといわざるをえない。

学術は、まず魔術への挑戦から始まった。やがて、いわゆる常識をつぎつぎに改めていった。学術の権威は、幾百年、幾千年にわたる、苦しい戦いの成果である。こうしてきずきあげられた城が、一見して近づきがたいものにうつるのは、そのためである。しかし、学術の権威を、その形の上だけで判断してはならない。その生成のあとをかえりみれば、その根は常に人々の生活の中にあった。学術が大きな力たりうるのはそのためであって、生活をはなれた学術は、どこにもない。

開かれた社会といわれる現代にとって、これはまったく自明である。生活と学術との間に、もし距離があるとすれば、何をおいてもこれを埋めねばならない。もしこの距離が形の上の迷信からきているとすれば、その迷信をうち破らねばならぬ。

学術文庫は、内外の迷信を打破し、学術のために新しい天地をひらく意図をもって生まれた。文庫という小さい形と、学術という壮大な城とが、完全に両立するためには、なおいくらかの時を必要とするであろう。しかし、学術をポケットにした社会が、人間の生活にとってより豊かな社会であることは、たしかである。そうした社会の実現のために、文庫の世界に新しいジャンルを加えることができれば幸いである。

一九七六年六月

野間省一

## 外国の歴史・地理

### 古代朝鮮
井上秀雄著（解説・鄭早苗）

中国・日本との軋轢と協調を背景に、古代の朝鮮は統一へとその歩を進めた。旧石器時代から統一新羅の滅亡まで、政治・社会・文化を包括し総合的に描き、朝鮮半島の古代を鮮やかに再現する朝鮮史研究の傑作。

1678

### 五代と宋の興亡
周藤吉之《すどうよしゆき》・中嶋　敏著

唐末の動乱から宋の統一と滅亡への四百年史。五代十国の混乱を経て宋が中国を統一するが、財政改革を巡る抗争の中、金軍入寇で江南へ逃れ両朝並立。都市が栄える一方、モンゴル勃興で滅亡に至る歴史を辿る。

1679

### 中世ヨーロッパの城の生活
J・ギース、F・ギース著／栗原　泉訳

中世英国における封建社会と人々の暮らし。時代は十一世紀から十四世紀、ノルマン征服を経て急速に封建化が進む中、城を中心に、人々はどのような暮らしを営んでいたのか。西欧中世の生活実態が再現される。

1712

### ハンニバル　地中海世界の覇権をかけて
長谷川博隆著

大国ローマと戦ったカルタゴの英雄の生涯。地中海世界の覇権をかけて激突した古代ローマとカルタゴ。大国ローマを屈服寸前まで追いつめたカルタゴの将軍ハンニバルの天才的な戦略と悲劇的な生涯を描く。

1720

### 中世ヨーロッパの歴史
堀越孝一著

ヨーロッパとは何か。その成立にキリスト教が果たした役割とは？　地中海古代社会から森林と原野の内陸部へ展開、多様な文化融合がもたらしたヨーロッパ世界の形成過程を「中世人」の眼でいきいきと描きだす。

1763

### 中世ヨーロッパの都市の生活
J・ギース、F・ギース著／青島淑子訳

一二五〇年、トロワ。年に二度、シャンパーニュ大市が開催され、活況を呈する町を舞台に、ヨーロッパの人々の暮らしを逸話を交え、立体的に再現する。活気に満ち繁栄した中世都市の実像を生き生きと描く。

1776

《講談社学術文庫　既刊より》

## 外国の歴史・地理

### 十二世紀ルネサンス
伊東俊太郎著（解説・三浦伸夫）

中世の真っ只中、閉ざされた一文化圏であったヨーロッパが突如として「離陸」を開始する十二世紀。多くの書がラテン訳され充実する知的基盤。先進的アラビアに接し文明形態を一新していく歴史の動態を探る。

1780

### 紫禁城の栄光　明・清全史
岡田英弘・神田信夫・松村　潤著

十四～十九世紀、東アジアに君臨した二つの帝国。遊牧帝国と農耕帝国の合体が生んだ巨大な多民族国家・中国。政治改革、広範な交易網、度重なる戦争……。シナが中国へと発展する四百五十年の歴史を活写する。

1784

### 文明の十字路＝中央アジアの歴史
岩村　忍著

ヨーロッパ、インド、中国、中東の文明圏の間に生きた中央アジアの民。東から絹を西から黄金を運んだシルクロード。世界の屋根に分断されたトルキスタン。草原の民とオアシスの民がくり広げた壮大な歴史とは？

1803

### 生き残った帝国ビザンティン
井上浩一著

興亡を繰り返すヨーロッパとアジアの境界、「文明の十字路」にあって、なぜ一千年以上も存続しえたか。皇帝・貴族・知識人は変化にどう対応したか。ローマ皇帝の改宗から帝都陥落まで「奇跡の一千年」を活写。

1866

### 英語の冒険
M・ブラッグ著／三川基好訳

英語はどこから来てどのように世界一五億人の言語となったのか。一五〇〇年前、一五万人の話者しかいなかった英語の祖先は絶滅の危機を越えイングランドの言葉から「共通語」へと大発展。その波瀾万丈の歴史。

1869

### 中世ヨーロッパの農村の生活
J・ギース、F・ギース著／青島淑子訳

中世ヨーロッパ全人口の九割以上は農村に生きた。舞台はイングランドの農村。飢饉や黒死病、修道院解散や囲い込みに苦しむ人々は、村という共同体でどう生き抜いたか。文字記録と考古学的発見から描き出す。

1874

## 外国の歴史・地理

竹内弘行著
**十八史略**

神話伝説の時代から南宋滅亡までの中国の歴史を一冊に集約。韓信、諸葛孔明、関羽ら多彩な人物が躍動し、権謀術数は飛び交い、織りなされる悲喜劇——。簡潔な記述で面白さ抜群、中国理解のための必読書。

1899

浜林正夫著
**世界史再入門** 歴史のながれと日本の位置を見直す

生産力を発展させ、自由・平等を求めてきた人類の歴史を、特定の地域に偏らない普遍的視点から捉える。教科書や全集では摑めなかった世界史の大きな流れを概説し、現代世界の課題にも言及する画期的な試み。

1927

鹿島　茂著
**ナポレオン フーシェ タレーラン** 情念戦争1789−1815

「熱狂情念」のナポレオン、「陰謀情念」の警察大臣フーシェ、「移り気情念」の外務大臣タレーラン。情念史観の立場から、交錯する三つ巴の心理戦と歴史事実の関連を読み解き、熱狂と混乱の時代を活写する。

1959

山上正太郎著（解説・池上　彰）
**第一次世界大戦** 忘れられた戦争

「戦争と革命の世紀」はいかにして幕を開けたか。交錯する列強各国の野望、暴発するナショナリズム、ボリシェヴィズムの脅威とアメリカの台頭……「現代世界の起点」を、指導者たちの動向を軸に鮮やかに描く。

1976

杉山正明著
**クビライの挑戦** モンゴルによる世界史の大転回

チンギス・カンの孫、クビライが構想した世界国家と経済のシステムとは？「元寇」や「タタルのくびき」など「野蛮な破壊者」というモンゴルのイメージを覆し、西欧中心・中華中心の歴史観を超える新たな世界史像を描く。

2009

鹿島　茂著
**怪帝ナポレオン三世** 第二帝政全史

ナポレオン三世は、本当に間抜けなのか？偉大な皇帝ナポレオンの凡庸な甥が、陰謀とクー・デタで権力を握っただけという紋切り型では、この摩訶不思議な人物の全貌は摑みきれない。謎多き皇帝の圧巻の大評伝！

2017

**第二次世界大戦の起源**
A・J・P・テイラー著／吉田輝夫訳

「ヒトラーが起こした戦争」という「定説」に真っ向から挑戦して激しい論争を呼び、研究の流れを変えた名著。「ドイツ問題」をめぐる国際政治交渉の「過ち」とは。大戦勃発に至るまでの緊迫のプロセスを解明する。

2032

**北の十字軍**　「ヨーロッパ」の北方拡大
山内　進著（解説・松森奈津子）

「ヨーロッパ」の形成と拡大、その理念と矛盾とは何か？　中世、ヨーロッパ北方をめざしたもう一つの十字軍が聖戦の名の下、異教徒根絶を図る残虐行為に現代世界の歴史的理解を探る。サントリー学芸賞受賞作。

2033

**古代ローマの饗宴**
エウジェニア・サルツァ＝プリーナ・リコッティ著／武谷なおみ訳

カトー、アントニウス……美食の大帝国で人々は何を食べ、飲んでいたのか？　贅を尽くした晩餐から、農夫の質実剛健な食生活まで、二千年前に未曾有の繁栄を謳歌した帝国の食を探る。当時のレシピも併録。

2051

**イスラームの「英雄」サラディン**　十字軍と戦った男
佐藤次高著

十字軍との覇権争いに終止符を打ち、聖地エルサレムを奪還した「アラブ騎士道の体現者」の実像とは？　ヨーロッパにおいても畏敬の念をもって描かれた英雄の、人間としての姿に迫った日本初の本格的伝記。

2083

**西洋中世の罪と罰**　亡霊の社会史
阿部謹也著

個人とは？　国家とは？　罪とは？　罰とは？　キリスト教と「贖罪規定書」と告解の浸透……。「真実の告白が、権力による個人形成の核心となる」（M・フーコー）過程を探り、西欧的精神構造の根源を解明する。

2103

**フィレンツェ**
若桑みどり著

ダ・ヴィンチやミケランジェロ、ボッティチェッリら、天才たちの名と共にルネサンスの栄光に輝く都市。その起源からメディチ家の盛衰、現代まで、市民の手で守り抜かれた「花の都」の歴史と芸術。写真約二七〇点。

2117

**大聖堂・製鉄・水車** 中世ヨーロッパのテクノロジー
J・ギース、F・ギース著／栗原　泉訳
「暗闇の中世」は、実は技術革新の時代だった！　建築・武器・農具から織機・印刷まで、直観を働かせ、失敗と挑戦を繰り返した職人や聖職者、企業家や芸術家たちが世界を変えた。モノの変遷から描く西洋中世。
2146

**悪魔の話**
池内　紀著
ヨーロッパ人をとらえつづけた想念の歴史。彼らの不安と恐怖が造り出した「悪魔」観念はやがて魔女狩りという巨大な悲劇を招く。現代にも忍び寄る、あの悪夢を想起しないではいられない決定版・悪魔学入門。
2154

**ヴェネツィア** 東西ヨーロッパのかなめ　1081〜1797
ウィリアム・H・マクニール著／清水廣一郎訳
ベストセラー『世界史』の著者のもうひとつの代表作。十字軍の時代からナポレオンによる崩壊まで、軍事・造船・行政の技術や商業資本の蓄積に着目し、地中海最強の都市国家の盛衰と、文化の相互作用を描き出す。
2192

**イザベラ・バード** 旅に生きた英国婦人
パット・バー著／小野崎晶裕訳
日本、チベット、ペルシア、モロッコ……。外国人が足を運ばなかった未開の奥地まで旅した十九世紀後半の最も著名なイギリス人女性旅行家。その幼少期から異国での苦闘、晩婚後の報われぬ日々まで激動の生涯。
2200

**ローマ五賢帝** 「輝ける世紀」の虚像と実像
南川高志著
賢帝ハドリアヌスは、同時代の人々には恐るべき「暴君」だった！「人類が最も幸福だった」とされるローマ帝国最盛期は、激しい権力抗争の時代でもあった。平和と安定の陰に隠された暗闘を史料から解き明かす。
2215

**イギリス　繁栄のあとさき**
川北　稔著
今日英国から学ぶべきは、衰退の中身である——。産業革命を支えたカリブ海の砂糖プランテーション。資本主義を担ったジェントルマンの非合理性……。世界システム論を日本に紹介した碩学が解く大英帝国史。
2224